내가 생각하는 백년가게의 조건

백년가업

백년가업 · 내가 생각하는 백년가게의 조건

초판 1쇄 발행 • 2021년 11월 25일

지은이 • 송치영

펴낸이 • 최성훈

펴낸곳 • 작품미디어

신고번호 • 제2020-000047호

주소 • 서울시 동작구 상도로 62가길 15-5(상도동)

블로그 • https://blog.naver.com/cshbulldog

메일 • jakpoommedia@gmail.com

전화 • 010-8991-1060

ISBN • 979-11-975634-1-6 (03320)

ⓒ 송치영, 2021

내가 생각하는 백년가게의 조건

백년가업

송치영 지음

작품미디어

오랫동안 가업을 승계하고 경영해 오신 송치영 대표님의 책, 『백년가업 -내가 생각하는 백년가게의 조건』의 출간을 축하드립니다. 특히, 저자는 장수기업이 많은 독일을 사업차 자주 드나들면서 스스로 '백년가업'을 화두로 많은 고민을 해온 것으로 알고 있습니다. 독일의 장수기업이자 강소기업인 '파버카스텔'과 오래 일해 온 나도 장수가족기업의 경영철학을 자연스럽게 경험했습니다. 역사가 짧은 한국의 중소기업에 비해 2~3백 년, 거의 10대까지 이어가는 독일의 장수가족기업에는 공통점이 있습니다. "지나친 성장을 욕심내기 전에 항상 회사가 오래도록 존속하는 방법을 먼저 생각한다."라는 점입니다. 한국의 수많은 중소기업의 고민이 송치영 대표의 이번 책으로 조금은 실마리를 풀 수 있으리라 생각합니다. 많은 분이 저자가 주장하는 '백년가업'의 생각을 함께 공유할 수 있기를 기대해 봅니다.
– 이봉기, '파버카스텔' 한국지사 대표

Dear Mr. Song,

I am very pleased to express my congratulations for the publication of your book. It is an excellent work that helps to increase visibility for our centenary enterprises.

Thank you very much for your collaboration and solidarity.

Most cordially.

- Antonio González, General Manager, Restaurante Botin, oldest restaurant in the world, according to the Guinness book of Records.

송치영 대표께,

당신의 책 출판을 진심으로 축하드립니다. 그것은 우리 백년 기업의 향후 가능성을 증진시키는 데 도움이 되는 훌륭한 작업입니다.

여러분의 협력과 연대에 진심으로 감사드립니다.

– 안토니오 곤잘레스, '보틴 레스토랑', 기네스북에 등재된 세계에서 가장 오래된
레스토랑 총지배인(대표)

Dear C.Y. Song,

I just wanted to take a minute to reach out personally and congratulate PROTOOL on the publication of your book commemorating the 100-years shop national movement activities. It was amazing to learn about how you have been supplying the Korean tool market for 50 years and to see how much you have contributed to Korea's industrial development. The other stories in the book were equally as interesting and unique.

I am proud to be leading Klein Tools forward into the future, and with partners like PROTOOL, we will continue the 164-year legacy of my great-great-great-great grandfather, Mathias Klein. I look forward to the opportunity of Klein Tools and PROTOOL celebrating your 100-year anniversary in the future.

Congratulations again, and best wishes,

- Mark Klein, President, Klein Tools

송치영 대표께,

〈백년가게국민운동본부〉를 기념하는 책 출간을 진심으로 축하드립니다. 한국의 공구 시장에 지난 50여 년간 제품을 공급하며 한국의 공업 발전에 기여하는 모습을 보는 것은 매우 놀라웠습니다. 책에 담긴 다른 이야기들도 매우 흥미롭고 독특했습니다.

나는 클라인 툴스(Klein Tools)를 이끌어 가는 것을 자랑스럽게 생각하며, 프로툴 같은 파트너와 함께라면, 나의 선조이신 마티아스 클라인(Mathias Klein)의 164년 유산을 계속 이어 나갈 수 있을 것입니다. 미래에 클라인과 프로툴이 함께 프로툴의 100주년 기념일을 축하하는 날이 오기를 기대합니다.

다시 한번 진심으로 축하드립니다.

– 마크 클라인, '클라인 툴스' 대표

Please hand over my best wishes and regards to the President Mr. Song. My statement and congratulation message is the following…

"Since 143 years PB Swiss Tools guarantees continuity and innovation. All products convince our valued customers in South Korea and worldwide through incomparable customer benefit and experiences. We are proud to cooperate with Protool Co., Ltd. and about the long-standing and successful relationship we share.

Work with the best.

송치영 사장님께 행운과 저의 안부를 전해주시길 바랍니다. 제 글과 축하 메시지는 다음과 같습니다.

"143년 이후 피비스위스 툴(PB Swiss Tools)은 연속성과 혁신을 보증합니다. 모든 제품은 비교할 수 없는 고객 이익과 경험을 통해 한국과 전 세계의 소중한 고객을 만나고 있습니다. 당사는 (주)프로툴과 협력하고 당사가 공유하고 있는 오래되고 성공적인 관계에 대해 자랑스럽게 생각합니다."

최고와 함께하세요.

– 에바 자이스리, '피비스위스 툴' 대표

코로나19와 함께 찾아온 경제 위기 속에서도 꿋꿋하게 한국 공구 시장에서 50여 년간 큰 버팀목이 되어주신 송치영 대표님을 보며 대한민국 경제에 희망을 보았습니다. 빠르게 변화하는 위기의 경제 상황 속에서 『백년가업 – 내가 생각하는 백년 가게의 조건』은 하루하루 치열하게 살아가며 버티고 있는 중소상공인들에게 중요한 가르침을 안겨주고 있습니다. 겉으로 보이는 화려한 사업가가 아닌 기본에 충실하고 최고의 제품을 위해 끝없이 노력하고 있는 백년가업의 정신은 이 시대에 존경받아 마땅한 기업가 정신이라고 생각합니다. 점점 사라져가는 백년가게가 저자의 책으로 다시 살아난 것 같아 같은 공구인으로서 뿌듯하고 자랑스럽습니다. 많은 중소상공인들께서 이 책을 통해 지금의 위기를 새로 도약할 수 있는 기회로 삼기를 희망합니다.

– 이건우, '영창단조공업(영창망치)' 대표

장사를 하면 할수록 손님의 마음을 사로잡는 건 머리가 아니라 가슴이라는 사실을 여실히 깨닫습니다. 30여 년이 넘는 오랜 시간을 같이한 송치영 대표님과 가게에서 가끔씩 쌍화차를 함께 하며 그런 심정에 서로 공감했습니다. 그러면서 항상 말씀하시던 백년가게와 장사에 임하는 생각 등을 이번에 책으로 내셨습니다. 축하드립니다. 나를 비롯해 우리 곁에서 생업에 분투하시는 중소상공인들이 한 번씩 보시면 좋겠다는 생각이 듭니다.

– 박옥분, '을지다방' 대표

백년가게가 이루어 가는 백년가업은 겉으로 드러나지 않는 수많은 사람의 노고가 있어야 가능한 일입니다. 현장에서 고객을 직접 맞이하는 상인들은 그런 사실을 몸으로 경험합니다. 무슨 일을 하든 충실한 기본을 바탕으로 최고의 품질을 위해 최선을 다하는 게 백년가게의 출발점이라는 저자의 주장에 적극적으로 공감합니다. 책에 성공 사례로 소개된 가게로서 막중한 책임감을 느낍니다. 저자의 주장하는 바가 장사하는 이와 고객 모두에게 공감대를 형성하고 널리 알려지면 좋겠습니다.

– 김현주, '㈜이성당' 대표

"어떻게"라고 묻는 사람은 문제를 효과적으로 해결할 수 있다.
왜냐하면 "만약에"라는 질문으로 시간을 낭비하지 않기 때문이다.

The "how" thinker gets problem solved effectively

because he wants no time with futile "ifs."

– 노먼 빈센트 필(Norman Vincent Peale)

내가 생각하는 "백년가게", "백년가업"…

"치영아!"

"네, 아버지."

아버지는 당신의 바지 주머니에서 무언가를 꺼내셨다.

"뭐예요?"

가게 열쇠다.

"내가 없는 동안 가게 문 좀 열고, 닫아라."

아버지는 그러고는 첫 일본 출장을 떠나셨다. 1980년대 중반 때의 일이다. 돌이켜 보면, 가게 열쇠를 받아든 나는 한동안 자리에서 몸이 굳어진 채 움직이지 못했던 것 같다. 드라마에서나 보던, 꼬장꼬장한 시어머니가 갑자기 며느리에게 집안의 곳간 열쇠를 넘겨줄 때처럼….

"왜 놀라고 그러냐? 한 삼 일만 네가 열쇠를 맡아봐."

하지만 아버지는 일본 출장을 다녀오신 후에도 가게 열쇠를 돌려달라고 하지 않으셨다. 그 뒤로 줄곧 가게 열쇠는 나한테 있었고, 나는 아침 일찍 나가 청계천에 있던 가게 문을 열었다. 그때부터 '이른 아침 출근하기'를 계속했다. 구속력이 없는 나 자신과의 약속이지만 하루도 거르지 않고 새벽녘에 출근했다. 그것만큼은 언제나처럼 성실하게 지켰다. 그로부터 40여 년 가까이 되었다.

오랜 단골손님 한 분이 이런 말씀을 한 적이 있었다.

"아, 그래. 송용순 씨의 아들이라고. 그러면 아버지 뒤만 따라다니면 뭐든 다 배울 수 있을 거야."

그 말의 의미를 깨닫는 데는 그리 오랜 시간이 걸리지 않았다. 아버지는 손님이 사려고 하는 제품이 있으면 어떻게든 찾아서 구했다. 아버지는 "아버지 떡도 싸야 사 먹는다."라는 말씀을 자주 하셨다. 그런 만큼 좋은 물건을 싸게 팔려고 노력하셨다. 여러 회사의 제품 중 가장 싸고 좋은 제품을 찾아냈고, 그렇게 구한 물건을 고객에게 정직하게 팔았다. 아버지는 장사하는 마음가짐은 어떠해야 하고, 고객은 어떻게 대해야 하는지를 잘 알고 계셨던 거다.

개인이 운영하는 가게는 무엇보다 사람 간의 관계가 중요하다고 여기셨다. 지방의 공구상이 찾아오면 식사 접대는 물론이고 차비까지 챙기셨다. 장사에서 신용이 얼마나 중요한지 간파하고 계셨다. 거래 약속은 반드시 지켰고, 줄 돈은 어떡하든 제때에 결제하셨다. 이런 아버지 모습을 뒤에서 지켜보고 그대로 따라 하면서 사업을 배웠다.

상당 기간 가게에서 내게 주어진 업무는 운반과 주문대로 물건을 선별하여 포장하는 작업이었다. 그렇게 무거운 공구를 허리에 지고 나르는 일을 3년 동안 군말 없이 해냈다. 서너 평 남짓한 가게는 온통 물건이 꽉 들어찬 매대들이 각 벽면을 둘러싸고 있었다. 사무집기라고 해야 책걸상 두 개가 전부였다. 여기에 여직원 '미쓰 리'가 근무하고 있었다. 그런데 미쓰 리가 둘째 애를 낳기 위해 출산휴가를 가게 되었다. 그런 어느 날, 그녀의 자리를 바라보다 그의 일을 해보기로 마음먹었다.

아버지는 뜻 모를 웃음만 지었다.

"그래? 어디 한번 해봐."

그 자리에 앉기는 했으나 나는 아무것도 몰랐다. 물건 구매는 물론, 세금계산서 발급, 장부 기장, 주문 등등, 처리할 일은 첩첩 쌓였는데 어떻게 해야 할지 막막했다. 무엇보다 제품의 원가를 모르니 어느 것 하나 제대로 손댈 수가 없었다. 제품 원가를 아버지로부터 알아내고 제품 가격표를 작성했다. 이후, '미쓰 리'가 처리하던 업무를 안정적으로 처리했다. 시간이 흐르자 나 역시 머릿속에 가격표를 넣어두게 돼, 가격표가 더는 필요치 않았다.

결국, 가게 경영에 관한 모든 것은 아버지에게서 배웠다. 그런 만큼 아버지의 잔소리는 늘어만 갔다. 주눅이 들 정도로 면박을 주기도 하셨다. 하지만, 나는 단 한 번도 말대꾸하지 않았다. 그런 아버지의 잔소리는 시간이 지나 곱씹어보면 모두 소중한 가르침이었다. 자수성가한 아버지는 나를 제대로 된 경영자로 만들려는 굳은 마음을 지니고 있었던 데다 부모로서 하나라도 더 가르치려는 마음이었다. 이를 위해 모든 일을 온전하게 가르치는 데 힘을 기울이신 거다.

1993년이 되어 가게의 영역을 조금씩 확장해오던 아버지는 청계천 공구 거리에 처음 내건 회사 상호인 '신흥상사'를 '신흥세진 주식회사'로 바꾸게 된다. 가게를 운영하는 자영업 기반의 소상공인에서 한 단계 더 성숙한 주식회사로 탈바꿈하여 장사를 해나가겠다는 아버지의 강한 의지가 반영된 일이었다. '신흥세진(주)'의 출범을 계기로 회사는 취급 제품들의 유통 단계를 줄이려 직접 수입·판매하기 시작했고, 한편으로는 제품 품목 수를 늘리기 위해서 더욱더 노력하였다.

1998년에 이르러서는 모든 산업을 위축시킨 IMF 외환위기로 공구 업계도 거래 규모가 줄어드는 위기 상황에서 나에게는 개인적인 불행도 닥쳐왔다. 평생 한 번도 만나기 어려운 정면충돌 교통사고를 당시 두 번이나 겪게 되면서 온몸이 만신창이가 되었다. 지금도 그 후유증으로 때때로 찾아오는 몸을 둘러싼 통증을 떨쳐내기가 쉽지 않다.

그러는 동안 기존의 청계천의 가게로는 회사를 성장시키기에 부족함이 많다는 생각을 하게 되었다. 우선 매장이 좁아 정리정돈을 할 수 없으니, 어떤 일이든 작업하기가 너무 불편했다. 어떤 경우에는 손님에게 제품을 보여주기 위해서 바닥에 있는 것을 꺼내려고 그 위에 놓인 물건을 모두 옮겨야만 했다. "공간이 생각을 지배한다."라는 생각은 그때부터 생겼다. 이후 줄곧 나를 비롯해 구성원을 위해 작업환경을 개선해야 한다는 생각을 지니게 되었다. 그렇지 않으면 서서히 죽어가는 냄비 속 개구리 신세가 될 수 있다고 생각했다.

그런 한편으로 경영 환경의 변화를 감지하지 못하면 회사도 차츰 고사(枯死)할 수 있다고 생각했다. 게다가 2003년 7월부터 시작된 서울시의 청계천 일대 복원공사로 인해 노후 상가 철거 문제가 대두되었고, 그 여파는 우리 청계천 가게에도 영향을 끼쳐 장사가 잘되지 않는 상황이 닥쳐오면서 사업장 이전을 심각하게 생각해야 할 형편이었다. 결국, 2005년 금천구 독산동에 건물을 마련해 회사 이전을 단행했다. 당시까지도 공구유통 업계는 직원들 자리 하나 제대로 마련해주지 못하는 실정이었다. 우리도 청계천 매장에서는 장소가 협소해서 직원들이 모두 모이는 회의는 엄두조차 낼 수 없었다. 회사 이전으로 공간에 여유가 생기니 아이템 선정도 수월해지고 생각도 자유롭게 펼칠 수가 있었다. 그간 시도하지 못했던 여러 경영 상황에 변화를 줄 수도 있게 되었다.

2014년, 서울시가 청계천·을지로 주변을 전면 재개발하는 '세운 재정비촉진 지구'를 지정하면서 재개발사업이 다시 가동되었다. 대한민국의 근대화를 견인했다고 자부하는 청계천 공구 상가는 졸지에 철거될 위기에 놓이고 말았다. 전국 공구상의 연합체인 〈한국산업용재협회〉에 등록된 공구유통 업체의 90%가 청계천 공구 상가의 세입자라서 이곳은 크게 동요했다. 청계천 상인과 소상공인은 재개발 저지 모임을 결성하고 일방적인 재개발 중단과 산업생태계 보전을 위한 협의체 구성을 서울시를 비롯해 관계기관에 촉구했다.

이런 와중에도 이 지역은 상업지구로 지정되면서 땅값이 크게 뛰었고, 주상복합 형태의 건물이 속속 들어섰다. 또, 재개발로 인해 밀려난

상인들이 주변의 빈 점포로 몰리는 통에 점포 임대료도 치솟았다. 게다가 대기업인 유진그룹이 2018년 3월 개장을 목표로 금천구 독산동(홈플러스 금천점 맞은편)에 연면적 1,795m²(약 540평) 지상 3층 규모의 대형 산업 용재 마트를 준비하고 있었다. 그들은 전국에 120개 매장 개장을 목표로 준비하고 있었다. 당시 〈한국산업용재협회〉의 서경지회장을 맡고 있던 나로서는 지켜보고만 있을 수 없었다. 온몸으로 저지하며 앞장서 반대 투쟁을 벌였다.

그렇지만 여러 사정으로 인하여 대기업 공구업계 진출 저지 비상대책위원장을 그만두어야만 했다. 아쉬웠다. 하지만, 저간의 과정을 통해 나는 협회의 사업에 좀 더 적극적으로 동참해야겠다는 마음을 먹게 되었고, 한편으로 회원사의 권익과 가치를 증진하는 동시에 공구유통 업계의 건강한 생태계 유지를 위해 앞장서야겠다는 소명의식을 더욱 다질 수 있게 되었다.

● ● ●

앞은 별스러울 것 없는 나와 회사의 이야기다. 어느 햇볕 좋은 봄날이었다. 오늘, 지금의 햇볕도 지난날의 비바람을 이겨내야 맞이하게 되는 것처럼 우리네 삶이나 회사도 숱한 에피소드들로 엮어진 한 편의 드라마 같다는 생각이 불현듯이 들었다. 주마등 돌듯 지나가는 수많은 사람과 이야기의 배경이 되는 한 가게의 백년 드라마는 과연 어떻게 만들어지는 걸까, 하는 생각에서 이 이야기를 시작하게 되었다.

일본에서 '경영의 신'으로 추앙받는 기업인 마쓰시타 고노스케(松下 幸之助)는 "기업은 사회의 공기(公器)다."라고 정의한 바 있다. 이 말은 기업이 사회에 공헌할 수 있는 책임을 다할 때 그 대가로 기업에는 이익이 돌아오는 것이란 말이면서, 그 행간은 기업은 우리 사회 구성원 전체의 것이라는 것을 뜻하기도 한다. 그의 주장처럼 기업은 이익의 극대화에만 관심을 쏟기보다는 더불어 살아가는 우리 사회가 어떻게 하면 잘살 수 있을지를 고민해야 한다. 지당한 말씀이다. 그러나 이런 당위론도 가게나 기업이 살아남아야 이루어지는 것이다. 세상은 항상 치열했고, 가일층 치열해지는 지금의 경쟁 시대에 가게가 영속하려면 말이나 구호 같은 다분히 감상적인 주장만으로는 많이 부족한 게 사실이다. 그 무엇보다 가게의 지속 가능 경영을 위한 강한 실천력이 더욱 중요하다는 말이다.

가게나 기업은 끊임없는 시련을 극복하고 한편으로 쉼 없는 도전으로 이루어낸 좋은 전통과 핵심 가치를 바탕으로 새로운 성장 동력을 찾을 때 지속적인 성장을 거듭할 수 있다. 이렇듯 시대 변화와 시장 흐름에 대응하며 지속해서 성장하기 위해서는 과연 "어떤" 노력이 필요할까? 지속 가능한 미래가 보장되는 누구나의 백년가게가 되려면 "어떻게" 준비해야 할까? 또, 사업의 기본 철학인 본업(本業)이 다시 천직(天職)으로 구현된 게 '백년가게'라면, 백년가게의 본업이 대대로 이어지는 '백년기업'을 위해서는 과연 "어떤" 준비와 마음가짐이 필요할까? 이 모든 게 '내가 생각하는 백년가게'와 '백년기업' 이야기의 출발점이다.

무엇을 하느냐보다 "어떻게 하느냐"가 중요

내가 경영하는 회사는 지난 1968년에 설립되어 지금까지 지속하고 있으니 올해(2021년)까지 햇수로만 53년으로, 사람으로 치면 중년 중에도 무르익은 중년의 연배와 맞먹는다. 회사를 경영하는 사람이면 누구나 마치 천형(天刑)처럼 지닌 회사의 '영속적·지속적 발전'에 대한 부담을 나도 항상 지닌 채 살아간다. 이런 부담을 왜 지닌 채 살아가는지 한때는 많이 고민하기도 했다. 하지만 아버지께서 세워 나의 청춘과 인생을 거의 다 바친 분신과 같은 회사고, 게다가 이제는 아들에게 물려줘야 하는 회사이다 보니 쉽사리 다른 생각을 하기가 어려운 게 사실이다. 또, 한편으로는 나의 지금 일이 너무 즐겁고 좋으니 어떤 상황이 와도 상쇄가 된다.

이처럼 회사의 지속적 성장(영속성)을 고민하던 중, 기업의 영속성을 대표적으로 상징하는 '백년가게'라는 단어를 접하면서 회사의 '백년가게화(化)', '백년기업화'를 구체적으로 고민하게 되었다. 우선은 '백년가게'라는 말이 낯설지는 않았다. 지난 2018년 우리 회사의 출발점이라 할 수 있는 청계천·을지로 공구 클러스터 지역이 재개발의 광풍에 휩싸였을 때 나는 재개발 저지에 앞장서 사태의 접점에서 활동하고 있었다. 그즈음 때마침 뜻을 같이하던 주변의 지인들과 〈백년가게수호국민운동본부〉라는 단체를 결성하여 사회운동 활동을 하게 되면서 '백년가게'라는 말을 사용하게 되었고, '백년가게'의 실제적 정체성에 대해서도 고민하기 시작하였다. 이 단체는 그 뒤 2020년에 투쟁적 이미지가 다소 강하게 내비치는 '수호'라는 단어를 떼 내고 〈백년가게국민운동본부〉라는 이름을 단 시민단체로 재출범했고, 나는 단체의 위원장으로 일해 나가고 있다. 이때도 단체 명명을 하면서 '백년가게'라는 단어를 놓치지 않았다.

익히 그전부터 내 주변의 지인들은 우리 회사를 '백년가게', '장수기업'으로 칭해 줘서 낯설지 않은 말인 '백년가게'. 우리에게는 '백년가게'로, 장수기업이 많기로 널리 알려진 일본에서는 '노포(老鋪, しにせ[시니세])'로, 영어로는 'old company'로 표기한다고 했다. 2000년대 접어들어 대한민국에 요리와 맛집 열풍이 불 때 새롭게 등장한 말처럼 보였던 '노포'는 단지 오래된 식당을 의미하는 바가 아니었지만, 흔히 쉽게 그런 의미로 쓰고 있다. 이런 예를 더 들지 않더라도, 우리는 어떤 개념에 대해 명확한 규정을 하고 알아가기보다는 시중에서 흔하게 사용하는 개념을 일반적 개념으로 바꾸는 우를 가끔 저지르는데, 내가 보기에 우리가 사용하는 '백년가게'도 흔한 노포 중의 하나처럼 쓰이고 있지 않았을까, 라는 생각을 해봤다.

전 세계가 초연결 사회로 엮인 우리는 이미 전 세계와 국내의 성공한 가게나 기업의 이야기를 쉽게 접할 수 있는 환경에 놓여 있다. 그 흔한 성공 이야기는 감동적인 스토리텔링으로 엮여 베스트셀러로 변신하기도 했고, 한편으로는 사회적 신드롬으로 등장하면서 개별 가게나 기업들의 특성을 고려치 않은 채 묵시적으로 따라 하기를 강요하는 사회적 현상을 불러일으키기도 했다. 하지만 얼마 지나지 않아 그런 현상과 기업들은 마치 신기루처럼 우리 곁을 떠나곤 했다. 이런 경우를 우리는 그간의 경험으로 잘 알고 있다. 물론 가게나 기업도 그 생애주기를 따라 건전한 성장 기업이 있는가 하면 돌파구를 찾지 못하고 퇴출해야 하는 한계기업이 있기 마련이지만, 가게나 기업이 사람의 일생 주기와 다른 점은, 때에 따라서는 불멸의 가게, 기업이 될 수도 있기 때문이다. 이는 물론 사람의 일생이 유한함에 반해 기업은 운영하기에 따라 무한한 영속성을 가질 수 있기 때문인데, 이를 위해서는 무엇을 하는 게 중요한 게 아니고, "어떻게 하느냐"가 중요하다는 생각이 들었다. 내가 '백년가업, 백년가게'를 연구하면서 방점을 찍은 곳이 바로 이 지점이다.

앞으로도 여러 번 언급되겠지만, '백년가게'는 일반적으로 장기간에 걸쳐 가게를 지속 운영하여 고용이 안정적으로 유지되고, 가게가 지닌 제품의 핵심기술이나 자신들만의 비결(祕訣) 등이 자연스럽게 다음의 대(代)로 계승되어 발전하는 가게를 말한다. '백년가게'는 한편으로는 가게가 소재한 지역사회의 고객들에게서 받은 사랑을 다시 사회에 적극적으로 환원함으로써 지역경제의 활성화는 물론 나아가 국가 경제에도 활력을 불어넣고 국가 경쟁력 향상에도 이바지한다. 여기서 '백년가게'가 되기 위한 조건으로 우선 시간이 어느 정도 흘렀는지가 전제되어야 하는데, 그 시간적 연한(年限)을 어느 정도로 볼 것인지에 대해서는 내가 찾아본 자료상에서는 원칙처럼 정해진 약속은 없었다. 이는 아마도 각각의 나라마다 기업의 평균수명이 다르기도 하거니와 기업의 역사와 기업을 바라보는 시각 또한 서로 다른 점이 많아서 그렇다고 여겨진다. 하지만, 시작은 가게 규모지만 지향하는 바는 같아 결국 백년기업, 장수기업으로 변신하여 불리게 된다(그러므로 이후에는 백년가게를 설명하지만 백년기업, 장수기업 등의 개념어도 같이 써가며 서술했다.).

　가게이든 기업이든 성장하지 않으면 망하게 된다. 하지만 이 말에는 사실 짚어볼 대목이 있다. 성장을 못 해도 살아남아 있는 가게와 기업이 있을 수 있기 때문이다. 하지만, 종국에는 쇠락의 나락으로 떨어지고 만다. 그래서 나는 회사를 경영하면서 항상 이야기한다. "회사는 성장하지 않으면 죽게 된다. 단순히 유지한다고 얘기하는 것은 죽어가는 시간을 달리 표현한 것일 뿐이다."라고 말이다. 그러니 회사의 영속성을 유지하기 위해서는 성장 동력을 끊임없이 찾아야 하는데, 나는 이를 달리 경쟁력 제고와 신사업 아이템 발굴 등으로 표현하기도 한다. 기존의 사업에 경쟁력이 없으면 회사는 당장 어려워지므로 최선을 다해 노력해야 하는 것은 당연하고, 앞으로의 지속적인 성장을 위해서는 시대변화에 신축적으로 대응하며 날쌔게 새로운 사업 아이템을 발굴해 나가야 한다. 이때도 결국에는 '무엇'을 찾는 것도 중요하지만, 찾아진 무엇을 '어떻게' 운영해 나가는지가 더 중요하다고 생각한다. 왜냐하면, 아마도 내가 발굴할 수 있는 소위 "대박" 아이템은 다른 이들에게도 이미 노출되었을 확률이 거의 100%라고 생각하기 때문이다. 새로운 아이템 발굴은 그만큼 힘든 과정이다. 그러므로 기존 사업과 적절한 조화, 융합이 이루어지면서 우리 본연의 업(業)에서 크게 벗어나지 않는 아이템을 발굴, 누구보다 경쟁력 있게 '어떻게'든 팔아내는 것이 훨씬 빠른 지름길이라고 생각한다.

● ● ●

산업화의 시작을 포함하여 각국이 거쳐 온 역사적 환경에 따라 백년가게, 장수기업의 역사도 크게 차이가 난다. 그러면서도 백년가게를 연구·정리하면서 가장 안타깝게 느낀 점이 국내 백년가게의 표본이 될만한 기업의 수가 극히 적다는 사실이었다. 앞으로는 물론 많이 나오겠지만, 아직은 국내기업 중 나이가 실제 100년이 넘는 기업은 10개 남짓이다. 우리가 전 세계에 자랑스럽게 여기는 삼성(1938년)의 연륜도 올해(2021년) 기준으로, 그룹으로 보면 83년, 삼성전자(1969년)를 기준으로 하면 52년이다. 그러다 보니 공개된 자료들에서 언급한 백년가게, 장수기업의 사례는 일본의 예가 가장 많고, 그다음이 유럽, 미국의 순이었다. 그리고 장수기업을 연구하고 각국의 경제 환경에서 최적의 기업 모델을 찾고 연구하는 나라들도 앞의 순서를 크게 벗어나지 않았다.

또한, 백년가게를 연구한 자료를 보면, 백년가게는 무슨 사업을 하든 각자 나름의 독특한 사업적 개성을 지니고 있다. 사업 업종은 식품, 주류, 필기구, 의약품, 생활소품 등 우리가 흔히 접하는 생활필수품에서부터, 일본과 독일이 특히 강세를 보이는 소재, 부품, 장비를 취급하는 경우들이 있는가 하면 여관(호텔), 온천 등 자신만의 고유문화를 체험할 수 있는 사업 등 거의 모든 업종에 걸쳐 그 사업영역이 분포되어 있었다. 여기에서 보듯 이들은 남들이 하지 않는 아주 독특한 사업을 전개하는 것이 아니라 우리 곁에서 항상 쓰이는 어떤 것과 욕망을 충족시켜 주는 사업을 하고 있다는 사실이다. 여기서 나는 다시 한번 사업은 무엇을 하는가보다는 "어떻게 하는지"가 더 중요하다는 사실이 증명된다고 생각했다. 곧, 이들은 자신만의 독특한 특성으로 사업을 이끌고 있었고, 시대나 사업 환경의 변화에 아주 능동적으로 대처하며 진화해 왔다는 사실을 알 수 있었다.

앞에서 언급했듯이, 나도 회사의 '백년가게화', '장수기업화'를 위해 부단히 노력하고 있다. 그러면서 나보다 먼저 그런 꿈을 이룬 회사, 경영자들에게 어떤 것이든 배우고 싶었다. 그러는 동안 자연스럽게 백년가게, 장수기업을 공부하게 되는 과정이 바로 이번 책으로 결실을 이루었다. 공부하고 책을 쓰면서 채울 수 없어 아쉬운 게 개별 기업의 성장 체험이었는데, 이는 실제 가게에서부터 중소기업에 이르기까지 오랜 시간을 직접 체험한 나의 경우를 과감히 써가며 실제적인 예가 될 수 있도록 했다.

책은 제1부와 제2부, 그리고 '책 속의 책'(부록)으로 묶어 전체적으로 세 부분으로 구성했다. 제1부는 '예측 불가한 시대에 돌아보는 백년가게'라는 주제로, 여러 어려운 경제 상황 속에서도 그리고 전대미문의 코로나 팬데믹 시대에도 불구하고 백년가게를 다시 떠올리게 되는 이유가 무엇인지를 생각해봤다. 백년가게의 개념을 정립해보고, 어려운 시대마다 백년가게가 주목받는 까닭을 나름 알아봤다. 그러면서 백년가게는 어떻게 만들어지고 이어지는지, 백년가게의 성공이 의미하는 바가 과연 무엇인지에 대해서도 살펴본다.

제2부는 '또 다른 백년을 기약하는 백년가게'라는 주제로 구분해봤다. 나 자신은 물론이고 백년가게의 실체를 궁금해할 독자들을 위해 마련한 공간이다. 앞에서도 언급했듯 무엇보다 백년가게에 대해 임상적으로 살펴볼 방법이 현실적으로 어려운 관계로, 그 대안으로 해외 유명 백년가게, 장수기업 몇몇 곳에 대해 직접 설문조사를 부탁했다. 그러면서 필자가 운영하는 회사인 '(주)프로툴'에도 같은 방법으로 설문조사를 했다. 이런 자료를 바탕으로 내가 나름으로 생각하는 백년가게의 성공경영에 관해서도 이야기를 나누고 싶었다. 준비하는 동안 많은 어려움도 있었지만, 여기에 실은 회사들의 적극적 협조로 지면을 꾸밀 수 있었다. 그간 공부를 위해 자료를 준비하며 눈여겨봤던 해외 장수기업 중에서는 '호시료칸(法師旅館, Hoshi Ryokan)', '레스토랑 보틴(Restaurante Sobrino de Botin)', '파버카스텔(Faber-Castell)', '클라인 툴스(Klein Tools)', '피비스위스 툴(PB Swiss Tools)', '빅토리녹스(Victorinox)' 등의 역사와 현황에 대해 간략히 정리했고, 같이 다룬 '프로툴'에 관해서도 객관적으로 살펴볼 뜻깊은 기회를 가질 수 있었다.

그리고 마무리로, '책 속의 책'이라 이름 지은 부록을 같이 묶었다. 필자가 운영 중인 〈백년가게국민운동본부〉에서 회원들에게 실행하고 있는 교육 프로그램 중, 중소상공인들이면 반드시 알아야 할 '세무 상식', '가업승계', '노무 상식' 등을 주요 핵심사항만 발췌하고 정리해 실었다. 여기 부록을 잘 활용하면 회사 경영과 실생활의 정보를 마련할 수 있을 것으로 기대한다.

●　●　●

백년가게 경영의 확고한 신념과 의지를 직접 가르쳐 주신 파버카스텔 한국 총대리점 코모스유통(주)의 이봉기 대표이사님과 책에 회사를 소개하게 해주신 국내외 백년가게에는 고마움의 인사를 빠뜨릴 수 없다. 그리고 집필에 필요한 자료 인용을 승낙해주신 저자들과 출판사들께도 진심으로 감사를 드린다. 더불어 바쁜 업무 중에도 자료 수집에 발 벗고 나서 준 회사의 이창일 상무를 비롯해 직원들께도 각별하게 감사를 드린다.

무엇보다 가족의 도움이 없었으면 이 작업의 마무리가 쉽지 않았을 것이다. 항상 곁에서 현명한 조언과 함께 기운을 북돋워 주고 칭찬을 아끼지 않은 아내 이채연, 그리고 지섭, 지원에게도 고마움과 함께 사랑의 말을 보낸다.

●●● 차례

PART. 01 제1부
예측 불가한 시대에 돌아보는 백년가게

⊒. "백년가게", 그 성공이 의미하는 바는? • 111

중소상공인을 위한 세무 · 가업승계 · 노무 상식

PART. 01 제1부

예측 불가한 시대에 돌아보는
백년가게

　여기 제1부에서는 그간 집필을 위해 자료를 준비하고 정리하면서 계속 고민해왔던 백년가게의 개념, 백년가게의 창업과 발전, 위기 극복 과정, 대내외적 변화에 대응하는 내부 진화과정, 백년가게의 존재와 그 사회적 가치, 백년가게가 현명하게 선택한 생존과 성공의 법칙, 그리고 내가 생각하는 백년가게의 조건은 무엇인지 등에 대해 내 생각을 풀어 놓았다. 이제는 독자들과 함께 그 생각의 조각들을 맞춰봄으로써 그간 고민해 온 백년가게의 정체를 자문자답하는 과정이 과연 어느 정도의 객관성을 확보했는지를 살펴보려 했다.

　나열한 주제들이 거창한 듯하지만, 근본적으로 백년가게의 탄생과 소멸까지를 임상적으로 직접 체험하기가 불가능한 일이므로 회사를 경영하고 있는 나의 경험을 원용했고, 또 기존에 연구되어 발표된 언론 기사와 보고서, 도서 등에서 많은 도움을 받았다. 그러니 이 분야를 학문적으로 천착하는 연구자들처럼 그 서술의 깊이가 정교하거나 세련되지 못함을 미리 고백한다.

　먼저, 나는 이 시대에 다시금 '백년가게'의 "견디는 힘"과 소위 내공으로 표현되어도 가능한 "내부 진화"를 살펴보고자 했다. 다른 한편으로는 우리 사회의 '백년가게'에서 이런 특성이 어떤 식으로 표출되는지도 가늠해보려고도 했다. 그동안 우리에게 '백년가게'는, 그저 무심코 지나치는 수많은 가게 중의 하나로, 또 시간을 오래 머금은 가게로 또는 회사로 인식되었다. 그러다 보니 우리는 일군의 가게를 시대 변화와는 동떨어진 낡은 이미지로 각인하여 변화나 개혁의 대상으로 치부했는지도 모른다. 이런 경우는 그 지나온 세월에 비해 가게나 회사의 규모가 별반 변화가 없거나, 사업 분야가 한정되어 회사의 변화를 그다지 느낄 수 없는 가게가 해당한다.

하지만, 우리가 주목해야 할 가게나 회사가 바로 이런 곳들이 아닐까? 물론 가게의 영속성과 함께 백년가게의 중요 판단 기준이 가게의 규모라고 하더라도, 규모의 크기가 바로 가게의 성장을 말하는 것은 아닐 테고, 우리 사회 기업형태의 근간이 되는 중소기업들이 바로 이런 형태의 가게들이 대다수이기 때문이다. 또한, 한정된 사업 분야는 달리 이야기하면 독보적인 전문 분야가 있다는 것이다. 그처럼 한 분야만 집중해 가게를 운영하고 있다면 우리가 다루려는 주제에 아주 좋은 선례가 아닐 수 없다. 무엇이든 열심히 하는 것도 중요하지만, 남들과 비교해 더 잘하고 있으니 그 명맥을 이어가고 있을 테니까 말이다. 여기서 백년가게의 비결 중 하나인 영속성, 지속성을 찾아볼 수 있을 것으로 생각했다.

또 한편으로 살펴보면, 그 시작은 모두 달랐어도 지금껏 생존하여 지속경영 중인 백년가게의 내면에는 그들만의 "견디는 힘"이 작동하고 있었고, 그 힘은 자연적으로 생긴 게 아니라 내부 구성원들의 각고의 노력 그 자체라는 것을 알 수 있었다. 마치 당연한 듯한 이 사실은 가게를 지키고 유지하고 발전시키는 나름의 논리가 존재한다는 걸 말하는 것이기도 했다. "견디는 힘"이 뒷받침되니 스스로 발전하고 "진화"하는 힘이 생기는 것이다. 이를 증명하는 바는 세상이 어려워지면서 그 생명력이 더욱 돋보이는 우리 주변의 많은 백년가게에서 그 근거를 충분히 찾을 수 있고, 이 책 제2부에서 고백하듯 이야기한 '(주)프로툴'에서 직접 체험한 경영 경험이 그 점을 어느 정도 증명할 수 있다고 생각했다.

＊ ＊ ＊

우선, 예측 불가능한 미래가 예견되는 이 시점에 하필이면 "왜, '백년가게'인지"를 알아보고자 했다(이 책을 처음 기획할 때는 지금 같은 세계적 대유행 상황인 코로나 팬데믹은 상상도 못 했다. 그동안 더욱더 예측 불가능한 시대가 되었다.). 이를 위해서는 '백년가게', '백년기업', '노포', '장수기업', '가족기업', '가족장수기업' 등등 꼬리에 꼬리를 물 듯 이어지는 '백년가게'의 개념을 제대로 정리해야겠다는 생각이 먼저 들었다. 무슨 일이든 그 일을 규정하는 개념화가 이루어지면 설명과 이해가 쉬워지므로 그 작업을 먼저 해봤다.

본문에서 밝혔듯이, 이들 '백년가게, 장수기업, 노포, 가족기업, 가족장수기업' 등은 마치 거울의 방에서 내 모습을 비추면 숨어 있는 부분까지 볼 수 있는 것처럼, 여러 개념어에서 설명이 부족했던 부분들을 서로 보충해주고 있어 나름 구분하여 생각해봤다. 그러던 중 '가게'라는 말이 그 뜻의 한계로 인해 계속 서술상에 걸림돌로 작용했다. 이에 머리말에서 이야기한 것처럼 가게와 기업을 상황에 맞게 같이 사용했음을 밝힌다. 그리고 '백년가게'가 지금 주목받는 까닭을 나름 알아보았다. 현실의 삶이 녹록지 않다 보니 '뉴트로'를 바탕으로 하는 트렌드에 맞춘 대안형 경제적 현상으로서도 백년가게가 새롭게 조명받을 수 있다는 생각도 해봤다. 우리 곁의 생활밀착형 백년가게는 시공간을 넘나들며 주변과 함께 추억과 경험을 공유한다. 이를 위해 백년가게는 차별화된 고유의 가치관을 견지해왔고, 그의 연장선에서 사회적인 나눔 활동 등을 해왔다. 이런 믿음이 유지되어 지속 가능한 '미래의 오늘'을 보여줄 수 있는 곳이 바로 백년가게라는 말을 해주고 싶었다.

그러면서 자연스럽게 백년가게의 존재와 그 사회경제적 가치를 알아봤다. 끊임없는 변화 과정을 견딘 백년가게는 미래에 대한 나름의 혜안을 가지고 있었고, 본업에 충실한 용기와 회사에 대한 헌신, 그리고 공동체에 대한 자발적 환원 의지가 뚜렷했다. 이런 백년가게의 존재는 궁극적으로 고용, 가계(家計), 세수(稅收), 경제사회의 발전으로 이어지는 긍정적 역할을 한다고 봤다.

다음으로는 백년가게는 어떻게 만들어지고 이어지는가에 대해 살펴봤다. 먼저, 백년가게의 현명한 선택에 대해 알아봤다. 여기서 현명한 선택은 그들의 생존 비법을 달리 말하는 것이기도 하다. 그러면서 백년가게가 되려면 갖추어야 할 조건을 나름 정리했다. 백년가게의 조건은 곧 백년가게 영속성의 비밀을 해제하는 키워드다. 백년가게가 외부 환경과 지속하여 호흡하며 성장할 수 있었던 원동력, 가장 중요하게 생각한 핵심 가치, 내부 진화의 과정, 본업을 지키며 실행한 변화, 위기 극복의 과정 등을 실제 사례와 함께 다루었다. 그러면서 세계의 백년가게에서는 시대를 앞서간 성공을, 국내의 백년가게에서는 새로운 가능성의 모색 방법 등을 전체적인 현황과 아울러서 살펴봤다.

마무리하면서는 내가 생각하는 백년가게의 실천 사항들을 진지하게 고민해 봄으로써, 백년가게의 성공이 의미하는 바가 과연 무엇인지에 대해 나름 알아봤다. 백년가게의 가족경영, 올바른 가업승계 등을 살펴보고, 장기 히트 상품으로 대변되는 백년가게의 수성(守城) 과정 등도 알아봤다. 백년가게는 단지 성장하는 데만 기업의 목표를 두지 않고 최고의 명품과 서비스를 제공하여 고객과 지역 공동체에 봉사하는 것에 궁극적 목적을 둔다고 하는데, 과연 그런 것인지도 실제 사례로 살펴봤다.

* * *

이처럼 수적으로도 다양한 백년가게가 사회 공동체에 늘어나면 사회적 신뢰를 바탕으로 한 사회경제적 자본이 커지면서 경제적으로도 발전하게 된다. 이러면서 안정된 백년가게의 존재가, 곧 필자가 주장하는 '고용의 안정과 증가', '안정된 가계경제', '충분한 세수 확보', '국가경제의 지속적 발전'이라는 우리 경제 선순환 구조의 밑바탕이라는 점도 맥락으로 함께 강조하고 싶었다.

1.

개념의 혼재,
다시 보는 "백년가게"

●●●● 개념의 혼재

책을 준비하며 이런저런 자료들을 찾아보게 되었다. 요즈음은 인터넷에서 웬만한 것은 다 찾을 수 있어 좋지만, 정말 묻고 싶은 물음에 대한 답은 스스로 찾아야 하는 건 예나 지금이나 매 한 가지다. 그러던 중, 서로 만나면서 근황을 묻는 지인들에게 '백년가게', '장수기업' 등과 관련된 책을 준비하고 있다고 얘기하다, 한 지인이 물어왔다.

"왜, 백년가게라고 부르는 거죠? 그건 무슨 개념으로 구분하는 거죠?" "가게랑 기업은 같은 말이에요?" 아뿔싸! 그러고 보니 책을 준비한다고 하면서 '백년가게'의 용어, 개념 등에 대해 진지하게 고민한 적이 별로 없었다는 사실에 스스로 너무 놀랐다. "글쎄 그게 말이야, 다들 오래된 가게들이라 그렇게 상징적으로 부르는 거 아닐까. 별다른 의미는 없을 거 같은데…, 백 년 그러면 좀 들어 보이고, 있어 보이잖아." 그냥 얼버무리면서 대화를 끝낸 적이 있었다. 그러면서 여러 의문점이 생겼다.

왜, '오십년가게'도 아니고 '천년가게'도 아닌 '백년가게'일까? 다들 '백년가게, 백년가게'라고 하는데 이는 어디서 온 말일까? 그리고 '백년가게'와 대척점에 있는 개념은 무엇일까? '가게'와 '기업'은 이처럼 쉽게 대체해서 서로 쓸 수 있는 개념인가? 요즘 많이 입에 오르는 '노포(老鋪)'는 어떤 의미인가? 그렇게 의문을 가지다 보니, '백년가게, 백년기업, 장수기업, 노포, 명문장수기업, 가족기업, 가족장수기업, 강소기업, 히든 챔피언…' 등등, 책에 등장하는 '백년가게'의 다른 변주들인 이런저런 용어에 대한 의문점이 꼬리에 꼬리를 물고 생겨났다. 이런 용어의 의미를 나름 알고 넘어가야 다음의 글을 진척시킬 수가 있을 것 같았다.

●●●● '가게'에서 시작하여…

'가게'의 사전적 의미를 찾아보면, "작은 규모로 물건을 파는 집, 길거리에 임시로 물건을 벌여 놓고 파는 곳"이라는 뜻으로 풀이되어 있다. 여기서 주목할 것은 어쨌든 '가게'라는 말은 '규모가 작으면서 길거리에서 임시로 장사하는 곳'이라는 점이다. 역사학자 전우용의 『우리 역사는 깊다[1]』(푸른역사, 2015)에 이 '가게'의 어원과 역할을 찾아볼 수 있는 구절이 있다. 그 설명에서 어원과 기능이 사전적 의미와 일치함을 알 수 있었다.

… 1896년 가을부터 한성부는 종로와 남대문로에 늘어서 있던 상업용 가건물들을 철거하여 도로 폭을 넓히는 사업을 추진했다. '국중의 대로(大路)'이던 종로와 남대문로변에 들어선 상업용 가건물들은 17~18세기 도성 산업이 발달한 결과였다. 지금도 동네의 작은 상점들이 인도 위에 평상이나 파라솔을 내놓는 방식으로 '공용 공간'을 사유화하는 일을 흔히 볼 수 있는데, 이는 당시에도 마찬가지였다. 종로 시전가를 찾는 '소비자'와 그들에게 팔 '상품'이 모두 늘어나자 상업 공간 역시 확장되어야 했으니, 이에 따라 만들어진 것이 바로 대로변의 가건

물들이었다. 이들 가건물을 '가가(假家)'라 했는데, '가게'는 이 말이 변한 것이다. 가게들은 왕이 큰길에 행차할 때면 헐었다가 다시 지어야 했다. …

이처럼 "임시로 지은 작은 건물"이라는 뜻을 가진 '가게'는 붙는 말에 따라 친근함이 달리 표현되는데, '천년가게'는 너무 터무니없어 보이고, '십년가게'는 기본 조건인 업력(業歷)조차 만족할 수 없고, '오십년가게'는 입에 잘 붙지도 않는다. 이처럼 그 시간적 구분의 원칙은 어디서든 찾아보기가 힘들었다. 물론 가게와 다른 '오래된 가게'를 뜻하는 설명이긴 하지만, 나름 '노포(老鋪)'를 분별하는 기준을 내세운 경우는 찾아볼 수 있었는데, 『한국 최고의 가게』(김용범·이기창, 흐름출판, 2005)에서 "… 우리는 박물관에서 골동품을 분별하는 기준을 50년에 두는 것과 마찬가지로 노포의 기준을 전국이 초토화된 6.25를 기점으로 하여 50년에 두었다. …"라는 설명을 찾을 수 있었다. 하지만 이 경우는 책을 펴낸 시점과 한국전쟁을 기준으로 한 것이니, 지금쯤이면 그 기준을 70년이라고 할 수도 있다는 생각이 들었다.

이것저것 참고하여 생각해보면, 대개 기업의 생몰(生沒)을 사람의 생로병사에 빗대는 경우가 일반적인데, 모르긴 해도 인간이 살아보기가 어려워 살았으면 하면 염원의 시간, '백년'을 염두에 두고 '영원히 존재하였으면 하는 바람'을 담아 표현한 것이라 보는 게 합당할 것이라는 생각이다. 이런 점으로 보아, '백년가게'를 나름 풀어서 이해해보면, 우리의 언어생활에서 꼭 찬 수를 뜻하는 '백'에다 업력의 시간을 뜻하는

'년'을 붙였고, '완성되고 영원했으면' 하는 염원을 담은, 숫자로 상징되는 희망의 말 '백년'에 '가게'라는 말을 붙였다고 해석해 볼 수 있겠다.

이런 식으로 따져보면, 백년기업은 자연스럽게 그 쓰임을 이해할 수 있다. 다만, 백년가게와 관련된 자료들을 살펴보면, '백년기업' 내지 '100년 기업'이라는 말은 백년가게와 비교하면 그 쓰임새가 많지 않았는데, 아마도 상징적으로 표현하기에 '백년가게'가 좀 더 친근해서 그런 듯했다. 한편으로는 숫자 100년이 이미 넘은 기업들이 즐비한 나라들 입장에서는 백년기업, 100년 기업을 쓰기가 좀 계면쩍겠다는 생각도 해봤다. 이런 까닭인지 몰라도, 가게의 개념을 넘어서는 기업의 개념으로 확장하여 백년가게를 이야기할 때는 대개 '장수기업'이라는 말을 자연스럽게 사용하고 있었다. 이외에도 백년가게와 대체 가능한 개념어들이 많았는데, 그중 2017년부터 서울시에서 시행하고 있는 '오래가게'^(… p.154 개념플러스 참조) 사업에서 사용하고 있는 '오래가게' 혹은 '오래된 가게'가 가장 보편적으로 그 뜻을 잘 설명해줄 수 있는 말이라고 개인적으로 생각해봤다.

●●●● 공적으로 키운다, '백년가게 육성사업'

이 같은 백년가게의 업력과 지향점을 나름 시간으로 구분하고 구체적으로 제시한 곳이 있었다. 바로 정부의 중소벤처기업부로, 중소벤처기업부 산하 소상공인진흥공단에서 추진하고 있는 사업인 '백년가게 육성사업'(··· p.155 개념플러스 참조)이 바로 그것이다. 이 사업은 "업력(業歷)이 30년 이상 된 소상공인과 소·중기업을 발굴하여 100년 이상 존속·성장할 수 있도록 육성하고, 성공모델을 확산하기 위한 사업"으로 알려져 있다. 여기서 '30년 이상'이라는 업력과 육성 목표로 '100년 이상' 등의 표현이 쓰였다. 물론, 우리의 현실적인 상황을 반영하다 보니 궁여지책으로 나온 시간 개념으로 보였다.

통계청 자료의 우리나라 '소상공인의 업력별 분포'를 살펴보면 30년 이상 된 백년가게 후보들이 전체에서 차지하는 비중이 2.7%밖에 되지 않는다. 그 범위를 20년 이상으로 늘린다고 해도 7.4%에 그치고 있는 게 현실이다. 그러다 보니 100년 이상 되는 백년가게가 3만여 곳이 넘는 일본처럼 성장 잠재력 있는 소상공인의 인프라를 확보해 나가는 게 급선무였다고 이해된다.

소상공인 업력별 분포

(단위 : 개, %)

구분	전체	20년 이상	백년가게					
			30년 이상	40년 이상	50년 이상	60년 이상	70년 이상	소계
전체 소상공인	3,084,376 (100)	227,407 (7.4)	68,238 (2.2)	12,531 (0.4)	2,876 (0.1)	486 (0.02)	233 (0.01)	84,364 (2.7)
도소매업	883,721 (100)	70,263 (8.0)	22,866 (2.6)	6,075 (0.7)	1,320 (0.1)	181 (0.02)	61 (0.01)	30,503 (3.5)
음식업	401,604 (100)	14,829 (3.7)	2,971 (0.7)	535 (0.1)	101 (0.03)	20 (0.005)	10 (0.002)	3,637 (0.9)

자료 : 통계청(2017)

이 사업에서 또 하나 눈여겨봐야 할 사항은 흔히 말하는 백년가게는 소상공인과 소·중기업(··· p.157 개념플러스 참조)에 한하여 적용되는 개념이라는 것이다. 그러다 보니, 이 범주에 드는 기업은 백년가게로, 이외의 기업은 장수기업으로 나누어 설명하는 게 아닌가 하는 생각도 들었다. 하지만, 그런 구분보다는 편의적으로 구분 없이 거론하고 있는 것처럼 보였다. 좌우간, 이제 백년가게를 보다 큰 의미로 보이게 하는 '장수기업'의 개념을 알아보면 서로의 차이점을 비교해볼 수 있을 것이다.

•••• 오래도록 사는 기업, '장수기업'

기업이 가게의 궁극적 모습이라면 백년가게의 궁극적 지향점, 즉 누구나 희망하는 기업 모델이 바로 장수기업이라 하겠다. 장수기업도 앞에서 백년가게에 대해 살펴본 것처럼 그 개념을 똑 떨어지게 규정한 자료는 잘 보이지 않았다. 단지 백년가게처럼 단어 자체에서 직관적으로 알 수 있는 '장수(長壽)'기업, 즉 '오래도록 사는' 기업이라는 뜻으로 쉽게 해석하고 있다.

그러면 무엇보다 먼저 정해지거나 지나간 햇수를 의미하는 기업의 생존 기간의 설명을 찾아야겠지만, 구체적이고 절대적인 시간 기준을 말하는 자료는 잘 없었다. 다만, 연구자료 중 김종영 님은 『장수기업으로 가는 길』(북넷, 2018)에서 "장수기업을 인간의 환갑에 비유해서 일반적으로 기업의 창립으로부터 60년 이상 명맥을 유지하고 있는 기업을 장수기업이라고 정의하는 경우들이 많다."라고 하며, "일반적으로 기업의 창립으로부터 60년 이상 명맥을 유지하고 있는 기업이 장수기업"이라고 정의하고 있다. 반면에 추문갑 님은 그의 논문 「사회적 자본이 장수기업 승계프로세스 만족에 미치는 영향 : 후계자 어머니의 역할」(2018)에서, "장수기업의 정의는 통상 장기적으로 존속하는 기업을 의

미"한다고 하면서, "산업화의 역사가 오래된 일본, 독일 등은 장수기업을 통상 100년 이상 지속하는 기업으로 정의하고 있으며, 선조의 가업을 지속하는 것으로 적어도 2대 이상 지속하고 있는 기업을 말한다."라고 비교적 상세히 설명하고 있다. 그러면서 "한국은 경제발전 성숙도 및 기업의 업력 분포를 고려하여 국내 장수기업 내지 가족기업 연구학자 대부분은 장수기업의 정의를 기업의 평균 수명 이상 사업을 영위하며 생존하는 기업으로서 업력 30년 이상 기업으로 규정하여 왔다."라고 우리의 상황까지 설명을 덧붙이며, "장수기업의 정의를 업력 30년 이상으로 세대를 이어 지속적인 성장이 기대되는 기업으로 정의"한다고 명시하고 있다.

이상으로 볼 때, 장수기업의 업력에 대한 합의된 시간 개념은 아직 없었고, 다만 대(代)를 거치며 살아남은 기업이므로 한 세대 이상 지나는 시간은 최소한의 조건으로 보였다. 자료를 종합해보면, 장수기업에 대한 정의는 나라마다 다른데, 일본이나 유럽 각국처럼 기업 역사가 오래된 곳에서는 창업 100년 이상, 2대 이상 지속 운영하는 기업을, 우리는 업력 30년 이상, 그리고 뒤에 설명하겠지만 45년 이상 되는 기업은 명문장수기업으로 나누고 있다(S&P지수에 등재된 전 세계 90개 기업의 평균 수명이 65년인 것과 대조적으로 대한상공회의소가 집계한 국내 1,000대 기업의 평균 수명은 약 28년에 그친다고 한다.).

다음으로 살펴볼 또 다른 특성은 기업의 성장이라는 측면이다. 그 시작이 어찌 되었든 창립 후 성장이라는 과정이 있어야 사라지지 않고 오래 살아남는 기업이 된다. 오래도록 살아남는 기업은 그만한 사연이 있기 나름이고, 그 사연이 회사 존재의 비밀, 비결이 되는 것이다. 어떤 기업이든 시그모이드 생장곡선 같은 '창업기 → 성장기 → 성숙기 → 쇠퇴기 → 도약기'의 성장 과정을 거치게 될 것이고, 그러는 동안 새로운 성장과 도약을 위해서는 또 다른 성장동력이 충전되어야 생명 연장이 가능하고, 그런 과정이 여러 조정 과정을 거치면서 비교적 순조롭게 진행되면 오랫동안 성장하는 장수기업이 되는 것이다. 이런 과정을 거친 장수기업은 달리 말하면 상황과 환경의 변화에 잘 대응했고, 그러다 보니 나름 혁신성을 내재하게 되는데, 이 모든 것의 바탕이 되는 특질이 바로 "견디는 힘"이 아닐까 하고 생각했다.

이처럼 지속하여 성장하는 장수기업은 한 나라의 경제 상황에 상당한 영향을 끼치는데, 안정된 고용은 물론이거니와 신생 창업 가게가 훌륭한 롤모델을 가질 기회를 제공한다고 볼 수 있다. 그러므로 우리나라도 장수기업 육성을 위한 지원정책을 시행하고 있는데, 중소벤처기업부의 '명문(名門)장수기업 확인제도'^(… **p.161 개념플러스 참조**)가 그것이다.

이런 장수기업의 현황과 여러 특징, 비결 등은 뒤에서 설명해 나갈 것이므로 여기서는 세계와 우리나라의 대표적인 장수기업을 소개하면서, 장수기업의 또 다른 버전인 '노포(老鋪)'로 넘어가기로 한다.

세계 국가별 최고 장수기업

국가	장수기업명	설립 연도(년)	비고
일본	곤고구미(金剛組)	578	사찰 전문 건설회사
이탈리아	폰티피시아 폰테리아 마리넬리 (Pontificia Fonderia Marinelli)	1000	종 제조회사
프랑스	샤토 굴랭(Chateau de Goulaine)	1000 전후	와인 제조회사
중국	우량예(五粮液)	1140	백주 제조회사
독일	필그림하우스(Hotel Pilgrim Haus)	1304	호텔
영국	존 브루크 앤 선즈(John Brooke & Sons)	1541	모직회사
네덜란드	데 베르굴데 한트(De Vergulde Hande)	1554	비누 제조회사
핀란드	휘스카스(Fiskars)	1649	가위 제조회사
대한민국	두산(斗山)	1896	'박승직상점'으로 설립

자료 : 종합

100년 이상 생존 세계 주요국 장수기업 현황

국가	장수기업 수(개사)	비고		
일본	33,079			
미국	12,780			
독일	10,073			
네덜란드	3,357			
대한민국	10	기업명	설립 연도(년)	전신
		두산(斗山)	1896	박승직상점
		신한은행	1897	한성은행
		동화약품	1897	동화약방
		우리은행	1899	대한천일은행
		몽고식품	1905	산전장유공장
		광장시장	1911	광장주식회사
		보진재*	1912	보진재석판인쇄소
		성창기업지주	1916	성창상점
		KR모터스	1917	대전피혁공업
		경방	1919	경성방직

기준 : 2018년

자료 : 중소기업중앙회

*위 현황에서, 대한민국의 장수기업 중 한 곳인 '보진재'는 안타깝게도 2020년 6월에 폐업했다.

200년 이상 생존 세계 장수기업 현황

순위	국가	장수기업 수(개사)	비율(%)
1	일본	3,937	44.8
2	독일	1,563	17.8
3	프랑스	331	3.8
4	영국	315	3.5
5	네덜란드	292	3.3
6	오스트리아	255	2.9
7	이탈리아	192	2.2
8	스위스	167	1.9
9	러시아	149	1.7
10	체코	130	1.5
11	미국	88	1.0
12	스웨덴	84	1.0
13	벨기에	79	0.9
14	스페인	77	0.9
15	덴마크	66	0.7
16	중국	64	0.7
17	폴란드	49	0.6
18	기타(41개국)	947	10.8
합계		8,785	100

출처 : 일본 제국데이터뱅크(2012)
자료 : 추문갑, 「사회적 자본이 장수기업 승계프로세스 만족에 미치는 영향 : 후계자 어머니의 역할」(2018)

50

•••• 왠지 모르게 익숙한, '노포'

'노포(老舗)'란 장수기업 천국인 일본에서 장수기업에 상응하는 말로 사용하는 용어다. 일본어로 '시니세(しにせ)'라고 읽는데, '시니스(仕似)'라는 말에서 '시고토(仕事, 일)'가 나와 '니세루(似せる, 흉내 내다, 배우다)'가 됐다고 하며, 하는 일을 배워 바르게 계승하는 가게를 시니세라 부르게 됐다고 한다. 다시 말해, "전(前)에 사람이 하고 있던 것을 동일하게 한다는 뉘앙스로 선조의 가업을 지속하는 것을 말하고, 적어도 2대 이상 지속하고 있는 기업을 지칭"하는 "오래되고 전통이 있는 기업"들을 가리키는 말이다. 지속한 시간은 짧게는 백년, 길게는 천 년 이상을 가리킨다. 또한, 기업의 규모로는 작은 규모의 가게에서부터 세계적인 명품기업까지 모두를 아우른다.

한편으로 진정한 노포에 대해 나름 정의한 사람도 찾아볼 수 있다. 일본의 경영 컨설턴트인 히라마쓰 요이치(平松陽一)는 자신의 책 『일본 최고의 가게는 다르다』(랜덤하우스중앙, 2005)에서, 노포의 정의에 대해 다음과 같이 말하고 있다.

… 노포를 한마디로 정의하기는 어렵지만, 나는 기본적으로 두 가지

조건을 충족해야만 노포라 할 수 있다고 본다. 첫째, 적어도 2대 이상 계승되어 존속하고 있어야 하며, 둘째, 판매방식을 비롯해 고객과 상품에 대해 자사만의 고유한 특성을 가지고 있어야 한다. 이처럼 두 가지 조건을 충족하며 오랜 세월에 걸쳐 고객들에게 인정받고 있는 곳이라야 비로소 진정한 노포라 할 수 있다.

그러면서 그는 노포가 오랜 세월 생존하고 있는 까닭 중 첫째로 남다른 인재교육 방식을 주장하고 있다. 이런 주장과 함께 일본의 노포 기업의 특장점을 크게 6가지로 구분해 설명해주는 자료가 있다. 일본 장수기업의 비밀을 연구하는 '100년 경영 연구기구'가 발표한 자료로, 앞으로 언급할 일본 노포의 특징을 잘 보여주고 있었다.

일본 장수기업(노포)의 6가지 공통점과 특징

공통점	특징
장기적 관점	10년, 30년, 100년의 중장기 사업계획
승계에 대한 결의	다음 세대에 계승하려는 적극적인 의지
우위성 구사	잘하는 것 한 우물만 파다 주변 사업으로 확장
분수에 맞는 점진적 성장	고수익보다 확실성 중시
장기적 파트너십	협력사나 직원과 오랜 신뢰 관계 형성
재무 안정성	불황에도 견딜 수 있는 재무 상태

자료 : 100년 경영 연구기구(일본, 2019)

우리에게는 1990년대 후반에서 금세기에 접어들며 우리 사회에 불어닥친 미식 체험, 맛집 열풍과 함께 많이 친근해진 단어라 생각된다. 셰프로도 잘 알려진 박찬일 님은 『노포의 장사법』(인플루엔셜, 2018)에서 "노포란 대를 이어 수십 년간 특유의 맛과 인심으로 고객에게 사랑받아 온 가게"라고 구체적으로 설명하고 있을 정도다. 그는 그러면서 노포들(책에서는 "전설의 밥집들")의 중요한 공통점을 설명하는데, 비록 요식업에 한정한 이야기이긴 하지만, 보기에 따라 위에 언급한 노포의 구체적 속성의 한 단면을 잘 설명해주고 있는 것 같아 함께 소개한다.

노포를 오래 취재하다 보니 어떤 중요한 공통점을 발견하게 됐다. 이른바 '살아남은 집의 이유'다. 물론 맛은 기본이다. 운도 따라야 한다. 그 외에 가장 중요한 건 한결같음이다. …(중략)… 직원들에 대해서도 아끼고 사랑하는 마음이 별나서 몇십 년씩 다니면서 고희와 팔순을 넘기는 직원이 흔하다. …(중략)… 거래처를 오래 유지하는 것도 노포들의 공통된 비결이다. 값은 따지지 않고 서로 믿고 거래한다.

노포가 지닌 마음가짐, 직원과 거래처, 고객 등과 함께 오랜 시간 동안 형성한 신뢰 관계를 단적으로 잘 드러내고 있다. 이처럼 우리에게는 어느 순간 먹을거리로 상징되는 노포지만, 일본에서 말하는 노포는 소위 "모노즈쿠리(物作り, 혼신의 힘을 쏟아 최고의 물건을 만든다)"로 대변되는 장인정신과 "노렌[のれん(暖簾), 상점 입구에 설치하는 자신의 상호가 그려진 무명천. 포렴(布簾)]"으로 상징되는 본업과 신뢰 경영을 바탕으로

한 가게(기업)를 말하는 것으로, 업종 구분 없이 모든 산업에 걸쳐 골고루 분포되어 있다. 대개 음식점, 식품, 요리, 주류, 화장품, 의약품, 서점 등 생활밀착형의 기업, 소재·부품·장비 등의 첨단 기술 기업, 전통요리와 기모노 같은 전통문화 기업, 온천이나 숙박업처럼 가족 단위를 위한 서비스 기업 등으로 구분할 수 있었다.

전국(일본) 노포 기업 조사

존속기간(창업 후)	기업 수	비고
1000년 이상	7	창업 1017년 이전
300년 이상 400년 미만	639	
200년 이상 300년 미만	822	
100년 이상 200년 미만	31,136	창업 100년 이상 전통기업(장수기업) 33,079개사

자료 : 일본 동경상공리서치, 「전국 노포기업 조사」(2016) 활용
재인용 후 구성 : 중소기업연구원, 신상철, 「한국 장수기업 현황과 정책적 시사점」(2018)

일본 노포 기업 산업 및 종사자 수 분포

산업별	비중(%)	종사자 수	비중(%)
제조업	26.4	4인 이하	33.8
소매업	23.1	5인 이상 10인 미만	20.3
도매업	21.6	10인 이상 20인 미만	15.7
서비스업	11.4	300인 이상	3.3

기타	17.5	기타	26.9
합계	100.0	합계	100.0

자료 : 일본 동경상공리서치, 「전국 노포기업 조사」(2016) 활용
재인용 후 구성 : 중소기업연구원, 신상철, 「한국 장수기업 현황과 정책적 시사점」(2018)

일본 노포의 현황

평균 존속기간	평균 세대 수	평균 종업원 수	종업원 규모					
197.8년	7.2대(代)	115.7명	300명 미만	89.4%	300~ 999명	6.3%	1,000명 이상	3.7%

자료 재구성 : 한국은행, 「일본기업의 장수요인 및 시사점」(2008)

일본 노포의 창업 시기별 특징

창업 시기	창업 시기별 특징	대표 기업
5~6세기	한반도나 중국으로부터의 새로운 문물 전래로 직물, 금속공예, 도예, 토목, 제과 관련 기업들 창업	– 곤고구미(金剛組) : 578년 창업, 건축업 – 호시(法師) : 718년 창업, 여관 – 도라야구로가와(虎屋黑川) : 794년 창업, 제과업
12~15세기	다이묘(大名)들이 자신의 세력을 확장하기 위해 광산 개발, 무기 제조, 수리공사, 개간, 도로 정비, 특산물 생산 등을 장려함에 따라 전국 각지에서 특산품이 출현하고 기업 창업도 증가하기 시작	– 마루야핫초미소(マルヤ八丁味) : 1337년 창업, 미소 – 다이고쿠야(大國屋) : 1555년, 총포 및 화약 – 스미토모(住友) : 1590년 창업, 금속 광산

| 에도(江戸)~
메이지(明治)
시대 | 정치·사회적으로 안정되고 문호를 개
방한 시기로, 생활필수품, 금융, 수송
관련 분야의 근대적 기업 창업이 많이
증가 | – 요메이슈(養命酒) : 1602년 창업,
약주
– 기코만(キッコ マン) : 1630년 창업,
간장
– 상화은행(三和銀行) : 1656년 창업
– 도시바(東芝) : 1875년 창업
– 가오(花王) : 1887년 창업, 화장품 |

자료 재구성 : 한국은행, 「일본기업의 장수요인 및 시사점」(2008)

일본의 생활밀착형 전통 노포

구분	내용	대표적 노포	
소바(蕎麦)	일본인 가장 선호 대표 전통요리	혼케 오하리야 (本家尾張屋)	1465년 창업
와카시(花菓子)	지방 고유의 과자	도라야(虎屋)	1520년 창업
기모노(着物)	일본 전통의상	치소(千總)	1555년 창업
의약품		우즈구명환 (宇津救命丸)	1597년 창업
지자케(地酒)	지방 특산의 술	사우라(佐浦)	1724년 창업
스시(寿司)	일본인 가장 선호 대표 전통요리	이즈우(いづう)	1830년 창업
화장품		시세이도(資生堂)	1872년 창업
에키벤(駅弁)	기차역, 차 내에서 판매하는 도시락	스료켄(水了軒)	1888년 창업
식기, 도자기		노리다케(ノリタケ)	1904년 창업
문방구		이토야(伊東屋)	1904년 창업

자료 재구성 : 한국은행, 「일본기업의 장수요인 및 시사점」(2008)

앞에서도 언급되었듯, "살아남은 집"들에는 세월을 이겨내고 "전설"이 된 사연들이 있다. 일본의 노포도 당연히 지속경영이 가능했던 그만한 비결이 있다. 일본 노포의 운영자들은 처음 가게를 만들 때 내세운 자신들의 가게 설립의 철학을 유지·보존하기 위해서는 고집스럽게 집중한다. 심지어는 목숨을 바칠 정도로 집착한다. 그러면서 자신의 본업을 사수하고, 양적 성장이나 사업의 다각화보다는 내실에 충실하면서 자신이 잘할 수 있는 것에 더 주의를 기울인다. 노렌 경영으로도 불리는 자신의 철학, 다른 말로 표현하면 '자긍심'을 가게 입구에 걸어 놓고 장사를 한다. 장사할 때는 장인정신이 발휘되고, 자신이 만드는 물건의 명품화를 위해 밤낮없는 노력을 다한다. 마니아를 넘어서는 소위 '오타쿠(オタク)'로 불려도 될 정도의 집중을 발휘한다. 그렇게 본업에 충실하면서 가게의 영속성을 지킬 수 있다고 생각한다.

이처럼 살아남은 전설 외에도 노포는 실물경제와 고용 상황에서도 제 몫을 톡톡히 한다. 일본이 경제의 장기 불황에서 벗어나게 된 것도 첨단 기술을 보유하고 세계 시장을 장악하고 있던 소재 부품 장수기업들의 역할이 컸던 것으로 분석한다. 대내외적으로 시장 장악력이 강한 이런 기업이 많을수록 고용이 안정적으로 유지되리라는 점은 미루어 짐작할 수 있다.

이런 노포의 위상과 아울러 노포의 특징에서 간과해서는 안 되는 사항이 "대(代)를 이어가는 결의", 곧 가게를 다음 세대로 계승하려는 적극적인 의지를 꼽을 수 있다. 일본 노포는 유럽 유명 가문의 가족기업처럼 장자 우선 상속의 원칙을 고수하지 않고, 혈연(血緣)을 초월한 기업승계를 중시한다. "3대째는 양자(養子)가 낫다"라는 말이 있을 정도로 기업승계를 우선으로 한다. 설령, 장자가 있더라도 자질이 부족하다고 판단되면 능력 있는 직원이나 사위 또는 외부에서 인재를 양자로 영입하여 대를 이어간다. 기업(가업)승계에 대한 이런 확고한 자세는 위에서 언급한 그들의 가게에 대한 근본적인 생각에서 그 연유를 찾을 수 있다.

일본의 노포에 대해 많은 지면을 할애하는 것은 뒤에서 언급할 백년가게(장수기업)가 어떻게 만들어지고 이어지는가에 대한 대략적인 관전 포인트를 제공하기 때문이다. 그러면서 우리와는 떼려야 뗄 수 없는, 가깝고도 먼 이웃인 일본의 노포 현황이 가까운 미래의 우리의 모습일 수도 있겠다는 생각 때문이다. 이는 비단 나만의 생각은 아닐 테니, 주목하여 살펴보는 게 좋지 않을까 생각했다.

우리에게 그들의 노포는 그동안은 항상 벤치마킹의 대상으로, 때로는 흠모의 대상이었다. 하지만, 우리의 경제상황도 많이 성숙 되었으니 이제는 동등한 경쟁자의 시각을 견지하며 노포를 대하면 좋겠다고 생각해본다. 그럼, 다음으로는 백년가게를 이야기하며 빠뜨릴 수 없는 개념어인 '가족기업'에 대해 알아보자.

●●●● 흔한 모습의 기억, '가족기업'

'백년가게'를 이해하기 위해 관련 개념을 찾아가다 보니 이제 '가족기업'에까지 이르렀다. 가족기업을 알아보기 위해서 우선 앞에서 언급한 장수기업에 대한 이해를 상기해보면 좋겠다. 나는 장수기업을 백년가게의 큰 의미라고 하면서 직관적으로 오래도록 살아있는 기업이라고 설명했다. 이렇게 이해한 장수기업의 상당수가 가족기업이다. 이는 달리 말해, 가족기업은 장수기업이 될 가능성이 크다는 의미로 해석할 수 있다. 그럼, 장수기업처럼 그 말에서 직관적으로 어느 정도 뜻을 가늠할 것 같은 가족기업의 개념은 무엇일까? 캐나다 앨버타 대학 가족기업 연구센터의 대니 밀러(Danny Miller)와 이사벨 르 브르통 밀러(Isabelle Le Breton-Miller)의 『가족기업이 장수기업을 만든다』(황금가지, 2009)에서 다음과 같은 정의를 찾아볼 수 있었다.

… 화려한 조명도 받지 못하고 그다지 매력적이지도 않으며 혜성처럼 나타난 기업이 아닌데도 오랫동안 살아남은 기업들을 주목하기로 한 것이다. 그리하여 마침내 연구하고자 하는 기업들을 찾아낼 수 있었는데, 바로 가족이 경영하는 기업들이다. 가족기업은 공개 기업인 경우

도 있고, 비공개 기업인 경우도 있다. 그러나 한 가문에서 주식 또는 의결권을 가장 많이 가지고 있으며 소유주 중 한 사람 이상이 기업의 주요 경영진으로 활동한다는 공통점이 있다.

가족기업이라 하면 우선 가족들이 어우러져 함께 운영하는 작은 가게를 떠올리기 쉽지만, 소상공인과 중소기업부터 우리에게 아주 익숙한 삼성, LG, SK 등 대기업집단도 그 시작부터 지금까지 기업의 근간은 가족경영이다. 우리의 기업도 "상장기업과 코스닥 기업의 약 70%, 전체 제조업의 85%"(남영호, 「가족기업의 사회적 책임에 관한 연구」, 2008)가 가족기업이라 하니, 공기업이나 민영화 기업을 제외한 대부분 기업이 가족기업인 셈이다. 이 같은 가족기업은 대개 그 경영방식에 따라 크게 두가지로 구분할 수 있다. 즉, '지분을 소유한 가족(오너)이 직접 경영하는 체재'와 '소유와 경영이 분리된 체제'로 나눌 수 있었다. 다음에 이에 대해 간략한 정리를 해봤다.

세계적인 가족기업의 경영방식에 따른 비교

구분	특징	대표 기업
오너 기업	단기 실적에 흔들리지 않고 장기적 안목에서 책임 경영	- LVMH(루이비통 모에 헤네시, Louis Vuitton Moët Hennessy) : 프랑스. 루이비통, 디오르 브랜드 소유 - 케이링 그룹(Kering Group) : 이탈리아. 발렌시아가, 구찌 브랜드 소유 - 스도혼케(須藤本家) : 일본. 55대째 창업 가문이 경영하는 사케 제조사 - 페레로로쉐 : 이탈리아. 초콜릿 제조사 - 도요타(トヨタ) : 일본. 1933년 설립된 자동차 제조사 - 삼성, LG, 한화 등

소유와 경영 분리 기업	검증된 전문경영인 체제 라는 장점 있음. 반면에 단기 실적주의에 빠질 위 험 항시 존재하는 단점 있음.	– 레고 : 덴마크 장난감 제조사(크리스티안센 가문 소유) – BMW그룹 : 독일 자동차 제조사(크반트 가문 소유)

자료 및 재구성 : 《조선일보》 〈위클리비즈〉, 「55代째 오너 가문이 경영하는 日 사케 제조사,
회사 매각 위기 맞자 미련없이 경영 손 뗀 레고」(2016)

그럼 일반적인 기업과는 전혀 다른 유형의 가족기업 성공 요인은 무
엇일까? 위에서 언급한 대니 밀러와 이사벨 르 브르통 밀러는 책에서
이렇게 설명한다.

… 가족기업들은 직원들에게 이상을 불어넣고 수익만을 추구하기보
다 열정을 갖고 있으며, 직원들과 소유주 가족이 서로 충성하는 문화,
지속적인 경영진 양성, 개인의 이익이 아닌 전체의 이익 중시, 인내와
완벽주의, 창의성, 근검절약, 종신 고용 보장 등의 특징이 두드러진다.
또한, 직원들 간의 역할 분담이 체계적으로 이루어지지 않고, 구성원
들이 편협한 특성을 보이기도 하며, 수익 창출을 위한 단기간의 거래를
혐오하고, 경영 교과서에서 거의 다루지 않는 독특한 특징과 행동 양상
을 나타내는 것도 알 수 있었다. 이런 독특한 특징들이 한데 어울려 가
족기업들만의 독특한 전략을 뒷받침하며 극단으로 치닫지 않도록 균
형을 이루는 역할을 한다. 요컨대 이런 특징들이 모여 조화롭고 튼튼한
기업을 만들어가는 것이다.

가족기업의 이러한 성공 요인은 가족기업이 안고 있는 다음과 같은 부정적 요소가 효과적으로 극복되었을 때 제대로 나타난다. 가족기업 전문가로 미국 브라이언트 대학(Bryant College) 가족기업연구소 소장인 윌리엄 오하라(William T. O'Hara)는 『세계 장수기업, 세기를 뛰어넘은 성공』(예지, 2007)에서 가족기업이 안고 있는 공통적인 문제점들을 조목조목 이야기하고 있다.

가족 고유의 문제점도 있겠지만 가족기업이라면 공통으로 안고 있는 문제점들도 있다. 가족 내 인간관계는 한번 꼬이면 풀기가 어렵다. 창업자와 함께 일해 온 기업가는 다른 사람의 자문을 잘 받아들이려 하지 않고 지배력을 포기하기 싫어하며 일관성 있게 계획을 추진하지 못하는 경향이 있다. 또 문제점이 있다는 것을 인정하기 싫어한다. 이외에도 문제는 많다. 감정에 따라 결정하기 쉽고, 고객에 대해서나 기회가 왔을 때에 가족을 먼저 생각하는 내부지향적 관점에 따르는 경향이 많으며, 성과보다는 가족관계가 승진이나 보상을 결정한다. 위험 부담과 혁신, 창의성이 요구될 때 변화는 기업의 가족 모두에게 위협적인 긴장을 가져온다.

이러한 문제점에도 불구하고 가족기업은 비가족기업보다 생명력이 길다고 한다. 다분히 보수적인 자금 운용과 사업 운영에 있어 고답적이고 고집스럽고 무계획적이긴 하지만 그 지속성은 인정되고 있는 것이다. 보수적인 자금 운용은 역설적으로 대내외 변화에 순발력 있는 대응이 가능하게 했으며, 고집스러우면서도 정열적으로 사업에만 집중하다 보니 나름 앞날에 대한 혜안도 가지게 되었다고 생각된다. 다음의 윌리엄 오하라가 말한 가족기업이 "오래 견디는 이유"를 살펴보면 더욱 그 이유가 뚜렷해진다.

"가족기업이 오래가는 데는 그럴 만한 이유가 있다. 오늘날 많은 대기업들이 가족기업의 단순함에서 오는 빠른 의사결정과 번득이는 기업가적 지혜를 모방하려 애쓰고 있다. … 가족들은 서로를 신뢰한다. 재산을 중시하지만 동시에 명성을 중시한다. 현재의 가족은 물론 미래의 자손들까지 생각한다. 한마디로 특이한 존재다. 이것이 바로 가족기업이 오래 견디는 이유다."

그러면서 윌리엄 오하라는 앞의 책(『세계 장수기업, 세기를 뛰어넘은 성공』)에서 20개의 가족장수기업을 소개하고 있다. 이 리스트에서는 세계적인 가족기업 회원 기관, 파리에 본부를 둔 에노키안협회(… p.163 개념플러스 참조) 회원들도 찾아볼 수 있었다.

세계 가족장수기업

기업명	국가	설립 연도 (년)	창업자	사업내용	기업 좌우명
곤고구미 (KongoGumi)	일본	578	곤고 시게미츠 (金剛重光)	사찰 복원	새로운 일에는 새로운 시각으로 도전하라.

호시료칸 (Hoshi Ryokan)	일본	718	가료오 호시 (雅亮法師)	숙박업	불을 주의하라, 물 에서 배우라, 자연 과 친하라
마르케지 안티노리 (Marchesi Antinori Srl)	이탈리아	1385	조반니 디 피 에로 안티노리 (Giovanni di Piero Antinori)	포도주 생산	최상의 품질을 추구 하라.
베레타 (Fabbrica d'Armi Pietro Beretta)	이탈리아	1526	바르톨로메오 베 레타(Bartolomeo Beretta)	총기 제조	신중하고 대담하라.
존 브르크 앤 선즈 (John Brooke & Sons Holding Ltd.)	영국	1541	존 브루크 (John Brooke)	섬유 제조	네 손으로 찾은 일 은 네 힘으로 하라.
폰 포셍거 (Freiherr von Poschinger Glasmanufaktur)	독일	1568	요아힘 포셍거 (Joachim Poschinger)	유리 제조, 임업, 농업	용감하고 정직하라.
R. 더트넬 앤 선즈 (R. Durtnell & Sons Ltd.)	영국	1591	존 더트넬 (John Durtnell)	건설	하나님을 두려워하 라. 인간을 두려워 말라.
멜레리오 디 멜레르 (Mellerio dits Meller)	프랑스	1613	장-마리 멜레리오 (Jean-Marie Mellerio)	보석업	멜레리오의 전통은 창조하는 데 있다.
질드지언 (Avedis Zildjian Company)	미국	1623	애버디스 질드지언 (Avedis Zildjian)	심벌즈 제조	단 하나의 신중한 선택
셜리 플랜테이션 (Shirley Plantation)	미국	1638	에드워드 힐 1세 (Edward Hill I)	국립 역사 유 적지 내 농업	너 자신을 알라.
위겔 에 피스 (Hugel & Fils)	프랑스	1639	한스 울리히 위겔 (Hans Ulrich Hugel)	포도주 제조	완전에 가까워지도 록 매일 노력해야 한다.

64

반 에이헌 인터내셔널 (Van Eeghen International)	네덜란드	1662	야콥 반 에이헌 (Jacob Van Eeghen)	해운과 무역	항상 인내하라.
C. 호어 (C. Hoare & Company)	영국	1672	리처드 호어 (Richard Hoare)	은행업	열심히 일하라.
윌리엄 클라크 앤 선즈 (William Clark & Sons, Ltd.)	북아일랜 드공화국	1736	잭슨 클라크 (Jackson Clark)	리넨 생산	용기와 노력
보플라스 (Boplaas)	남아프리 카공화국	1743	이차크 빌헬무스 반 데르 메르베 (Izaak Wilhelmus Van der Merwe)	농장	큰 꿈을 가져라. 실 패를 두려워 말라.
백맨 장의사 (Bachman Funeral Home)	미국	1769	요하네스 바흐만 (Johannes Bachman)	장례 서비스	1769년부터 우리 가족은 당신의 가족 을 돌보고 있다.
콘페티 마리오 펠리노 (Confetti Mario Pelino)	이탈리아	1783	베르나르디노 펠 리노(Bernardino Pelino)	콘페티 (색을 넣은 설 탕 과자)	일은 모든 것을 극 복한다.
빅슬러 보석상 (Bixler's Jewelers)	미국	1785	크리스천 빅슬 러 3세(Christian Bixler Ⅲ)	보석 소매	2세기를 넘어도 믿 을 수 있는 이름
몰슨(Molson, Inc.)	캐나다	1786	존 몰슨 (John Molson)	맥주 제조	근면과 희망
조지 R. 룰 앤 선 (George R. Ruhl & Son)	미국	1789	헨리 룰 (Henry Ruhl)	제과용 재료 공급업	서비스는 황금 법칙 이다.

자료 및 재구성 :『세계 장수기업, 세기를 뛰어넘은 성공』(윌리엄 오하라, 예지, 2007)

이처럼 가족기업이 "오래 견디기" 위해서는 무엇보다 기업의 세대교체가 원활히 이루어져야 한다. 대체로 창업기업의 70%가 창업자의 운명과 함께 그 명운을 같이한다고 한다. 가족기업도, "1세대에서 2세대로 넘어가는 기간에 가족기업이 생존하는 비율은 3분의 1에 불과하며, 그 생존 기업의 12%만이 3세대에 살아남는다. 또 그 3세대 생존 기업의 3~4%만이 4세대까지 살아남는다."(윌리엄 오하라, 앞의 책)라고 한다. 생존할 확률이 아주 적다는 것을 알 수 있다. 그러므로 가족기업에는 기업(가업)을 후손에게 물려주는 승계 작업이 가장 중요한 일이다. 이처럼 중요한 승계 작업이 실패했을 경우 어떤 상황이 닥치게 되는지를 『가업승계, 명문장수기업의 성공전략』(쌤앤파커스, 2017)에서 김선화 교수는 다음과 같이 지적하고 있다.

… 기업이 세대교체에 실패해 문을 닫는다면 수많은 일자리가 동시에 사라진다는 것을 의미한다. 그리고 기업에 축적된 수십 년 노하우가 사라져 국가적으로도 부가가치 창출 능력이 약화된다. 따라서 가업승계의 성공과 실패는 단순히 한 기업의 문제로만 보아서는 안 된다. 이는 우리 가족, 우리 사회 그리고 국가적인 문제이기도 하다.

이렇게 중요한 '기업(가업)승계'는 우리에게는 "부의 대물림"이라는 선입견이 먼저 떠오르는, 썩 좋지 않은 기억을 동반하는 게 사실이다. 족벌 경영으로 치부되던 재벌들의 기행과 회사의 위상을 망각한 채 갖가지 전횡을 일삼던 일부 중소기업의 경영자들로 인해 기업승계의 제대로 된 취지를 인식하지 못했던 것 또한 사실이다. 하지만, 대기업은 차치하고라도 전체기업의 99%를 차지하는 우리 중소기업들도 이제 기업승계가 눈앞에 닥친 현실적인 문제로 대두하고 있다. 그러므로 기업승계에서 제기되는 다양한 문제점을 극복하고 "슬기로운 기업(가업) 승계"가 될 수 있도록 준비를 잘하여, 대를 이어가는 가족기업이 되어야 한다.

기업승계에서 현실적인 문제점으로 제기되는 상속세와 증여세법을 포함한 가업승계 지원제도 등은 이 책 부록 '책 속의 책'의 '중소상공인이 알아야 할 가업승계' 부분에 전문가의 고견을 게재했으므로 참조하기 바란다.

이제 가족기업까지 알아봄으로써 '가게'에서 출발한 '백년가게'의 개념을 나름 살펴봤다. 이들 '백년가게, 장수기업, 노포, 가족기업, 가족장수기업' 등은 마치 거울의 방에서 자신의 모습을 비추듯, 어느 한 개념을 설명하기에 아쉬웠던 부분들을 서로 비춰주면서 보충해주고 있다고 생각했다. 마치 "따로 또 같이"라는 말처럼 말이다. 노파심이지만, 그러니 이들을 별도의 개념으로 구분하여 생각하지 마시길 바란다. 물론 이 개념어들 외에도 앞으로 '강소기업'이나 '히든 챔피언' 등의 이야기도 나올 것이다. 그것은 그즈음에서 설명하기로 하고, 여기서 백년가게의 전반적인 개념 풀이를 마무리하면서 대강의 의미 파악을 마치도록 한다. 이제는 새삼 주목받는 백년가게의 존재 가치에 대해 살펴보자.

•••• 지금, '백년가게'가 주목받는 까닭은?

백년가게의 견디는 힘, "정체성" 유지가 그 원천

지난해(2020년) 초 부지불식간에 전 인류에게 들이닥친 '코로나 팬데믹(Pandemic)'은 사회, 경제, 정치 등 모든 상황을 뒤엎어 버렸다. 세계적 석학들이 앞다퉈 가히 "혁명적"이라는 수식어를 사용한 진단을 서슴지 않고 하는 것으로 봐서, 그 표현이나 개념어의 적절함을 떠나 전대미문의 상황인 건만은 확실하다. 이런 엄중한 상황에서도, 들리는 말에 의하면 지난해 대한민국의 1인당 국민소득(GDP)이 일본을 추월할 것이라고 했다. 이는 "임진왜란 이후 첫 일본 추월"이라는 표현을 감당하기에 충분한 사건이다. 또한, 대한민국의 올해 경제 성장률은 경제협력개발기구(OECD) 회원국 중 1~2위를 다투리라 예상하기도 한다.

정치적 진영과 논리를 떠나, 감당하기 힘든 난국 속에서도 자명해 보이는 이런 긍정적 상황이 전개되는 것을 어떻게 해석해야 할까? 미증유의 난국에 우리가 그토록 선망의 대상으로 삼았던 미국, 일본, 유럽연합 등의 나라들이 하나같이 추풍낙엽처럼 떨어져 나갈 때, 대한민국만 상황 관리를 별다르게 잘해서 그런 것일까? 아니면 그동안에 누구나가 감탄할 비법(秘法)을 내공(內功)이 되도록 갈고 닦고 있었다는 말인가? 좌우간 우리는 이 난국에서 남들에게 보란 듯이 잘 '견디고 있는 것'이 사실이다.

여기서 내가 생각한 것이 바로 '견디는 힘'이다. 모두가 맥없이 주저앉을 때 꿋꿋하게 버티는 힘 말이다. 이게 바로 남들과 다르게 존재할 수 있는 경쟁력이다. 이를 누구는 달리 "지속의 위기를 극복하는 힘"이라고도 하고, 어떤 이는 "견디는 위대함"이라고도 표현했다. 설령 운이 좋아 그렇다고 하더라도, 흔히 하는 "운도 실력이다"라는 말이 이런 상황에도 유효하다면 더욱 관심이 가는 게 사실이다.

앞에서 이야기한 것처럼, '백년가게'의 우선 조건은 지나온 세월, 시간이 담보되어야 한다는 사실이다. 어느 누가 뭐라고 하든, 어떤 힘겨운 상황이 오든 우직하게 견뎌 온 시간이 전제되어야 '백년가게', '장수기업'이 될 수 있다. 대개 가게든 회사든 기업이든 그 지나온 연륜을 빗댈 때 사람의 인생에 견주는 게 일반적이다. 그래서 꽉 찬 수를 의미하는 '백년', '장수' 등의 표현이 쓰이는 것이다. 그러면 이런 '견뎌 온 시간(힘)'은 무엇이고 어디서 나오는 것일까? "켜켜이 쌓인 오랜 시간"이라는 단순 명제는 단지 그걸 설명할 필수 조건에 해당할 뿐이다.

여기서 말하는 '견뎌 온 시간', 곧 '견디는 힘'은 흔히 운동 경기에서 한 상대방이 일방적으로 몰린 수세적 상황에서 견뎌 내는 맷집과는 결이 좀 다르다고 생각했다. 물론 난관을 견디는 물리적인 맷집은 필수겠지만, 무엇보다 "외부 세계의 근본적인 변화들을 성공적으로 이겨내고 자신들의 기업 정체성(Corporate Identity)을 유지한 채 여전히 존속하고" 있는 점을 살펴보는 게 적절하다고 생각했다. 앞의 말은 네덜란드의 기업경영 저술가인 아리 드 호이스(Arie de Geus)가 『살아있는 기업 100년의 기업』(김앤김북스, 2012)에서 지적한 것으로, 그는 이런 기조를 바탕으로 연구원들과 함께 장수기업들의 성공 요인을 연구했다.

그럼, 아리 드 호이스의 견해를 원용하면서 나름 해석해보면, 백년가게의 견디는 힘은 세월과 함께 면면히 이어져 오는(계승되는) 그들 기업의 정체성, 다시 말해 '기업이념'과 '경영철학' 등에서 찾아야 하는 게 아닐까 싶다. 여기서 정체성을 "창업자가 생각하는 중요한 가치"(『기업 생로병사의 비밀』, 삼성경제연구소, 손동원, 2007), 혹은 "우리가 누구이며, 어떠한 가치 있는 일을 하고 있는가?"(『새로운 업의 발견』, 삼성경제연구소, 김종현, 2006)라고 보는 게 맞는다면 말이다. 본디 우리는 어떤 일(사업)을 하든 그 일의 정체성 그리고 행위의 주체자인 자기 생각(이념, 철학)이 가장 중요하다는 것을 익히 잘 알고 있다. 그 생각이 견고할수록 모든 일에 자신의 모든 것을 걸고 집중할 것이고 또 부딪히는 수많은 어려움에도 꿋꿋하게 견딜 수가 있다. 여기서 '생각'은 비즈니스적 관점에서 보면 곧 사업의 미션(Mission)이 되는 것이다. 좀 더 생각을 명료하게 보이기 위해, 위에서 언급한 "기업이념"과 "경영철학"에 대해 (물론, 이 정의에 대해서는 다른 이들의 견해도 있지만) 김선화 교수가 『가업승계, 명문장수기업의 성공전략』(쌤앤파커스, 2017)에서 설명한 정의를 예로 들어 보강한다.

기업이념	경영철학
창업자가 사업을 통해서 시장과 사회에 어떤 공헌을 하며 살아갈 것인가를 다짐하는 경영자의 생각으로, 기업의 사회적 존재 이유와 경영 활동의 방향을 결정하는 회사의 고유한 정신	창업자가 가진 업에 대한 생각, 고객에 대한 생각, 직원에 대한 생각 등 경영 활동을 해 나가는 데 적용하는 기본적인 사고방식으로, 기업경영의 기준이 되는 일련의 신념과 원칙

살펴본 대로, 백년가게의 내면에 면면히 이어져 오는 창업자 혹은 구성원(가족 포함)의 정체성, 즉 가장 중요하게 생각하는 가치가 겉으로 드러나는 회사의 물리적 시스템에 앞서는 중요 성공 요인이라는 것을 알 수 있다. 세월을 이긴 이 핵심동력은 맞닥뜨리는 시대가 어려울수록 그 빛을 더욱 발휘하게 되는 것을 수많은 백년가게가 증명하고 있다.

변화에 유연한 백년가게, 그 장수의 비결

자신의 정체성을 잘 유지하며 세월을 견뎌오는 백년가게의 또 다른 특징은 환경 변화에 아주 유연하게 적응한다는 데 있다. 이는 외부 환경 변화에 적응력을 높여가면서 내부적으로 "진화"를 거듭해 그 생명력을 유지하는 것을 말한다. 정우석 교수가 앞의 아리 드 호이스(Arie de Geus)의 『살아있는 기업 100년의 기업』(김앤김북스, 2012)을 번역하며 정리한 이야기를 참고해보자.

"… 기업이 생명력을 유지하고 장수하는 조직이 되기 위해서는 환경적응력을 높여서 진화를 거듭하고 그 진화를 통하여 생존경쟁의 우위를 확보해야 한다. 그렇게 생존능력을 확보한 뒤에는 조직 내부 및 외부와의 끊임없는 소통으로 상호작용의 틀을 마련하고 공생의 방법을 모색해야 한다. …"

그럼 이처럼 생존경쟁의 우위를 확보하기 위해 거듭나는 진화와 백년가게 본연의 업과 조화는 어떻게 이루어질까? 오태현 교수의 『일본 중소기업의 본업사수경영』(삼성경제연구소, 2019)에서 "매력적인 경영자"의 예로 든, 일본의 주물 백년가게인 '노사쿠(能作)'의 4대 사장 노사쿠 가쓰지(能作克治)의 의미 있는 일갈이다.

"기술과 전통을 이어가는 것도 중요하지만, 무엇보다 중요한 것은 '진화'다. 새로운 길을 발견하지 못하면 결국 전통은 사라진다. 100년 후에는 지금 하고 있는 것이 전통이 되지 않겠는가. 새로운 전통을 만들어가는 것이 전통산업에 종사하는 사람의 역할이다."

비록 전통산업에 빗대어 한 말이지만, '기술'과 '전통'을 백년가게의 본연의 업으로 읽어보면, 백년가게 "내부 진화"의 중요성에 대한 명쾌한 의견으로 들렸다. 다시 말해, "소중한 가치를 지키는 것과 기존의 방식을 고집하는 것은 다른 일이다. 그렇게 변하지 못해서 사라지는 곳이 얼마나 많은가."(『좋아 보이는 것들의 비밀』, 지와인, 2021) 국내 최초의 비주얼

머천다이징 이랑주 박사의 이 지적과도 일맥상통하는 의견이라는 생각이 들었다. 이랑주 박사는 앞의 책(『좋아 보이는 것들의 비밀』)에서 또 "변화라는 게 매일 새로운 모습을 보여주는 게 아니다. 자신만의 고유한 가치를 보여주는 것, 그게 바로 변화다."라는 의견을 피력하는데, 백년가게의 내부 진화와 본연의 업의 조화를 설명하기에 아주 유용한 포인트를 제공하고 있다고 생각했다.

살펴본 대로 백년가게, 장수기업은 자신의 생존을 위해서 본연의 업과 끊임없는 내부 진화가 발전적인 상호작용을 이루고 있었다. 자신의 철학, 곧 본업을 잘 유지하고 있었음은 물론이고, 또 진화를 바탕으로 하는 변화가 있어야 본업 그 자체도 유지가 잘 된다는 사실을 너무나 잘 알고 있었다. 따지고 보면 지극히 당연한 진리인 이런 사실을 운명처럼 성실하게 이행하고 이어가는 이런 가게나 기업 등을 우리는 장수가게, 장수기업 등으로 생각하는 것이다. 여기서 오태헌 교수가 앞의 책(『일본 중소기업의 본업사수경영』, 삼성경제연구소, 2019)에서 언급하고 있는 '전통적 변화'에 따른 '강한 기업' 이야기를 보충하여 좀 더 명료하게 살펴보자.

"… 모든 변화에서 가장 중요한 것은 그 방향과 성질일 것이다. 세상에 없는 새로운 것이 아니다. 그들은 기존 제품이나 서비스가 '진화'하는 방향으로 변화가 이루어져야 본업이 유지된다는 것을 잘 알고 있다. 그렇다면 기업이 강하다는 것은 무엇을 의미하는 것일까? 매출이 높거나 이익을 많이 내는 기업을 뜻하는 것일 수도 있고, 100년 이상의 오랜 역사를 가진 기업을 가리키는 것일 수도 있겠다. 그러나 발전의 속도만큼 산업환경도 하루가 다르게 빠르게 바뀌어 가는 오늘날, 많은 이들이 '변화하는 기업'이야말로 진정 강한 기업이라고 이야기한다. …"

이제 다음에는 자신의 정체성을 잃지 않으면서도 항상 새로운 변화에 유연한 백년가게의 국내외 구체적인 사례들과 더불어 백년가게가 보여주는 '미래의 오늘'을 알아보도록 하자.

2.

"백년가게",
어떻게 만들어지고
이어지는가?

•••• 백년가게의 현명한 선택과 성공 조건

해외 백년가게의 현명한 선택

세월의 격랑 속에서 수많은 기업이 부침(浮沈)을 겪게 된다. 금세기와 가까운 시절만 찾아봐도 김영삼 정부 때인 1997년의 IMF 금융 위기, 미국 금융 시장에서 촉발되어 전 세계로 파급된 2008년의 대규모 금융 위기 등을 기점으로 우리에게 낯익은 수많은 가게, 기업들이 사라졌다. 그리고 2020년에 촉발된 미증유의 코로나 팬데믹 사태는 현재 진행형이다. 이번 사태 후 세계와 국내를 통틀어 또다시 경제계에는 격변이 일어나리라는 것은 누구나가 예상하는 일이다.

이런 격변기에는 개인이든 가게든 기업이든 그 어떤 주체든 간에 스스로 어떤 선택을 하는가에 따라 그 운명이 좌우된다. 눈치챘겠지만, 성공한 백년가게, 장수기업은 바로 이런 어려운 시절에도 현명한 선택을 했다고 이야기하려는 것이다. 그 현명한 선택은 자신들의 장수 비결에서 찾을 수가 있겠다. 즉, 앞에서 이야기한 바, 가게나 기업의 정체성을 잃지 않으면서도 항상 새로운 변화에 유연하게 대처했기 때문으로, 그 해석이 가능하지 않을까 싶다.

다시 말하지만, 장수하는 백년가게는 남다른 선택을 한다. 물론 시간이 지나 성공한 후일담만 골라서 보여준다고 할 수도 있겠지만, 그 성공의 근거를 보면 대개 경우가 그렇다는 것이다. 무엇보다 그들은 남과 경쟁하지 않는다. 자신의 본연의 모습과 본업에 충실할 뿐 다른 이와 경쟁하지 않는다. 이 본업은 다른 장수 요인을 이야기할 때도 그 기저(基底)에 흐르는 기본 정신으로 작용하는 그 무엇이다. 자존심일 수도, 자긍심일 수도, 또는 전통일 수도, 비결일 수도 있다. "'우리가 누구이며, 어떠한 가치 있는 일을 하고 있는가?'라는 기업의 정체성에 대한 질문에 항상 답을 할 수 있었다."(『새로운 업의 발견』, 김종현, 삼성경제연구소, 2006)라는 것이다. 한편으로, 백년가게는 자신의 본분(분수)을 명확히 깨닫고, 이익을 좇아간 게 아니라 언제나 사람의 마음을 먼저 얻으려 했다. 이랑주 교수가 책(『좋아 보이는 것들의 비밀』, 지와인, 2021)에서 언급한 말이다. "잘 살펴보면 오랜 내공을 가진 집들은 다 그런 곳이다. 수십 년 된 가게와 기업 들을 보면 자신의 고객을 배려하는 마음이 강한 곳일수록 오래 살아남았다." 또한, 우리가 익히 아는 많은 백년가게는 무엇을 더하기보다는 스스로 자부하는 품질과 자존심을 제공할 뿐이다. 담백하게 장사한다. 그래도 찾는 고객이 많다. 이게 바로 백년가게의 현명한 선택에 따른 선순환 구조다.

해외 백년가게 성공의 핵심요인

미래의 불확실성에 따른 위기는 누구에게나 공평하게 다가온다. 또한편으로 위기는 기업의 잘못된 인식과 판단 때문에도 찾아온다. 다만, 살아남은 백년가게는 닥친 위기 상황에서 자신의 정체성을 잃지 않을 뿐만 아니라 스스로 미처 알지 못한 자신의 강점을 찾아내기도 하고, 그러면서 이 위기를 전화위복의 계기로 삼기도 한다. 이처럼 지나온 세월 동안 자신들이 선택한 현명한 결정의 누적(累積)이 놀라운 결과로 이어지는 것이다.

다음에는 앞에서 언급한 백년가게의 현명한 선택과 성공 조건에 대한 이해를 위해, 성공한 백년가게, 즉 장수기업의 조건을 심층적으로 연구하여 발표한, 아리 드 호이스와 윌리엄 오하라의 연구 결과들을 소개한다.

장수기업 성공의 공통적 핵심요인

핵심요인	내용
1. 장수기업들은 환경에 민감했다.	장수기업들은 … 자신들이 처한 세상과 조화를 이루며 지냈다. 전쟁, 공황, 기술 변화, 정치변혁 등이 몰려오더라도 그들은 항상 촉각을 곤두세우고 주변에서 일어나는 모든 것들에 스스로를 맞추었다.
2. 장수기업들은 강한 정체성과 결속력을 가졌다.	… 구성원들의 강한 연대감은 변화의 물결 속에서 살아남는 핵심 요소였다. '공동체'라는 생각을 중심으로 한 이러한 결속은 경영자가 내부에서 발탁된다는 것을 의미했다. 즉, 경영자들은 세대교체를 통해 이어졌으며, 스스로 기업의 봉사자에 지나지 않는다고 생각했다. … 위기 상황을 제외하고는 경영자들의 최우선 과제와 관심사는 전체로서 기업의 건강이었다.

3. 장수기업들은 관대했다.	… 이 기업들은 특히 한계영역에서의 활동들, 즉 기업의 경계 내에 있는 국외자들(outliers)이나 실험적 행동 또는 기이한 행동들에 관대했다. 이런 행동들은 새로운 가능성의 지평을 계속해서 확장해 나가는 것들이었다.
4. 장수기업들은 자금 조달에 있어 보수적이었다.	장수기업들은 매우 근검절약했고 쓸데없이 그들의 자본에 모험을 걸지 않았다. 그들은 돈의 의미를 아주 고전적인 방식으로 이해했다. … 현찰을 손에 쥐고 있음으로써 행동의 유연성과 독자성을 확보할 수 있었고 경쟁자들이 갖지 못한 옵션을 추구할 수 있었다.

자료 및 재구성 : 『살아있는 기업 100년의 기업』(아리 드 호이스, 김앤김북스, 2012)

세계 장수기업들의 11가지 성공 비결

구분	성공 비결
1	가족의 단합
2	인간의 기본적 수요 충족하는 제품 개발
3	장자 상속
4	여성의 중요한 역할
5	물려받은 유산 수호
6	가족 소유권을 영구화하기 위한, 방법으로서의 입양
7	가족보다 사업을 우선시
8	지역사회 봉사와 고객서비스의 의무
9	갈등관리 능력
10	문서화된 계획
11	확실한 지배구조

자료 : 『세계 장수기업, 세기를 뛰어넘은 성공』(윌리엄 오하라, 예지, 2007)
※ 여기서 장수기업은 가족기업.

•••• 해외 백년가게의 앞서간 성공 : 해외 백년가게의 현황과 성공 비결

해외 백년가게의 현황

앞의 '오래도록 사는 기업, 장수기업' 편에서 살펴본 것처럼, 백년가게, 장수기업에 대한 개념은 각 나라가 거쳐온 역사적 배경과 처한 사회환경적 영향에 따라 조금씩 다르게 정의된다. 우리와 달리 기업의 역사가 오래된 유럽이나 일본을 기준으로 하면 통상 "'창업 100년 이상', '2대 이상 지속'하는 기업"을 지칭한다.

중소기업중앙회(2018년)의 자료에 따른 해외 주요국의 100년 이상 생존 장수기업 현황을 살펴보면, 일본이 33,079개, 미국이 12,780개, 독일 10,073개, 네덜란드 3,357개 등인 것으로 나타났다. 한편으로 그 설립 연한을 200년 이상으로 확대하면(일본 데이코쿠데이타뱅크 자료, 2012년), 총 8,785개의 전 세계 200년 이상 장수기업 중에서 일본의 기업 수가 단연 돋보인다. 그 차지하는 비율이 44.8%에 달하는 3,937개이고, 다음으로 독일이 17.8%(1,563개), 그다음으로는 프랑스 3.8%(331개), 계속해서 영국 3.5%(315개), 네덜란드 3.3%(292개), 오스트리아 2.9%(255

개), 이탈리아 2.2%(192개), 스위스 1.9%(167개), 러시아 1.7%(149개), 체코 1.5%(130개) 등, 합치면 그 점유율이 83.4%에 달했다. 이처럼 일본과 유럽 각국이 대부분을 차지하고 있는 가운데 미국은 체코 다음으로 1.0%에 해당하는 88개사를 보유하고 있었다. 비록 시간이 좀 지난 자료이지만, 미국의 기업 숫자가 적어 보이긴 하나 미국 일등기업의 70% 이상이 이들 장수기업이라고 하니(한국경제연구원, 「한국 기업의 생존 보고서」, 2008), 세계 경제를 주도하는 미국 경제를 생각하면 자국은 물론 전 세계에서 그들의 장수기업이 끼치는 영향력을 충분히 알 수가 있다.

이들 해외 백년가게들은 국적과 상관없이 모두 우량기업으로 평가받고 있는 회사들로, 대개 그 나라의 국민 기업, 대표 기업들로 여겨지는 경우가 많다. 이들은 오랜 시간 동안 사업을 유지함으로써 안정적인 일자리 유지와 창출, 전통적 독자 기술의 계승과 발전, 그리고 기업 성장을 바탕으로 한 사회공헌활동 등으로 그 존재 가치를 충분히 인정받고 있다. 앞에서 돋보이는 점유율을 자랑하는 일본을 비롯해 독일, 미국 등은 일찍부터 이들 장수기업의 사회적 순기능을 파악하고 정책적 육성을 통해, 이들을 일자리 창출과 기술 및 경영 노하우의 계승을 통한 국가 경쟁력 향상의 발판으로 삼고 있다고 했다.

기업의 부침이 심한 현대 경제 상황에서 보면 이처럼 오랫동안 살아남은 백년가게들의 연륜이 매우 돋보이는 게 사실이다. 물론 그들의 역사가 그들이 말하는 대로 오랫동안 영위해 왔는지 액면가대로만 믿을 수 없는 때도 있다고 한다. 이런 복잡한 역사가 존재하는 반면에, 우리에게 익숙한 세계적 장수기업 중 상당수가 산업혁명 이후 생겨났다. 상

대적으로 짧은 역사적 배경을 가진 미국의 제너럴일렉트릭(GE, 1876
년) 같은 기술기업들을 제외하면 장수기업들은 대개 그 역사만큼 전통
적 산업 분야에 골고루 걸쳐 분포되어 있다.

해외 백년가게의 성공 비결

그럼, 이들 해외 백년가게의 장수 경영 비결은 무엇일까? 이 물음에
답하기 전에 백년가게, 장수기업에 대한 개성 있는 주장들을 찾아보면,
그 비결의 대략적인 윤곽을 파악할 수 있지 않을까 생각했다.

"… 장수기업을 보면 나름대로 개성이 있다. 물론 그들의 개성이 모
두 같지는 않다. 오랜 세월 동안 불멸의 신화를 만들 수 있었던 자신만
의 비결이 있었다는 점에서는 동일하지만, 그 비결은 각각 다르다. …
(중략) … 세계 장수기업들에게서 공통 장수 루틴을 찾는다면, 약간의
무리를 무릅쓰고 다음 세 가지를 지목해 볼 수 있다. 그 세 가지 요인은
가족기업이며, 사회적 의미(meaning)를 살린 기업이고, 스스로 진화
하는 루틴을 갖춘 기업이다."

— 『기업 생로병사의 비밀』(손동원, 삼성경제연구소, 2007)

"오래간다는 것은 자신만의 본질을 갖고, 지속적으로 시대와 호흡한
다는 것이다. 그런데 그것만으로는 부족하다. 가장 중요한 것은 이런

노력이 반드시 '눈에 보여야' 한다는 것이다. 보이지 않는 것을 사람들에게 가닿게 하기란 쉽지 않다. 결국, 오래 사랑받는 것들은 '자기만의 가치를 보여주는 데 능한 것'이라고 더 정확하게 정의되어야 한다."

－『오래가는 것들의 비밀』(이랑주, 지와인, 2019)

　말인즉 "오래 사랑받는 것들", 곧 해외 백년가게, 장수기업 들은 나름의 "개성"이 있고 그를 바탕으로 "자기만의 가치를 보여줌"으로써 "불멸의 신화"를 써 내려갔다는 이야기다. 해외 장수기업의 연구 결과들을 대략 종합해보면 앞의 이야기가 수긍이 되는데, 그러므로 그들이 주장하는 바가 '그들의 성공 비결'이라는 물음에 대한 적절한 지적이라는 생각이 들었다.

　나는 앞에서도 백년가게의 영속성을 설명하면서 기업의 정체성, 곧 '기업이념'과 '경영철학'이 가장 중요하게 여겨지는 포인트라고 설명한 바 있다. 곧, 기업이 존재하기 위해서는 "우리는 무엇을 위해 존재해야 하는가"라는 세상과 사람, 비즈니스, 일의 본질에 대해 항상 생각해야 한다. 아울러 "우리의 고객은 누구이며 그들은 무엇을 원하는가"라는 소비자(달리 말하면 인간)에 대한 인문적 성찰이 뒤따라야 한다. 이런 생각과 성찰을 기업의 정체성 또는 기업 존재의 핵심 가치로 대체할 수 있다면, 그들은 이런 핵심 가치의 유지를 위해 모든 역량을 집중했다고 볼 수 있다. 책의 앞에서도 언급한 세계적인 가족기업 회원 기관, '에노키안협회(레 제노키앙, The Henokiens)'의 회원들도 "창업 초기부터 계승된 핵심 가치와 기업이념을 지켜온 것"을 자신들의 가장 중요한 "장수 비결"로 꼽았다고 했다.

자료를 종합해보면, 이처럼 핵심 가치에서 비롯된 해외 장수기업의 "인내와 성공의 기록"은 다음 몇 가지의 주요 요인으로 그 비결을 설명할 수 있었다. 먼저, 그들 중에는 가족기업이 많았다는 사실이다. 가족기업의 주요 특징에 대해서는 앞에서 어느 정도 언급한 바, 여기서는 특징 중 하나로만 거론한다. 다음으로 그들은 '변화와 혁신'이라는 명제로 대변되는 대내외적 환경의 변화에 적극적으로 대응했고, 최고의 제품과 가치를 지향해 명품을 만드는 장인정신을 보유하고 있었으며, 또 기업 성장의 원동력인 직원들의 응집력과 일체감이 높았고, 자금 운용에서는 보수적이었지만 무슨 일이든 자기 자본으로 추진하기에 좋은 융통성이 많았다. 그리고 혈연을 초월해 적임자에게 경영권을 승계하는, 단순한 부의 대물림이 아닌 기업가 정신을 승계하고 있었고, 이런 정신을 바탕으로 사회공헌활동에도 적극적으로 참여해 기업의 사회적 가치를 드높이고 있었다. 이런 설명을 적절히 보완해주는 자료가 있었다. 다음을 참고해보자.

장수기업의 주요 특징

주요 특징	주요 내용
본업 중시	장수기업은 시대와 환경 변화에 대응하는 제품을 개발하면서도 고유기술과 노하우를 축적하고 고수하는 등 본업의 연장 선상에서 사업을 전개

투철한 장인정신	장수기업은 고유기술을 응용하여 새로운 제품을 창출하기 위한 집념, 정교함, 정성 및 기본을 중시하는 장인정신을 보유
기술혁신	장수기업은 위기가 닥치면 단기 대응에 치중하는 것이 아니라 기술혁신과 같은 근본적인 경쟁력 배양으로 이를 극복하는 특징을 보임.
특정 분야의 경쟁력 유지	많은 장수기업은 특정 분야에서 압도적인 시장점유율을 누림.
끊임없는 변신	스스로 수명을 연장하고 새로운 생명을 획득하기 위해 기업은 다양한 창조적 변신을 추구
신뢰 기반 형성	장수기업은 신용을 생명처럼 중시함으로써 고객, 거래처, 종업원, 사회 등 이해관계자와 2, 3대 이상의 장기적인 신뢰 관계를 유지
보수적인 자금 운용	길게 보고 기다릴 줄 아는 보수적 자금 운용은 장수기업의 필수적인 덕목임.
차기 경영자 양성	장수기업의 공통적인 특징 중의 하나는 2인자 육성 프로세스 자체를 기업의 경쟁력 강화와 연계시킨 전략을 취하는 점
혈연을 초월한 기업승계	혈족보다 능력 위주의 기업승계를 중시

자료 : 산업통상자원부, 「해외 장수기업 현황 및 시사점 연구」(2012)

해외 백년가게의 위상

세계 최고(最古)의 기업이면서 그 설립자가 백제인 유중광(柳重光)으로 알려진 사찰 전문 건축회사 '곤고구미(金剛組)'를 보유한 일본은 해외 장수기업 현황에서 단연 돋보이는 나라다. 장수기업의 숫자는 물론이거니와 그들은 특유의 장인정신을 바탕으로 자신들의 전통기술을 시대 변화에 적절하게 발전시키고, 그 독보적인 기술을 또 한 번 승화시켜 세계 시장을 지배하는 것을 우리는 익히 알고 있다. 또한, 일본의 장수기업은 실물경제에서 고용 안정과 일본 고유의 문화 형성과 발전에도 지대한 역할을 하는 것으로 잘 알려져 있다.

일본 최고(最古) 장수기업 사례

기업명	설립 연도(년)	주업종	비고
㈜곤고구미	578	목조건축공사	金剛組
일반재단법인 이케보노 카도카이	587	꽃꽂이 강습	池坊華道會
㈜니시야마온센 케이운칸	705	여관 경영	慶雲館
㈜고만	717	여관 경영	古まん
㈜젠고로우	718	여관 경영	法師旅館
㈜타나카이가부구텐	885	불교용품 제조	田中伊雅佛具店
㈜나카무라샤지	970	건축공사	中村社寺
㈜이치몬지와스케	1000	화과자 제조 판매	一文字屋和輔
㈜게토온센	1134	여관 경영	夏油温泉
스도혼케(주)	1141	청주 제조	須藤本家

출처 : 일본 제국데이터뱅크(2014)
자료 : 『이 세상에서 가장 오래된 기업은 무엇이 다른가』(김혜성, 국일미디어, 2018)

일본 장수기업의 위상

기업명	설립 연도(년)	세계 시장 점유율(%)	기술 분야
MITSUI	1874	90	반도체 기반용 동박판
DAICEL	1908	80	액정패널 편광판 보호필름 원료
DAISO	1915	거의 100	DAP 수지
NIKON	1917	90	액정패널 부품
Nitto Denko	1918	60	디스플레이 부품
NGK Insulators	1919	100	나트륨 유황 전지(NAS)
TORAY	1926	19.6	탄소섬유
KURARAY	1926	80	액정디스플레이용 편광판 재료
ASAHI KASEI	1931	80	스마트폰용 전자 부품
FUJI FILM	1934	80	액정패널용 편광판 보호필름
TDK	1935	100	HDD 자기 헤드
CANON	1937	49.5	비디오카메라
NIHON KAISEI	1937	90	태양전지 밀봉재용 첨가제
HOYA	1941	80	하드디스크용 유리 기판
NIHON KINZOKU	1953	거의 100	압연 마그네슘 박판

출처 : 일본《니혼게이자이(日本經濟) 신문》(2015)
자료 : KOTRA, 「日, 장수기업의 장수 비결은?」(2015)

한편, 우리에게는 정밀하고 안전하고 품질 좋은 '메이드 인 저머니 (Made in Germany)'로 잘 알려진 독일. 제조업 강국이자 만년 무역 수지 흑자국, 유럽연합(EU)의 경제 리더이면서 세계의 선두를 다투는 수출 강국으로 알려진 나라다. 이런 독일 경제를 이끄는 원동력은 독일 전체 기업 가운데 99% 이상을 차지하고 있는 약 400만 개에 달하는 중소기업군으로, 전체 고용에서 차지하는 비중이 70%에 이른다. '미텔슈탄트 (Mittelstand)'로 불리는 이들은 "제2차 세계대전 이후 첨단 제조업에 관여하면서 초토화한 독일 경제의 고도성장을 주도"해왔다.

독일 경제의 세계적 경쟁력은 이처럼 대기업이 아닌 중소기업 중에서도 강소기업, 중견기업 등으로 지칭되는 '히든 챔피언(Hidden Champion)'^(→ p.164 개념플러스 참조)에 있다고 보는 게 대체적 견해다. 세계적으로 히든 챔피언의 조건을 충족시키는 통계를 보면, "인구 100만 명당 독일은 16개의 히든 챔피언을 보유하는 반면, 프랑스는 1.4개, 미국은 1.2개, 일본은 1.7개에 불과하고, 오스트리아와 스위스만이 14개로 독일과 비슷한 수치를 보인다."(『장수기업으로 가는 길』, 김종영·윤재한, 북넷, 2018)고 한다. 이들 기업은 대개 100년을 넘긴 장수기업들로, 장수기업의 전형적인 특징을 잘 보여준다. 대개 가족경영의 가족기업으로, 자연스럽게 가업에 참여하는 전통을 가지고 있다. 또, 기업을 소유한 가문과 그 구성원 그리고 주주들에게는 철저한 교육과 관리가 뒤따르는데, 소유에 따른 책임과 사회적 역할을 책임 있게 하도록 하기 위함이다. 한편으로, 자국 내의 선두 업체가 결국 세계 최고의 기업이 되는 사례가 많다 보니, 시장에서 경쟁을 뚫고 선도 기업이 되기 위해 특정 사업에 대한 집중도가 아주 뛰어나다.

이런 장점의 배경에는 정부와 중소기업 간에 기술 경쟁력 배양과 우수인력 양성에 대한 적절한 호흡과 제도적 뒷받침이 주요한 역할을 하고 있다. 또, 독일에 이런 히든 챔피언, 장수기업이 많은 것은 잘 알려진 것처럼 합리적인 승계 제도가 뒷받침되고 있다는 게 전문가들의 중론이기도 하다.

독일의 주요 장수기업

기업명	설립 연도(년)	주업종
프림(Prym)	1530	단추, 바늘, 전자부품
포슁거(Poschinger)	1568	와인잔
베렌베르크방크(Berenberg Bank)	1590	은행
에드마이어(Edmeier)	1596	수제화
프리드르(Freder)	1664	양조
머크(Merck)	1688	제약
츠빌링 헨켈(Zwilling J. A. Henckels AG)	1731	칼
하니엘(Haniel)	1756	유통
파버카스텔(Faber Castell)	1761	색연필

출처 : 《한델스블라트(Handelsblatt)》
자료 : 《한국경제》, 「獨엔 200년 넘는 기업이 800개나!」(2011)

해외 주요국의 100년 이상 생존 장수기업 기업 수에서 일본에는 뒤지나 독일에는 앞서는 나라가 미국이다. 그들의 상대적으로 짧은 나라 역사에 비하면 세계 경제를 선도하는 경제 대국다운 결과라고 여겨진다. 이 나라가 지닌 문화적·인종적 다양성처럼, 미국의 백년가게, 장수기업 들은 특정 분야를 손꼽을 수 없을 정도로 다양한 업종에 걸쳐져 있다. 물론, 우리에게 익숙하면서 화학(듀폰, 1802년), 치약(콜게이트, 1806년), 출판(존 와일리 앤드 선즈, 1807년) 등 한 분야에만 집중해 200년 이상 지속 운영하는 기업도 있었다.

미국의 주요 장수기업

기업명	설립 연도(년)	주력 사업
소더비스(Sotheby's)	1744	경매
피터 로릴라드(Lorillard Inc.)	1760	담배
뱅크 오브 뉴욕 멜론 (The Bank of New York Mellon)	1784	금융
시그나(Cigna Corporation)	1792	보험금융
워싱턴트러스트뱅코프 (Washington Trust Bancorp Inc.)	1800	금융
듀폰(Dupont)	1802	화학
콜게이트(Colgate-Palmolive Company)	1806	치약
발스파(Valspar Corporation)	1806	페인트

존 와일리 앤드 선즈(John & Wiley Sons)	1807	출판
하트포드 파이낸셜(Hartford Financial)	1810	금융
프록터 앤드 갬블(Procter & Gamble, P&G)	1837	생활용품
알카텔-루슨트(Alcatel-Lucent Enterprise)	1869	통신 네트워크 솔루션
제너럴 일렉트릭 (General Electric Company, GE)	1892	전기·전자제품
포드 자동차(Ford Motor Company)	1903	자동차 제조
퍼시픽 가스 & 일렉트릭 컴퍼니 (Pacific Gas and Electric Company)	1905	전기 유틸리티
아이비엠(IBM Corporation)	1911	기업 컨설팅, 컴퓨터 소프트웨어
더 클로록스 컴퍼니(The Clorox Company)	1913	비누·세제 제조업
빅 허트 펫 브랜즈(Big Heart Pet Brands)	1916	애완용 음식 제조업
윌버-엘리스(Wilbur-Ellis)	1921	농장지원 서비스
쉐브론(Chevron Corporation)	1926	석유정제업
세이프웨이(Safeway)	1926	슈퍼마켓
웰스 파고(Wells Fargo & Company)	1929	은행
휴렛팩커드(Hewlett-Packard)	1939	개인 PC 제조업
캘리포니아 피지션스 서비스 (California Physicians' Service)	1939	건강보험업
노스롭그루먼 스페이스 & 미션시스템 (Northrop Grumman Space & Mission Systems Corporation)	1939	정보기술 서비스

카이저 파운데이션 병원 (Kaiser Foundation Hospital)	1942	병원
프랭클린 리소시즈(Franklin Resources)	1947	뮤추얼펀드 매너지먼트
로버트 하프 인터내셔널 (Robert Half International)	1948	회계·금융 서비스업
배리언 메디컬 시스템스 (Varian Medical Systems)	1948	전기요법, X-Ray 기구 제조업
월마트(Wal-Mart Inc.)	1962	대형 할인점
인텔(Intel Corporation)	1968	반도체

자료 : 《이코노미스트》, 「장수기업으로 가는 길 '코치(COACH)' - 도전정신(Challenge spirit) - 사업 초창기 '도전 DNA'늘 간직해야」(2014)

금방 내린 눈으로는 무엇을 만들기가 불가능하지만, 쌓인 눈으로는 내가 만들고자 하는 무엇을 만들기가 쉽다. 그처럼 세월을 이겨낸 백년 가게, 장수기업 들은 우리가 궁금해 하는 성공 신화인 자신들의 고유한 비결을 스스로 찾았고, 대를 이어 계승하고 있었다. 그러면서 자신들이 처해 있는 공간, 즉 나라와 국민에게 사랑받는 기업으로 나아가기 위해 사회공헌활동에도 매진하고 있었다. 백년가게를 꿈꾸는 모두에게 이 점은 결코 간과해서는 안 될 백년가게의 중요한 필수 조건이라는 생각 이다.

해외 주요기업별 사회공헌활동

기업명	국가	설립 연도	사회공헌활동
베델스만 (Bertelsmann)	독일	1835년	– 1993년 기설립한 재단에 주식 대부분을 출연 – 재단은 6천만 유로 이상의 예산으로 사회공헌활동을 추진
칼스버그 (Carlsberg)	덴마크	1847년	– 1880년대 설립자가 대부분 재산과 주식을 출연하여 재단 설립 – 기업의 지배권을 보유하고 있는 재단을 통해 사회공헌활동 추진
발렌베리 (Wallenberg)	스웨덴	1856년	– 1917년부터 가문의 후손들이 재단을 설립하여 주식을 출연 – 발렌베리 재단 등은 수익금 대부분을 기초기술, 학술지원 등 공익적 목적에 사용
보쉬 (Bosch)	독일	1886년	– 근로자 복지, 사회적 직업훈련 학교 등 다양한 사회책임 경영 강조 – 이익금은 재단을 통해 건강, 교육, 민족 간 이해도 증진 등 공공사업에 재투자
허쉬 (Hershey)	미국	1894년	– 1905년 사회 기여를 위해 Trust Company(신탁회사)를 설립 – 이익금은 Trust Company를 통해 지역사회의 교육 및 발전에 사용
포드 (Ford)	미국	1903년	– Ford Foundation은 회사와는 독립적인 단체로 존속 – 전 세계의 교육, 예술, 제3세계 발전 등을 위해 기금을 사용
레고 (LEGO)	덴마크	1932년	– 설립자와 2세가 각자 가족기업을 설립·운영, 1986년 공익재단을 설립하여 통합 – 그룹의 25%를 소유하고 있는 Foundation(재단)을 통해 다양한 사회공헌활동 추진

자료 및 재구성 : 산업통상자원부, 「해외 장수기업 현항 및 시사점 연구」(2012)

•••• 국내 백년가게의 새로운 모색 : 국내 백년가게의 현황과 가능성

국내 백년가게의 현황

역사적으로 개항 이후 근현대까지 이 땅에 생겨난 수많은 가게 중에서 오랜 세월을 견뎌와 우리가 살펴보는 '백년가게, 장수기업' 같은 명예를 얻은 곳은 과연 얼마나 될까? 앞에서 본 것처럼 일본, 독일, 미국, 유럽 각국 등 산업화가 빨랐던 선진국과 비교해 아쉽게도 창업 연도가 100년이 넘는 국내 백년가게, 장수기업은 그 숫자를 금방 셀 수 있을 정도로 아주 미미한 게 사실이다. 이름 그대로 백년가게가 되려면 시대의 나이를 많이 머금어야 하지만, 우리는 상대적으로 산업화 기간이 짧았고, 일제강점기와 한국전쟁 등 질곡 많은 역사의 단속(斷續) 과정이 영향을 많이 끼쳤을 것으로 생각되었다. 한편으로는 나라의 경제 규모와 비교해 중소기업의 수가 상당히 많은 게 그 이유의 하나가 될 것으로도 보였다. 그만큼 생존을 위한 경쟁이 심해 오래도록 살아남기가 쉽지 않았으니, 기술 축적은 요원했고 또 장기적이고 안정적인 가게를 유지하기가 쉽지 않았을 것으로 생각되었다. 자료들을 살펴보면, 우리에게 백년가게가 적은 이유로, 작은 것에 만족하지 않고 큰 규모를 지향하고 계속적 성장을 추구하는 국민적 기질과 함께 계급과 서열을 중시하는 사농공상(士農工商)의 유교 문화를 근원적 이유로 거론하는 경우가 꽤 있었다. 하지만, 가게나 기업이 발전할 시간적 여유가 극히 주어지지 않은 가운데서 그런 평가를 하는 것은 근거가 빈약하다는 개인적인 생각이다. 이 부분은 앞으로 깊이 있는 연구가 뒤따라야 할 것으로 생각됐다.

앞에서도 언급된 것처럼, "S&P지수에 등재된 전 세계 90개 기업 평균수명이 65년인 데 반해 대한상공회의소가 집계한 국내 1,000대 기업의 평균수명은 약 28년에 그친다."라고 한다. 사정이 이렇다 보니 책의 '백년가게 육성사업'(… p.155 개념플러스 참조)과 '명문장수기업 확인제도'(… p.161 개념플러스 참조)에서 살펴본 것처럼 국내에서는 30년 이상 된 기업을 '장수기업', 45년 이상 된 기업을 '명문장수기업'으로 여겨 정책을 구상하고 집행하는 형편이다.

반면에, 우리가 익히 기억하는 다음의 기업들은 우리 사회에서는 보기 드물게 지나온 시간이 100년 이상인 대표적 백년가게, 장수기업들이다. 이들은 세계 장수기업의 특징 중 하나처럼 먹고 입는, 즉 의식주와 관련한 전통산업에서 시작한 경우가 많다. 포목상이 모체인 '두산', 궁중 비법 활명수(活命水)로 잘 알려진 '동화약품', 간장의 '몽고식품', 옷감 방직의 '경방' 등, 인수합병 등으로 변신을 거듭한 은행(신한은행, 우리은행)과 '성창상점', '대전피혁공업'을 제외하면 대개가 소위 말하는 전통산업이다. 산업화의 발달이 이루어지지 않은 창업 당시로는 당연해 보이는 선택 분야지만, 대를 이어가는 장수가게는 대개 전통산업에서 그 명맥을 찾아볼 수 있는 경우가 많다. 그 면모들을 살펴보자.

설립 100년 이상 국내 장수기업 현황

기업명	설립 연도(년)	비고
두산(그룹)	1896	서울 종로에서 '박승직 상점'으로 시작. 창업주의 장남 박두병이 '두산상회'라는 이름으로 회사를 다시 세움.
신한은행	1897	1897년 설립된 한성은행이 전신. 1943년 동일은행과 합병하며 ㈜조흥은행으로 상호 변경. 2006년, 1982년에 창립한 신한은행㈜과 합병하면서 지금의 상호로 변경
동화약품	1897	1897년 독립운동가 민강 선생이 세운 '동화약방'으로 시작. 구급 위장약 '활명수'로 유명해짐. 상표인 '부채표'는 우리나라에서 가장 오래된 등록상표
우리은행	1899	1899년 고종 황제 지원으로 개설한 '대한천일은행'이 전신. 1911년 조선상업은행, 1950년 한국상업은행으로 상호 변경. 1981년 국내 최초로 민영 은행. 2001년 우리금융·지주에 편입돼 우리은행으로 상호 변경
몽고식품	1905	1905년 일본인 야마다 노부스케가 마산에 '산전장유양조장' 설립. 1945년 창업주 김홍구 사장 취임, 이듬해 '몽고장유공업사'로 재창업. 1987년 몽고식품 법인 설립
광장시장	1911	1911년 '광장주식회사'로 출발. 청계천 '광교(廣橋)'와 '장교(長橋)' 사이에 있어 다리 이름 앞글자를 따 이름을 지음. 이후 '널리 모아 간직한다'는 지금의 '광장(廣藏)'으로 한자 바뀜.
보진재	1912	1912년 창업주 김진환, '보진재석판인쇄소' 설립. '보진재'는 중국 북송 서화가 미불(米芾)의 서재 이름. 석판·동판 인쇄로 시작한 종합 인쇄회사. 2020년 폐업
성창기업지주	1916	1916년 창업주 정태성이 설립한 '성창상점'이 모체. 경북 영주에서 정미소와 목재 판매업으로 시작, 합판 제조·수출업체로 성장. 2008년 성창기업지주㈜로 상호 변경

KR모터스	1917	1917년 설립된 '대전피혁공업'이 전신. 1978년 설립된 효성기계공업㈜을 1996년 흡수합병, 효성기계공업㈜으로 상호 변경. 2007년 S&T그룹에 편입된 뒤 S&T모터스로 상호 변경, 2014년 코라오그룹에 편입 후 KR모터스로 사명 변경
경방	1919	인촌(仁村) 김성수(金性洙)가 설립. 광목(廣木)으로 유명한 민족기업. 1956년 국내 최초로 증시에 상장. 60년간 유지한 경성방직㈜ 상호를 1970년 ㈜경방으로 변경

자료 및 재구성 : 《jobsN》, 「100년 넘은 국내 장수기업 9곳」 참조 종합
주 : 《jobsN》, 「100년 넘은 국내 장수기업 9곳」 기사 참조

이처럼 업력이 100년 이상 된 기업 명단은 물론이거니와 별도의 국내 장수기업 현황을 정리한 자료는 찾아보기가 어려웠다. 다음은 한국은행의 연구자료, 「일본 기업(日本企業)의 장수 요인(長壽要因) 및 시사점(示唆點)」(2008)에 실린 '우리나라의 장수기업 현황'으로 비금융 주요기업의 명단이다. 발표한 시점이 시간이 좀 흐른 관계로 "창업 70년 이상(1948년 이전 창업)"으로 현시점에 맞춰 재구성했다. 지속 기간과 구체적 설립일이 나와 있어 국내 장수기업 현황을 연구하는 데 도움이 되는 자료로 보였다.

우리나라의 장수기업 현황

창업 이후 지속 기간	기업명	설립일	업종
100년 이상	㈜두산	1896.08.01	음·식료품 제조업
	동화약품공업㈜	1897.09.25	화학제품 제조업
	㈜경방	1919.10.05	섬유제품 제조업
80년~99년	강원여객자동차㈜	1921.03.28	육상 운송업
	㈜삼양사	1924.10.01	음·식료품 제조업

대한통운(주)	1930.11.15	육상 운송업
성창기업(주)	1931.12.07	목재 및 나무제품 제조업
하이트맥주(주)	1933.08.09	음식료품 제조업
금호전기(주)	1935.05.25	기타 전기기계 제조업
대성목재공업(주)	1936.06.09	목재 및 나무제품 제조업
(주)유한양행	1936.06.20	화학제품 제조업
(주)공영사	1937.01.07	비금속광물 제품 제조업
(주)한진중공업홀딩스	1937.07.10	전문 과학 및 기술 서비스업
대림산업(주)	1939.10.10	종합건설업
(주)유유	1941.02.28	화학제품 제조업
일동제약(주)	1941.03.14	화학제품 제조업
한국타이어(주)	1941.05.10	고무 및 플라스틱 제품 제조업
남양도기(주)	1943.02.08	비금속광물 제품 제조업
목포조선공업(주)	1943.08.20	기타 운송장비 제조업
한국도자기(주)	1943.12.04	비금속광물 제품 제조업
(주)아스트라비엑스	1944.02.18	기타 전기기계 제조업
(주)전북고속	1944.04.01	육상 운송업
(주)삼건사	1944.10.10	종합건설업
디엠씨(주)	1944.10.16	기타 기계 및 장비 제조업
기아자동차(주)	1944.12.21	자동차 및 트레일러 제조업
(주)중외제약	1945.08.08	화학제품 제조업
하이콘테크(주)	1945.10.03	음·식료품 제조업
(주)디피아이홀딩스	1945.11.01	화학제품 제조업
대선조선(주)	1945.12.25	기타 운송장비 제조업
(주)이화테크	1946.03.11	컴퓨터 및 사무용기기 제조업
삼화페인트공업(주)	1946.04.09	화학제품 제조업
삼화건설(주)	1946.08.17	종합건설업
대원강업(주)	1946.09.20	자동차 및 트레일러 제조업
(주)중앙에너비스	1946.10.01	도매 및 상품 중개업

70년~79년

동아연필(주)	1946.12.26	가구 및 기타제품 제조업
일신토건(주)	1947.01.11	종합건설업
조선내화(주)	1947.05.15	비금속광물 제품 제조업
대동공업(주)	1947.05.20	기타 기계 및 장비 제조업
대한사료공업(주)	1947.05.24	음·식료품 제조업
가온전선(주)	1947.09.24	기타 전기기계 제조업
삼일제약(주)	1947.10.07	화학제품 제조업
대한제지(주)	1947.12.06	펄프 및 종이제품 제조업

자료 및 재구성 : 한국은행(2008)
주 : 창업 70년 이상의 비금융 주요기업(1948년 이전 창업)
출처 : 한국신용평가정보, KIS-value(약 80만 개사의 정보 수록)

이외에도 우리나라의 대표적인 언론사인 '조선일보(1920년 창간)', '동아일보(1920년 창간)' 등도 이제 갓 100년을 넘겼다. 다른 한편으로 보면, 열악했던 해방공간에 탄생한 기업들도 많았다. 이들의 면면을 살펴보면 아직 살아남은 기업들의 면모도 보이고, 우리에게 익숙했지만 이제는 시장에서 사라진 기업들도 있어 아쉬움을 더하기도 했다.

해방둥이(1945년) 기업들

상호	소재지	업종
한진(한진상사)	서울 중구	운송 물류
삼립식품(상미당)	경기 안산	식품 제조
해태제과	서울 용산구	식품 제조
고려당	경기 성남	빵류 식품업
태평양(태평양화학공업사)	서울 용산구	화장품 제조
중외제약(조선중외제약소)	서울 동작구	의약품 제조

대웅제약(대한간유제약공업)	서울 강남구	의약품 제조
디피아이(대한오브세트잉크)	경기 안양	도료 제조(노루표 페인트)
건설화학(남선도료상회)	부산 부산진구	도료 제조(제비표 페인트)
동일고무벨트	경남 양산	고무용품 제조업
진영종합기계	경북 김천	농업용 기계 제조업
동양기업	전북 군산	낱붙이 제조업
삼우양행	경기 화성	의료용 기기 제조업
로케트정밀	광주 북구	일차전지 제조업
하이콘테크	서울 영등포구	곡분 과자 제조업
영남인쇄	대구 달서구	인쇄업
대한약품공업	경기 안산	의약품 제조업
한국승강기제작소	경기 김포	엘리베이터 및 컨베이어 장치 제조업
선학알미늄	경북 칠곡	비철금속 압연, 압출 및 연신 제품 제조업
서울신문	서울 중구	신문 발행업
강원일보	강원 춘천	신문 발행업
제주일보	제주 제주	신문 발행업
을유문화사	서울 종로구	서적 출판업

출처 : 《조선일보》(2005년 8월 12일자)
자료 재인용 : 『기업 생로병사의 비밀』(손동원, 삼성경제연구소, 2007)

비록 시간이 좀 남았지만, 우리나라의 경제를 견인해온 주요 그룹사들도 연륜이 붙어 창립 100년을 앞두고 있는데 삼성그룹(1938년 설립, 전신 삼성상회), SK그룹(1939년 설립, 전신 선경직물), LG그룹(1947년 설립, 전신 락희화학공업), 한화그룹(1952년 설립, 전신 한국화약) 등을 들 수 있었다. 굴곡 많은 세월을 이긴 그들의 변천사도 한번 살펴보자.

대한민국 10대 그룹(대기업집단)의 변천

순위	1964년	1974년	1985년	1995년	2005년	2019년
1	삼성	락희	삼성	현대	삼성	삼성
2	삼호	삼성	현대	삼성	현대차	현대차
3	삼양	현대	럭키금성	LG	LG	SK
4	개풍	한국화약	대우	대우	SK	LG
5	동아	동국	선경	선경	롯데	롯데
6	락희	대한	쌍용	쌍용	POSCO	POSCO
7	대한	효성	한국화약	한진	한진	한화
8	동양	신동아	한진	기아	GS	GS
9	화신	선경	효성	한화	한화	현대중공업
10	한국유리	한일합섬	대림	롯데	현대중공업	신세계

주 : 자산규모 기준
출처 : 공정거래위원회
자료 및 재구성 : 『자영업이 살아야 한국경제가 산다』(권순우·최규완, 아이비라인, 2020)

지금까지 살펴본 자료를 염두에 두고 다음으로 넘어가 보자. 다음으로는 "중소기업의 지속적 성장을 위한 시사점을 얻기 위해" 우리의 장수기업 현황을 살펴본 자료가 있었다. 중소기업연구원에서 발간한 보고서인 「한국 장수기업 현황과 정책적 시사점」(신상철 수석연구위원, 2018)

으로, 비교적 상세하고 최근의 연구 결과들을 보여주고 있었다. 다음은 이 자료를 토대로 하여 작성한 것이다(다음에서 거론하는 장수기업은 2016.12.31. 기준으로 업력 만 50세 기업으로 정의되었다.).

먼저, 우리나라 전체기업에서 장수기업(만 50년 이상)이 차지하는 비중은 0.2%로 1,629개사로 나타났다. 중소기업만 놓고 봤을 때는 그 비중은 극히 미미해 0.2% 아래인 1,314개사임을 알 수 있었다.

기업의 업력별 분포

구분	중소기업		대기업		전체	
	기업 수(개사)	비중(%)	기업 수(개사)	비중(%)	기업 수(개사)	비중(%)
10년 미만	339,889	48.7	1,430	28.3	341,319	48.6
20년 미만	251,058	36.0	1,452	28.7	252,510	36.0
30년 미만	83,846	12.0	885	17.5	84,731	12.1
40년 미만	16,905	2.4	538	10.6	17,443	2.5
50년 미만	4,303	0.6	437	8.6	4,740	0.7
51년 이상	1,314	0.2	315	6.2	1,629	0.2
전체	697,315	100.0	5,057	100.0	702,372	100.0

장수기업 전체 1,629개사 중 법인의 비중이 70%로 개인기업보다 2배가량 많은 것으로 나타났고, 장수기업의 법인이나 개인기업의 업력은 비슷하여 평균 56.9년으로 나타났다. 표에는 없지만, 업력이 50년 미만인 비장수기업의 평균 업력은 11.2년이었는데, 그중 개인은 13.6

년, 법인은 9.6년으로 조사되어 오히려 개인기업이 법인기업보다 4년 정도 더 많은 것으로 드러났다고 했다.

장수기업의 기업 형태와 업력

	전체		장수기업			
	개수 (개사)	업력 (년)	개수 (개사)	업력 (년)	비중(%)	
					형태별	형태 내
법인	421,994	9.8	1,143	57.6	70.2	0.27
개인	280,378	13.7	486	55.2	29.8	0.17
전체	702,372	11.4	1,629	56.9	100	0.23

또, 기업 규모별로 장수기업을 살펴보면, 장수기업 대부분을 중소기업이 차지하고 있는 것을 알 수 있었다.

장수기업의 기업 규모

	전체		장수기업			
	개수 (개사)	업력 (년)	개수 (개사)	업력 (년)	비중(%)	
					규모별	규모 내
중소기업	697,315	11.2	1,314	56.1	80.7	0.19
대기업	5,057	21.1	315	60.3	19.3	0.04
전체	702,372	11.3	1,629	56.9	100	0.23

한편, 장수기업의 업종별 비중을 살펴보면, 전체 1,629개사 중 제조업이 419개사(25.7%), 운수업이 288개사(17.7%), 교육서비스업이 207개사(12.7%) 등 914개사로 56%를 차지하고 있었으며, 비중이 큰 앞의 6개 업종을 합치면 전체 82%인 1,336개사에 이르고 있었다.

장수기업의 업종별 구분

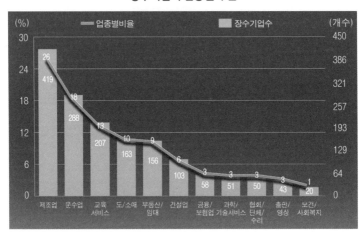

주 : 그래프는 「한국 장수기업 현황과 정책적 시사점」 자료 참조

또, 장수기업의 지역별 분포를 살펴보니, 전체의 약 51%에 해당하는 828개사가 서울과 경기에 집중되어 있었다. 인구의 수도권 집중 현상과 더불어 산업의 집중화가 이루어진 모습이 장수기업의 지역별 분포에서도 그대로 드러났다.

장수기업의 지역별 분포

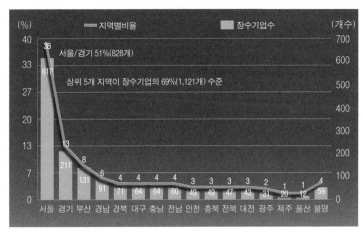

주 : 그래프는 「한국 장수기업 현황과 정책적 시사점」 자료 참조

주지하듯 대한민국은 늙어가고 있다. 2020년 현재 이미 고령사회로 진입해 있고, 얼마 전에는 사망자 수가 출생아 수보다 많아지면서 인구가 자연 감소하는 소위 '인구 데드크로스'가 나타나, 앞으로 닥칠 '인구절벽'은 눈앞의 현실이다. 이런 인구통계학적 추세를 반영하듯, 국내 장수기업 대표자들의 나이도 상당히 많은 것으로 나타났다.

조사 가능한 기업들, 곧 장수기업 735개사, 비장수기업 102,866개사를 검토한 바에 따르면 장수기업 대표자의 평균 연령이 60.2세로 비장수기업의 54.2세에 비해 6살 정도 많은 것으로 나타났다. 아울러 장수기업의 60세 이상 대표자의 비율이 전체의 49%에 이르러 비장수기업에 비해 거의 2배 수준이었다. 여러 상황으로 보아 앞으로 백년을 바라보는 진정한 장수기업이 되려면 체계적이고 안정적인 가업(기업)승계 프로그램이 필요할 것으로 여겨졌다.

장수기업과 비장수기업의 대표자 연령 비교

대표자 연령	장수기업		비장수기업	
	기업 수	비중(%)	기업 수	비중(%)
30대 미만	0	0.0	446	0.4
30대	13	1.8	5,140	5.0
40대	95	12.9	26,708	26.0
50대	267	36.3	43,558	42.3
60대	228	31.0	21,082	20.5
70대 이상	132	18.0	5,932	5.8
합계(개사)	735	100.0	102,866	100.0
평균 연령(세)	60.2		54.2	

주 : 대표자 연령 데이터가 있는 기업을 대상으로 분석

국내 백년가게의 가능성

앞에서 언급된 국내 백년가게, 장수기업 현황은 우리의 짧은 산업사만큼 장수가게의 개수가 얼마 되지 않는 사실을 명확히 보여주고 있다. 이처럼 우리는 계속 백년가게, 장수기업 이야기만 나오면 다른 나라와 비교해 "많지 않다"라는 적은 숫자의 부정적 표현에 익숙해져 있다. 이제 이 생각을 바꿔보는 것은 어떨까? 없는 역사를 계속 곱씹을 게 아니

라, 비록 국내에 천 년, 오백 년 이상 되는 가게, 기업은 없지만 앞으로 백년 그리고 그 이상을 도전하는 가게나 기업들은 많다고 말이다. 그러면 할 이야기들이 훨씬 많아질 것으로 생각했다. 현실도 그렇지 않을까. 현황 조사에 반영되지 않은 수많은 가게와 기업들이 미래의 백년가게를 꿈꾸며 각고의 노력을 하고 있을 테니 말이다.

하나의 가게나 회사가 한 세기를 넘는 시간 동안 존속하고 있는 경우, 소위 그 "전설"들에는 익히 알 듯 장수 비결이 존재하는 것을 앞에서 같이 알아본 바가 있다. 언급된 장수가게들은 여느 가게들과는 달리 더 오래 견디고 더 건강하게 유지하며 더 많은 성공을 이어가고 있었다. 미국의 경영자인 케빈 케네디(Kebin Kennedy)가 말한 "모든 기업은 유기체다. 기업은 창설되어 성장하면서 복잡성을 지니게 된다. 그러다가 종국에는 에너지를 상실하고 다른 기업에 흡수되거나 소멸된다."(『100년 기업의 조건』, 한스미디어, 2004)라는 기업 생존의 기본 원리를 보란 듯이 극복하고 그 영속성을 이어가고 있는 것이다. 그러므로 이들의 지속적인 경영의 흐름을 따라가 보면 앞으로 장수가게를 꿈꾸는 모든 이들에게 많은 도움이 될 것이다.

국내 백년가게, 장수기업이 생존하여 지속경영을 하고 있다는 것은 우리의 현실에서는 최소 30년 이상 내지는 45년 이상을 견뎌왔다는 이야기다. 이는 특별한 경영기술 덕이라거나 혹은 운이 좋아서라고 치부하기 전에 그들만이 가진 "뭔가"가 있다는 뜻이다. 나는 그것을 앞에서 창업자(혹은 대를 이은 내부 경영자)의 혼(魂)이 어린 기업의 정체성, 곧 경영철학, 경영이념 등으로 강조했다. 시간이 지나도 변하지 않는 종교적 신념 같은 메시지가 있다고 했다. 어떤 이들은 이를 "기업의 DNA"라고, 어떤 이들은 "기업가 정신"이라 달리 부르고 있었다. 어떻게 정의되든, 바로 이런 신념으로 체화된 생각이 그 가게의 지향점이 되어 현재까지 계승되고 있었다.

그리고 장수가게는 이러한 신념을 토대로 사업을 영위하면서 백년을 지향하는 경영을 하고 있었다. 이들의 백년 경영, 장수경영은 몇 가지의 특징을 보였다. 먼저, 기존 시장에서 우위를 차지하고 있는 경쟁력에 주력하면서 대부분 고유의 브랜드를 가지고 있었고, 보수적이고 안정적인 자금관리를 하고 있었다. 또, 환경 변화에 유연하고 적극적으로 대응하고 있었으며, 격에 맞지 않는 무리한 사업 확장을 지양했다. 게다가 종업원들의 충성도가 높아 그에 따라 형성된 건강한 조직문화도 지속경영에 큰 도움을 주고 있었다. 그런 후 진인사대천명(盡人事待天命)의 겸손한 자세를 견지하다 보면 어느 정도 사업 운도 뒤따르고 있었다. 이런 점은 나의 경영 체험과도 어느 정도 맞아 들어갔고, 살펴봤던 해외 백년가게의 성공 요인과도 얼추 맞아떨어졌다.

사람들도 누구나 장수(長壽)를 꿈꾼다. 하지만, 병들고 어려운 처지에서 목숨만 연명하는 그런 장수는 의미가 없다. 마찬가지로 가게나 기업의 생명도 장수하는 동안 건강하게 유지되는 게 모든 경영인의 꿈이다. 반면에, 백년가게, 장수가게라고 해서 모든 면이 우수하다고 할 수도 없다. 답답하고 고루한 측면도 분명 지니고 있을 거고, 지녀온 관습을 좀체 버리지 못하는 때도 있을 것이다. 우리가 전염병에 대비해 백신을 맞는 것은 그 효과가 부작용보다 클 때라고 한다. 지금 우리가 백년가게를 다시금 살펴보는 것은 그들이, 아쉬운 측면보다 앞서 살펴본 것처럼 장점이 훨씬 더 부각이 되는 가게이기 때문이다. 가게나 기업은 무엇보다 우선되는 게 생존과 발전적 유지다. 나도 항상 회사를 단순히 유지하는 것은 의미가 없고 성장이 뒤따라야 한다고 생각하고 강조한다. 그런 면을 장수가게들이 잘 보여주고 있다는 생각이다.

이와 아울러 간과해서는 안 되는 것이 기업의 영속성이 고용의 안정은 물론 지역이나 국가 경제에 미치는 영향이 크다는 사실이다. 가게나 기업이 지속하지 못하고 사라지는 것은 가게나 기업의 소유주뿐만 아니라 종사원들에게도 경제적으로 큰 어려움을 안겨주는 것이고, 가게나 기업이 가진 유·무형의 자산과 '신뢰 관계'로 대변되는 사회적 자산 등이 한꺼번에 없어지는 것이므로 지역경제나 국가 경제에 악영향을 끼칠 수밖에 없다.

그러니 일선 경영인들은 백년 이상 가는 장수기업을 일궈내 국민으로부터 존경과 사랑을 받을 수 있도록 한층 더 노력해야 한다. 존 데이비스(John Davis) 하버드대 비즈니스 스쿨 교수는 "다음 세대를 맡을 경영인들이 새로운 사업을 찾을 수 있을 만큼 충분하게 신뢰와 자부심, 자금을 축적해 놓는 것"(《건설저널》, 「장수기업의 특별한 조건」, 2005)이 기업이 장수하는 세 가지 비결이라고 말했다고 한다. 현장의 경영인이면 누구나 새겨들을 만한 이야기라는 생각이 들었다.

가게든 기업이든 장수기업이 되려면 우선 대를 이어가야 하는 분명한 사실을 명심해야 한다. 그러기 위해 무엇을 해야 하는지는 그 가게나 기업의 사명(미션)으로 이미 설정되어 있을 것이다. 수많은 예비 창업자들에게 백년가게가 '미래의 오늘'을 보여주는 산 증거가 되면 좋겠다는 생각이다. 끝으로 이런 바람을 잘 보여준 이랑주 교수의 이야기를 싣는다. 가슴에 새겨볼 만했다. 이야기 중의 '겟코소(月光莊, GEKKOSO, 1917년 창업)'는 화방(畫房)으로 유명한 일본의 백년가게다.

"겟코소처럼 존재해도, 아니 이렇게 해야 오히려 오래갈 수 있다는 것을 보여주는 곳들이 더 많이 생겨나야 한다. 주변에 100년 되고, 200년 된 가게들이 즐비하다면, 오늘 새롭게 시작하는 이들이 '나도 적어도 100년은 가야 할 텐데.'라는 마음을 먹게 될 것이다. 그러면 처음부터 그들이 시작하는 일의 형태가 다르고, 만드는 과정의 깊이가 달라질 것이다."

-『오래가는 것들의 비밀』, 지와인, 2019

3.

"백년가게",
그 성공이 의미하는 바는?

●●●● 백년가게는 그냥 만들어지는 것이 아니다

백년가게의 가족경영

일제강점기와 한국전쟁이라는 고단한 근현대사의 고개를 넘어오는 통에 우리는 소위 '노포(老舖)'를 자처하는 '백년가게'를 많이 갖지 못하고 있다. 이런 현실에 백년가게를 다시금 주목하는 것은 대를 이어 오랜 시간 자신의 업을 지속해온 그들의 위대함을 알기 때문이다.

중소벤처기업부에서 실시하는 '백년가게 육성사업'보다 앞서 지방자치단체들이 유사한 육성책들을 선보였다. 전통시장 상인의 롤모델을 선정하고 육성하는 서울시의 '서울상인', 20년 이상 지역에 기반을 둔 장수 소공인(小工人)을 백년 장인으로 육성하는 부산시의 '백년장인' 등이 있었다. 또, 2017년부터 서울시가 오래된 가게의 가치를 헤아리고 이를 보존하기 위해 85곳의 노포를 '오래가게'로 지정한 바도 있다.

백년가게에 대해 『서울 백년가게』(꿈지락, 2019)를 펴낸 이인우 님은 어느 한 인터뷰에서 "장안에서 찾아낸 가장 오래된 가게들은 대개 60여 년 안팎의 역사를 지녔다."라며, "오래됐고 미래가 기대되니 '백년가게'로 정의했다."라고 설명했다. 중소벤처기업부는 "개업한 지 30년 이상 된 가게나 2대에 걸쳐 가업을 이어가는 가게"를 백년가게로 한정한다. 이런 관점에서 보면 백년가게는 우수성과 성장 가능성을 공식적으로 높이 인정받은 가게를 일컫는다고 할 수 있다.

우리나라 소상공인은 해마다 많이 생기고 그만큼 다시 사라진다. 이같은 구조로 인해 신설 가게의 5년 이상 생존율이 27.5%에 불과하다고 중소벤처기업부는 밝혔는데, 이는 장기간 안정적으로 사업을 영위하는 장수 소상공인이 극소수에 불과하다는 얘기다. 이런 사정에서 살아남은 가게들 중에는 가족이 경영하는 경우를 흔히 찾아볼 수 있다.

그간 백년가게와 관련한 '가족경영'에 관한 연구에서는 장점보다는 단점이 부각되는 경우가 많았다. 우선 생각할 수 있는 게 흔히 보아온 가족 내 갈등과 그 파급력이 경영에 부정적 영향을 끼치는 경우다. 회사 경영에 참여한 가족 구성원의 모호한 역할에 따라 각종 혼란이 가중되고, 사내 의사소통에 있어서도 객관성을 잃을 가능성이 있고, 불안정한 조직체계와 보수체계, 그리고 종국적으로는 경영권 승계 시 나타나는 불협화음 등을 단점으로 든다. 한편으로는 친척이나 혈연, 지연을 중시하는 주관적인 인사관리가 행해지고, 가족 간의 마찰과 함께 온정주의 경영으로 외부 환경 변화에 대한 적응이 느려지는 점도 자주 언급된다. 또, 자본에 대한 접근이 지극히 제한적이고, 더욱이 가업승계와 관련해서 폭넓은 인재 확보가 어려운 점, 리더십 측면에서는 경영 능력을 겸비한 후계자에 대한 보장이 이루어지지 않아 후계자 결정 과정에서 상당한 갈등이 존재할 수 있는 점 등이 또 다른 폐단으로 거론된다.

우리나라 재벌의 경우에도 '족벌경영', '세습경영' 등으로 대두되는 폐해가 지적되면서 가족경영 체제에 대해 부정적으로 보는 시각이 우세했다. 반면, 소규모 가게의 경우에는 재무적 한계나 승계에 따른 세무 측면의 문제점을 지적한다. 이러한 단점을 극복하지 못하면 가게는 폐업하거나 팔리게 된다. 미국에서 진행된 한 연구에 따르면, 대부분의 가족기업이 설립한 지 10년 이내에 소멸하고 그중에서 30%만이 2세에게 승계되었다고 한다.

이런 여러 단점에도 불구하고 백년가게, 장수기업으로 가기 위한 가족경영은 분명한 장점을 지닌다. 우선, 가족 구성원이 같은 목표를 향해 경영에 참여하고 이를 계속 승계하는 공동체적 가치에 중점을 둘 수 있는 점을 장점으로 꼽을 수 있다. 끈끈한 가족애를 바탕으로 개인의 능력을 발휘하여 생산 현장에서는 최고의 생산성을 유지할 수 있다. 또, 가족 간의 서로에 대한 배려와 관심은 동기 부여에 긍정적인 영향을 끼치게 되어 가게나 기업 성장의 윤활유 역할을 해주고, 가게나 회사에서 생산되는 제품에 대한 품질 수준이 충분히 강조된다는 점도 하나의 장점으로 들 수 있다. 그러므로 가족경영은 고객에게 최고 수준의 가치와 품질을 제공하려는 오랜 전통을 유지할 수 있고, 그로 인해 생산 활동과 생산제품의 품질 등에서 자연스럽게 경쟁력이 생겨난다. 무엇보다 손꼽히는 가족경영의 또 다른 특징은 가족경영의 구성원이 부정적인 성과를 내더라도 일선에서 물러나는 일이 거의 없이 다시 다양한 기회에 도전할 수 있다는 점이다. 이는 다른 한편으로는 가족경영의 폐해로 비칠 수도 있지만, 그들은 전문경영인처럼 단기적 성과를 내야 하는 경우가 아니므로 장기적인 안목에서 경영 활동을 펼칠 기회가 주어지는 것이다.

이 같은 가족경영의 여러 장점은 가게나 기업을 백년가게, 장수기업으로 이끄는 원동력이 되기에 부족함이 없다. 가업승계로 창업정신과 경영 비법을 계승·발전시키고, 창업자의 철학과 비전을 바탕으로 구성원의 응집력을 강화한다면 백년가게로 향하는 길에 이미 진입한 셈이라 할 수 있겠다.

가게 경영자의 역할과 문화

가게나 회사가 성장하는 과정에서 경영자의 역할은 가히 절대적이다. 특히, 창업자는 가게에 대한 지배적인 역할은 물론 사업 기간을 포함한 승계 단계, 가치관과 동기 유발 등을 통해 경영성과에 결정적인 영향을 미친다. 따라서, 창업자의 가치관과 주체성을 가게에 반영시키고 전체 구성원의 이해를 바탕으로 가게가 성장한다면, 나머지 가족들의 참여 의지도 더욱더 굳건해지고 각자의 역량도 강화된다.

가족 구성원에 의한 조직화와 함께 경영성과를 이루는 가장 큰 경쟁력 중 하나가 가족기업의 문화 유형일 것이다. 이는 상황과 환경을 선택적으로 반영하는 행동 양상이 경영성과에 지대한 영향을 끼쳐 가게나 기업의 성패를 가르게 됨을 이르는 것으로, 그런 가치와 의지에 따라 같은 환경에서도 각기 다른 결과를 얻을 수 있기 때문이다. 비록 한 평도 안 되는 가게라 할지라도 또 혼자서 운영하는 가게라고 해도, 그 공간에는 그 가게만의 문화가 존재하기 마련이다. 가게 경영자가 다양한 여건을 활용해 어떻게 운영할 것인지 방향을 결정짓기에 따라, 가게의 문화는 그 양상이 크게 달라진다.

창업자를 비롯해 그 가족의 특성이 강조되면 가게는 가부장형 문화가 자리를 잡는다. 가부장형 문화는 과거 세대들이 대다수를 차지하는데, 창업자나 경영자를 중심으로 모든 권한과 권위가 집중되어 있고 모든 주요 의사결정이 그들에 의해 이루어진다. 사업장에서도 개인의 사업적 능력이나 역량보다 대개 가족의 위계에 따라 서열이 정해지고 또 우대를 받는다. 외부에서 영입한 종업원에 대해서는 경영자가 신뢰하지 않고 세세하게 감독하려 든다. 그들은 가족의 감독과 지시에 따라 업무를 수행하게 된다. 가게를 가족이 운영하므로 사업에 필요한 전문 지식과 정보를 모두 가지고 있는 관계로 업무처리가 비교적 매끄럽다. 또, 카리스마가 강한 경영자가 가게를 운영하고 있다면 누가 업무 지시를 내렸는지가 확실하게 드러난다. 의사결정이 재빨리 이루어지고 위기 상황에서는 리더십이 돋보일 수 있다. 간혹, 가부장적인 창업자나 경영자의 비전에 따른 요구로 인해 종업원의 강도 높은 헌신이 뒤따라야 할 때도 있다.

한편으로는 창업자나 그 가족의 일원인 경영자에 지나치게 의존해야 해서 그의 존재 여부에 따라 그 가게는 위험 상황을 맞을 수도 있다. 또한, 그들이 나이가 들거나 질병 등의 이유로 경영 업무를 수행하지 못할 때도 가게가 위험에 이르게 될 수 있다. 경우에 따라서는, 가게의 주변 환경이 경영상 열악해지면 창업자나 가족 경영자는 물론 가게 구성원들까지도 무기력감에 빠질 수 있다.

가게가 점차 전통을 갖추게 되는 동안 창업자와 그 가족들은 나이가 들게 되고 경영 환경은 더욱 급변하게 된다. 그래도 가게는 새로운 문화를 만들어가야 하고 시류에 적응하며 진화해야만 한다. 그에 따라 가부장 형태의 가게는 새로운 시장이나 상품 개발에 비교적 빨리 반응해 틈새시장을 만들기도 하고, 다른 한편으로는 구태에 연연하기도 한다. 아이러니하게도 그런 과정에서도 과거를 지향하는 경향을 지닌 가게는 나름 전통을 세우기도 한다.

가게가 기업으로 성장, 발전하는 과정에서 남에게 책임을 위임하는 창업자나 가족 경영자도 있다. 사업에 대한 경영 권한을 가족이 아닌 전문경영인 혹은 고용 경영인에게 맡기는 것이다. 이런 경우 오랜 전통을 지닌 가게나 회사는 새로운 변혁기를 맞게 되는데, 최신 경영 기법을 도입하거나 인적 구조조정, 사업 구조조정 등을 펼치면서 성과를 내기 위한 돌파구를 모색하게 된다. 이후 가게나 기업은 또 다른 새로운 방향성을 찾게 된다. 사업의 성공 여부에 따라 평가는 달라지겠지만, 전문경영인의 출현은 가족의 영향력을 반감시킨다. 그 영향으로 가족과 그 가족을 위해 열심히 일해 온 기존 직원들을 소외시킬 수도 있다.

올바른 가업승계가 백년가게로 이끈다

요즘, 창업 1세대가 은퇴하거나 은퇴를 앞두고 있어 가업승계 문제는 발등에 떨어진 불이 되었다. 가업승계는 가게를 대를 이어 영속성을 유지하는 중요한 제도적 수단 중 하나다. 가업승계가 적기에 이루어지지 못한다면 경영자의 고령화가 계속되면서 경영자는 적극적인 자세로 가게나 기업의 경영에 임하기 어려워진다. 이는 거래처와 고객의 신뢰를 감소시켜 투자 위축과 가게의 가치 하락이라는 결과를 낳을 수 있다. 그 같은 문제를 고려한다면 가게 고유의 기술이나 경영 노하우를 후대가 이어받도록 해야 한다는 점과 가업승계가 일자리를 만들고 수익을 증대시켜 국가경제에 이바지한다는 점에서 접근할 필요가 있다.

성공적인 가업승계가 이루어진 기업의 수익성 개선이나 고용 창출 등의 경영성과는 어떤 요인들의 영향을 받는 것일까? 가업승계로 가게와 가문의 평판이 함께 이루어지면 이익보다 가치를 중시하는 의사결정을 하게 됨으로써 가게의 우수한 정통성을 그대로 유지하게 된다. 기업의 경우, 투자와 회수의 사이클이 길어 장기적 안목에서 투자가 이루어질 수 있다. 그래서 가족 경영자는 단기성과를 거둬야 하는 전문경영인과는 달리 장기적인 안목에서 판단과 결정을 할 수 있다.

또, 가족경영이 이루어지는 가게나 기업은 사업장에서 개인에 관한 관심과 배려를 바탕으로 구성원 간 우애를 유지할 수 있다. 그러므로 가업승계 후에도 조직의 안정화를 꾀하기가 쉽다. 이는 곧 고객에게 가치와 품질을 제공하는 전통을 오래도록 유지할 수 있다는 점이기도 하다. 하지만, 가족과 가게의 분리가 곤란하여 주관적인 인사관리가 이루어지고 급변하는 환경 적응에 비효율적이고 상속과정에서 가족 간 불화 등이 우려되기도 한다.

가족 갈등은 가족과 가게 간 경계가 모호한 것이 원인인 경우가 많다. 가게에서 생긴 문제가 가족 문제로 확대되고 재생산되어 결국 가게가 문을 닫는 일이 생기기도 한다. 얼마 전 KBS1TV에서 방영된 「기막힌 유산」이라는 드라마가 있었다. 이 드라마에서는 서른셋의 무일푼 처녀 가장이 팔순의 백억 자산가와 위장 결혼을 결행한다. '부루나면옥(드라마의 냉면 가게 이름)' 등 유산을 둘러싼 막장 아들 넷의 갈등 때문이었다. 물론 드라마는 갈등을 해소하고 가족애를 찾아가는 과정이 그려지면서 따뜻하고 교훈적인 메시지를 전해주는 것으로 끝을 맺는다. 현실에서도 가족경영이 가게 내 갈등의 불씨로 작용해 심지어는 언론에 표출되는 경우도 왕왕 있다. 이처럼 가족 간의 감정적인 문제가 가게 일에 영향을 미칠 수 있다. 가게 경영에 있어서 어느 분야에 문제가 생기면 또 다른 부분으로까지 갈등이 확대되기 마련이고 결국 가족관계까지 멀어져 가게에 부정적인 영향을 미친다.

경영자 중 어떤 사람은 가족을 우선시할 것이고 어떤 이는 가게를 중시할 것이다. 가족에 치중하다 보면 경영능력을 검증받지 않은 가족 구성원을 사업에 동참시켜 가게를 망가뜨리기도 한다. 혹은, 가족 간 대화와 화합에 관심 두지 않아 가족들의 경쟁이 심화하고 잠재된 갈등이 표출되기도 한다. 경영자의 의사결정에 따라 얼마든지 결과는 달라진다. 따라서, 가족과 가게 간 균형을 잡는 것이 그만큼 중요하다.

그렇다고 해도 가업승계는 창업자의 창업정신을 이어받아 가치관과 비전을 통해 구성원이 응집할 수 있고, 신속한 의사결정은 가게 경영이 위기에 처했을 때 이를 뚫는 창이 될 수 있다. 창업 2세대나 3세대에게 경영권이 승계된 후 큰 성장을 보인 백년가게, 장수기업의 사례는 얼마든지 많이 있다. 이들의 성공 비결을 살펴보면 끊임없이 한 분야에 몰두하는 '한 우물 경영'을 하거나, 장인정신을 기조로 하는 '명품경영'을 하거나 또는 거래처와 고객과의 오랜 신뢰 구축을 기반으로 하는 '신뢰경영' 등을 추구한 결과였다. 또, 가업승계 후 차세대 경영자가 혁신경영을 이루거나 기술 선진화를 위한 선진 사업체와의 제휴 등이 성공 요인이 되기도 했다.

그런 측면에서 가업승계를 '부의 대물림'보다 '책임 있는 대물림', '또다른 창업'으로 바라보면 좋겠다. 가게의 경영권 승계가 제때, 그리고 제대로 이루어지지 않는다면 가게나 기업의 수명에 위험 요인으로 작용할 수 있다. 게다가 창업 세대 혹은 2세대로 이어져 온 오랜 경험과 기술이 묻혀 버릴 수도 있는 까닭이다.

가업승계, 창업보다 수성이 어렵다

가업승계의 가장 큰 걸림돌은 세금이다. 특히, 과중한 상속세 부담은 가업승계에 어려움을 더한다. 이는 정부가 부의 재분배라는 취지에서 상속세를 강화했기 때문이다. 우리나라의 상속세 최고세율은 50%로 경제협력개발기구 평균의 2배가 넘는다. 정부가 일정한 영속성을 지닌 가게나 기업에 대해 '가업상속공제'와 '증여세과세특례제도', '연부연납제도', '최대주주할증평가' 등의 가업승계 지원제도를 통해 가업승계의 원활함을 기하려 하고 있지만, 실제로는 까다로운 조건으로 인해 제대로 혜택을 누리지 못하고 있다.

'가업상속공제'(⋯ p.165 개념플러스 참조)는 기존 기업인(피상속인)이 10년 이상 가업을 경영하면서 지분율 50% 이상을 유지하고, 전체 가업의 영위 기간 중 50% 이상을 대표이사 등으로 종사하는 경우 등의 요건을 충족하면 상속세의 과세 가액에서 일정한도의 가업상속재산 가액을 공제해준다. '증여세과세특례제도'는 적용대상과 요건이 가업상속공제와 같지만 개인 기업은 제외되며, 과세표준 30억 원까지는 10%, 100억 원까지는 20%의 낮은 증여세율을 적용받을 수 있다. 아울러 '연부연납제도'는 가업상속공제를 받았거나 유사한 요건 충족 시 상속세 납부 기간을 5년에서 10~20년으로 그 연장이 가능하다. 이밖에 '주식할증평가제도'는 최대주주 등으로부터 주식을 상속받을 경우, 평가액에 할증 평가하는 것으로 현재 중소기업은 해당하지 않는다.

우리나라는 같은 과세표준구간과 세율구조가 2000년 이후 그대로 유지되고 있다. 하지만, 현재 1997년부터 1999년까지 적용되던 최고 세율 구간이 '50억 초과'보다 '30억 초과'로 낮아져 오히려 세 부담이 더 커진 상황이다.

중소기업연구원 김희선 연구위원의 보고서 「국내외 가업승계 지원제도의 비교 및 시사점」에 따르면 2018년 기준 가업상속공제를 받은 기업의 사례는 84건에 불과했다. 연간 1만 3,000여 개 기업이 가업승계제도를 이용하고 있는 독일의 경우와 비교하면 현저히 낮은 수준이다. 독일은 가업상속공제 적용 건수가 우리나라와 비교해 100배 이상으로 많다.

정부는 2019년 가업상속 세제공제 기업의 사후관리 기간을 기존 10년에서 7년으로 단축했고, 고용유지 의무 기준도 '정규직 근로자 인원 수 유지'에 '총급여액 유지'를 추가함으로써 이 중 하나를 선택할 수 있도록 부분적으로 완화했다. 그래도 여전히 가업승계는 경영자에게 많은 부담을 안겨준다. 따라서, 가업승계의 촉진을 위해서는 상속공제제도 적용대상의 확대와 사후관리 요건의 완화가 필요하다는 지적이 많은 게 사실이다.

그간 우리나라 가업승계 지원정책은 2008년부터 확대 시행된 1억 원의 상속공제뿐이었다. 중소기업계의 요청에 따라 중소기업청이 2008년에 가업승계 세제 지원센터 설치 등에 관한 법적 근거를 '중소기업진흥 및 제품구매촉진에 관한 법률' 시행령을 통해 마련했다. 중소기업인에게 원활하게 가업승계에 관한 체계적인 사전 준비를 하도록 하려는 방안이었다.

현재는 '중소기업진흥에 관한 법률'에 따라 중소기업중앙회에 '가업승계지원센터'를 설치하고 중소기업 기업승계 원활화를 기하고 있다. 이곳에서는 중소기업의 기업승계가 원활히 이루어져 국가 경제에 계속 이바지할 수 있도록 관련 제도개선을 추진하고, 승계에 필요한 정보 및 교육을 제공하고 있다. 이를 위한 주요 업무로 기업승계 중소기업 실태조사 실시 등을 통해 애로사항 청취 및 개선 필요사항의 국회·정부 건의, 명문장수기업 확인제도 운영·제도개선 건의, 차세대CEO스쿨 운영, 기업승계 세제 관련 정보 제공 등을 비롯해 기업승계에 대한 인식제고 활동 등을 펼치고 있다.

가업승계 *는 백년가게로 가기 위한 통과의례와 같은 것일지도 모른다. 기업뿐 아니라 가게도 경영자의 갑작스러운 사망으로 가업승계가 제대로 이루어지지 않아 경영에 어려움을 겪거나 몰락하는 때도 있다. 이제 가업승계의 긍정적인 면에 더욱 관심을 가지고 가게나 기업의 가업승계가 원활하게 이루어질 수 있는 환경 조성에 정부가 적극적으로 나서야 한다는 생각이다.

*가업승계 시 조세특례 및 사후관리 등과 관련한 전문가들의 자세한 견해를 이 책의 부록인 '책 속의 책'(p.296)의 '중소상공인을 위한 세무, 가업승계' 부분에 게재했다. 참조하시기 바란다.

•••• 백년가게, 이렇게 성공했다*

∗ ∗ ∗ ∗ 백년가게, 저마다 장사의 노하우가 있다

공구업계는 반세기 이상 사업을 영위해온 회사를 어렵지 않게 찾을 수 있다. 그런 공구업계에서 '망치'로 잘 알려진 백년가게, '영창단조공업'이 대표적인 회사 중 한 곳이다. 이 회사는 쇠를 두드리듯 망치 하나로 세월을 다져왔다. '빠루망치'를 비롯해 도끼와 돌망치 등 고품질의 제품을 'BHS'라는 브랜드를 붙여 생산한다. 'BHS망치'는 완벽한 용접기술로 절대 자루와 망치 머리 부분이 떨어져 나가지 않는다.

1947년 경기도 가평에서 이규일 사장에 의해 첫걸음을 디딘 이래, 1965년에 이르러 대전시 동구 대화동에다 '영창공업사'를 창업하였다. 그는 손재주가 좋은 것은 물론 발명 아이디어도 많이 가지고 있었다고 한다. 자동 디딜방아를 비롯해 대패의 일종인 '삽구리(요즘의 새시를

....

∗ 여기서 언급되는 '백년가게'(··· **p.166 개념플러스 참조**)들은 중소벤처기업부가 선정한 곳 외에도 그 가치가 언론 등에 집중 조명된 곳이 여러 곳 포함되어 있다.

| 국내 '망치'의 백년가게, '영창단조공업' 이건우 대표가 고객들에게 제품을 설명하는 모습. (사진 : 영창단조공업)

일컫는 지난날 나무 창문틀에 유리를 삽입하기 위해 홈을 파는 도구)'를 개발하여 특허를 받았다. 삽구리와 양은 대패(알루미늄 대패)는 회사의 매출 확대에 크게 이바지하였다. 1969년 무렵은 아파트 건설 등으로 공구 수요가 많았던 영향도 컸다. '영창공업사'가 한창 잘 나가고 있을 때인 1972년, 일본의 자동 대패가 국내에 상륙했다. 이후 수동 대패를 찾는 사람이 줄어들었지만, 이규일 사장은 계속해서 제품개발에 몰두해 이번에는 반자동 작두와 '희망등(호롱불의 밝기를 더욱더 좋게 하려 반사경을 부착한 등)'을 출시하였다. 하지만, 계속되는 매출 감소로 회사는 경영 위기에까지 몰리게 되었다.

어려운 상황에서 직업군인이던 큰아들 이도종 대표가 전역하여 '영창공업사'의 경영권을 물려받았다. 이즈음 영창공업은 목공용 제품으로 대패와 톱, 그리고 망치 개발에 전념하고 있었다. 최종적으로 남은 것이 바로 망치였다. 당시 망치는 대장간에서 규격 없이 제각각으로 만들어진 제품들이 대부분이었다.

그래서 영창공업은 경쟁력 있는 망치 제품 개발에 몰두했고, 수많은 실패를 딛고 프레스 작업으로 생산되는 규격화된 제품을 내놓았다. 자유단조의 망치를 형단조 방식으로 만드는 데 성공한 것이었다. 이후 '빠루망치(장도리)'를 비롯해 '냉가망치', '깍기망치' 등을 개발하여 인기 있는 제품의 반열에 올려놓았다.

회사 경영에서는 이도종 대표의 부인 배현숙 여사가 더욱 경영에 열정적이었다. IMF 한파와 저가격으로 무장한 중국 제품의 범람 속에서도 살아남은 영창단조공업에 2003년, 백년가게로 가는 데 있어 최대 위기가 밀어닥쳤다. 공장 지대에 기록적으로 비가 많이 내려 산사태가 일어나 공장 일부를 덮친 것이었다. 하지만 배현숙 여사는 앞장서 흙더미를 치우고 직원들을 다그쳐 공장을 다시 가동하였다. 그녀는 전국의 공구상을 찾아다니며 망치 영업을 계속하였다. 그녀의 배짱과 근성에 업계 사람 모두 혀를 내둘렀다. 그 때문에 모두 남자가 전부라고 해도 과언이 아닌 공구업계에서 국내 망치계의 대모로 불렸다. 현재 3세대째 경영 중인 이건우 대표는 어

| '영창단조공업'의 프리미엄 망치 "BHS망치". (사진 : 영창단조공업)

| '영창단조공업'의 조업 모습. (사진 : 영창단조공업)

머니를 따라다니며 기업경영과 영업을 배웠고, 공장에서 숙식하며 용접 등 제조기술을 익혔다. 그때 새로이 개발한 조선소 특수용접 망치가 크게 히트하기도 하였다.

아버지로부터 경영권을 물려받았을 때 회사를 삶의 크나큰 무게로 느꼈던 그는, 이제 3대에 이르는 장인정신으로 망치 사업의 제2막을 활짝 열고 있다. 2011년 어머니 배현숙 여사의 이름을 딴 프리미엄 브랜드 'BHS망치'를 시장에 내놨으며, 곧이어 최고급 프리미엄 브랜드 '토르'를 선보였다. BHS망치는 기존 제품과 비교해 훨씬 더 견고하고 잡는 느낌도 향상시켜 고객으로부터 호평을 얻고 있다.

아버지와 어머니의 가업을 잇고 있는 '영창단조공업'은 국내 망치 시장에서 점유율이 70%에 이르고 있다. 3대 경영인 이건우 대표에게 그의 아들에게 '망치 사업'을 물려줄 거냐고 묻자, 앞으로의 각오와 함께 이렇게 답했다.

"저는 절대 그냥은 물려주지 않을 것입니다. 아버지와 저는 회사가 어려운 시기에 구원투수 격으로 투입되었습니다. 아마 아들도 마찬가지겠죠. 이 회사를 운영하고 싶다고 할 때는 그에 합당한 이유가 있을 때만 물려줄 겁니다. 할아버지 때부터 시작한 이 일을 아버지 이후 손자인 제가 지금까지 하고 있고 그 일을 통해서 뭐라 표현할 수 없는 살아있음을 느끼고 있습니다. 새삼 아버지의 노고에 진심으로 감사드리고, 아버지가 계셨기에 현재의 제가 있는 거 아니겠습니까. '항상 존경하고 사랑합니다'라는 말씀을 꼭 해드리고 싶습니다."

✻ ✻ ✻ ✻ '한 우물 경영'으로 본업에 충실하다

"한결같아야지"

　저녁 밥상을 받기 전 TV를 보고 있었다. 화면에 한우 해장국이 크게 클로즈업되었다. 김이 모락모락 나고 푸짐한 게 정말 맛있게 보였다. 조미료를 일절 사용하지 않고 재료 본연의 맛을 최대한 살려 조리한다는 내레이터의 설명이 뒤따랐다. 그곳은 1964년 이래 올해(2021년)로 57년째 한우 해장국과 한우 설렁탕을 끓여 손님을 맞이해온, 인천 중구에 위치한 '조정원 해장국집'이었다.

　삼촌이 하던 음식점을 이어받아 경영하는 2대째 사장의 한 마디다.

　"가장 중요한 것은 한결같음이죠."

　맞다. 한결같으면 물방울로 바위를 뚫는다고 했다. 시대적 트렌드의 변화에도 불구하고 주인의 마음은 변하지 않은 채 사명감으로 음식을 대하였다. 재료 손질에서부터 부모로부터 전래 받은 기법을 그대로 살려 만드는 덕에 맛이 일품으로 알려져, 대를 이어 찾는 손님들의 호응까지 한결같다.

　이 같은 백년가게는 동종업계에서 으뜸이 되는 음식 조리기법으로 전통의 맛을 지키며 한 우물만 파 내려온 주인이 있었다. 일본이나 미국과 비교해 우리나라는 오래된 식당이 드물다. 일제강점기와 한국전쟁으로 인해 업을 유지하기가 어려웠던 탓도 크다. 더욱이 힘든 식당 일을 자식에게 물려주지 않으려는 부모 마음이 크게 작용하였다.

그러나 백년가게가 되려는 노력이 자식들에 의해 유지되는 때도 있다. 오랜 세월 부모가 쌓아온 기술과 경륜에다 자식의 반짝이는 아이디어가 더해져 사업을 성공적으로 이끄는 것이다. '지평주조' 대표인 김기환 씨는 양조장을 이어받은 가업 3대 손자다. 그는 카이스트를 졸업한 수재임에도 불구하고 예상되는 인생의 진로를 선택하지 않았다. 대신에 사양산업 취급을 받으며 곧 문을 닫을 판이었던 양조장 경영을 맡았다. 자신에게 가장 가치 있는 일이 무엇일까를 생각하다가 아버지가 한평생 몸 바쳐 일한 양조장에서 일해야겠다는 결심을 했다고 한다.

그는 술밥과 누룩을 적절히 섞어 몽글몽글 거품이 올라오는 발효 과정을 거쳐 막걸리가 익어가는 것이 신기했다. 20대 후반 젊은 나이에 직원 3명과 연 매출 2억 원에 불과하던 양조장 '지평주조'를 직접 경영하기 시작하였다. 백년가게 역사를 담은 제품 스토리가 SNS를 통해 알려지기 시작하였고, '지평주조' 막걸리가 입소문을 타면서 젊은 세대 입맛을 사로잡았다. '지평주조'는 그가 경영을 맡은 지 9년 만에 80배 성장을 이루었다고 한다.

다음은 1967년에 문을 연 후 맞춤 양복을 만들어 온 '비앤테일러'의 박정열 대표에 관한 얘기다. IMF 외환위기 때 그의 양복점은 폐업 직전까지 갔었다고 한다. 그런 그가 '2019 대한민국 소상공인 대회'에서

130

| 도전과 혁신을 보여주는 백년가게, '비앤테일러' 회사 입구. (사진 : 필자)

철탑산업훈장을 받았다. 미국, 중국, 이탈리아 등지에 국내 맞춤 양복의 우수성을 알리는 행사를 개최하고 맞춤 양복 기술을 전수해 청년 일자리 창출에 기여한 공로였다. '비앤테일러'를 찾는 주 고객은 인스타그램 등을 통해 알린 수제 맞춤 양복의 매력에 푹 빠진 외국인이 많다고 한다.

요즘 박정열 씨는 한 땀, 한 땀 손바느질을 고수하며 버틴 세월이 자랑스럽다. 아들 박창우 대표가 합류한 뒤 사업이 더욱 번창해 '비앤테일러'를 청담동으로 확장·이전했기 때문이다. '비앤테일러'의 성장 이야기는 백년가게가 단지 물려받아 유지하는 것이 아니라 기업가 정신에 의한 도전과 혁신이 더해져야 가능하다는 메시지를 전해준다.

'비앤테일러'처럼 가업으로 전승하여 대물림경영을 하는 경우도 적
잖다. 중소기업협동조합중앙회 조사에 따르면 2대째 사업을 이어가는
경우가 절반을 넘는다. 가업으로 대물림되는 부모의 기술과 정신이 전
해져 내려와 넓게는 우리 사회의 문화가 되는 의미를 간직하게 된다.

천안 호두과자의 원조 '학화호도과자'는 이제 지역의 명물이자 문화
가 되었다. 나눔과 베풂을 실천해왔던 심복순 할머니가 있었기에 가능
한 일이었다. 1932년에 가게를 연 '학화호도과자'는 지금도 "호도가 아
니라 영혼의 양식"을 팔고 있다.

성공 비결은 정성과 혁신

일본이나 유럽 등지의 선진국 중에는 장인정신을 바탕으로 독보적
인 경쟁력을 갖추며 백 년을 넘어 수백 년째 대물림하며 가게를 유지하
는 경우를 어렵지 않게 볼 수 있다. 우리의 실정과는 많이 다르다. 하지
만, 다행히도 중소벤처기업부에서 '백년가게 육성사업'을 도입, 800여
개 이상에 이르는 업체가 백년가게로 선정되었다. 아쉬우나마 소상공
인들과 관련 업계에는 활력소가 되고 있다.

2020년 국민추천으로 백년가게에 선정된 가발 전문업체로 대구에
자리한 '최원프리모'. 회사의 대표인 최원희 명장은 2002년 '이용 부문

명장'으로 선정된 바 있는데, 창업 40주년을 앞두고 백년가게에 선정되는 두 배의 기쁨을 누렸다.

국내 가발 기술발전을 견인해온 그는 1990년 가발을 쓴 채로 머리를 감거나 누워서 잘 수 있는 제품을 개발하였다. 1997년에도 뿌리 부분을 탈색 시켜 가르마 선이나 이마를 살펴봐도 티가 나지 않는 제품을 선보였다. 이런 식으로 획득한 특허와 실용신안, 디자인 등록만 40건에 이른다. 그의 강점은 이용사 경험을 살려 우리나라 사람들의 두상과 머리 스타일에 꼭 맞는 스타일을 연출한다는 것이다.

2008년부터 함께 일하는 아들 최이명 씨 역시 미용학 석사 학위를 받고 이용기능장 시험에도 합격한, 이론과 실기를 겸비한 실력자다. 젊은 고객들의 취향을 잘 파악하고 있고, 그걸 파악하는 데 필요한 소통이 가능해 연령대별 다양한 고객들을 만족시킨다. 그래서 고객들은 부자(父子)가 함께 가게를 이어가고 있는 '최원프리모'를 더욱 신뢰한다고 했다. 회사가 백년가게에 선정된 것에 대해 두 사람은 고객 만족을 전하는 전환점이 되는, 마음가짐을 다시 다지는 기회가 되었다고 했다.

전북 전주시 덕진공원 앞에 자리한 '늘채움'은 가게를 연 지 햇수로 36년째 업을 이어오고 있다. 이곳은 전라도 한정식 스타일보다 주요리 중심의 정갈한 차림으로 익히 알려진 맛집이다. 창업 때부터 이어오던 음식 패턴에 변화를 준 것은 2대 사장 김선웅 씨가 가게 경영을 맡으면서부터라고 한다.

우선 식당 내 인테리어는 물론 찬그릇까지 현대적인 모던한 분위기를 연출했다. 특히, 그는 '늘채움' 상차림에 혁신의 바람을 불어넣었다. '늘채움'의 정식은 세 가지로 구성되어 있다. 우선 한정식 식당이지만 생선구이가 푸짐하게 나오는 것이 특징이다. 법성포를 비롯해 산지에서 가져온 싱싱한 생선을 천일염으로 간을 한다고 했다. 더욱이 즉시 구워 육즙이 풍부하다고…. 정성과 혁신을 사업의 좌우명으로 삼고 있는 김선웅 사장은 열린 마음으로 고객의 지적을 수용하고 상세하게 살펴 가게 운영에 반영시킨다.

그는 가게에만 있으면서 시야가 좁아지는 것을 가장 경계한다. 그래서 관련 당국에서 실시하는 교육과 지원사업에 적극적으로 참여한다. 아버지를 이어 자신이 백년가게를 완성하겠다는 목표를 위해 더 오래 가라는 뜻에서 상호를 '늘채움'으로 변경한 것이라고 했다. 물론 초대 김만종 사장도 아들이 잘하고 있어 무한한 신뢰감을 지니고 있었다.

'최원프리모'나 '늘채움'과 같이 시장 흐름을 잘 읽고 변화해야 한다. 그에 걸맞게 새로운 분야와 방법을 모색하고 도전하는 자세가 백년가게를 이어가는 비결일 수 있기 때문이다.

* * * * 고객의 믿음이 가게가 영속하는 힘이다

이문보다 진솔한 마음가짐

지난 2018년, 소상공인시장진흥공단 평가위원회에서는 첫 '백년가게'로 16개 업체를 선정하였다. 심사와 평가는 접수된 업체 중에서 현장 평가 결과와 평판도 등을 종합하여 이루어졌는데 당시 선정 업체들의 평균 업력은 35.8년이었다.

그해 9월 백년가게 1호점으로 선정된 곳이 서울 영등포구에 자리한 '삼거리먼지막순대국'이다. 김운창 대표가 2대째 가업을 승계하며 40년 넘게 서민의 최고 먹거리 중 하나인 순댓국을 팔고 있다. 소상공인의 바람직한 롤모델로 인정받은 것이다. 원래는 1959년에 개업했으나 인증할 공증서가 남아 있지 않아, 백년가게 육성사업에서는 1976년 구청에서 받은 식품접객업소 등록증을 바탕으로 41년의 업력만 인정받았다. 이 가게는 2013년에는 서울시 미래유산으로 선정되기도 했다.

그의 선친은 춥고 배고팠던 시절에 따뜻한 국밥 한 그릇으로 사람들을 위로해주었다고 했다. 2002년부터 가게를 맡은 김 대표는 선친이 하던 조리법을 그대로 따르고 있다. 직접 생고기를 손질한 후 가마솥에 푹 끓여 잡내 없는 담백한 국물 맛을 만들어낸다.

그는 장사를 잘하려면 인내와 끈기가 있어야 한다고 말한다. 꾸준히

| 2대째 가업승계 중인 '삼거리먼지막순대국'. 서울시 선정 미래유산이기도 하다. (사진 : 필자)

하다 보면 그 맛에서 신뢰감을 얻고 손님이 늘어난다고 덧붙인다. 베푸는 장사를 하셨던 부모님의 정신과 원칙을 그대로 이어받은 것이다.

개업한 지 40여 년 된 '혜화당한약방'은 정읍에 있지만, 전국적으로도 많이 알려진 가게다. 특히, 불임여성을 대상으로 하는 한약으로 전국에 입소문이 나 있다. 산부인과 수술로 치료할 수밖에 없는 불임의 경우를 제외하고, 몸에 별다른 문제가 없는 데도 임신이 되지 않는 때에 배란이 잘되도록 도와주는 '생산탕'이 많은 인기를 누렸다.

황종석 대표는 오랜 연구와 경험을 통해 전국의 고객들로부터 신뢰를 얻었다. 한약업사 자격증을 보유한 뒤 한약 산업의 현대화에 앞장서기 위해 회계 관리 시스템을 도입하는 등 신뢰의 경영을 펴온 것이 업력을 쌓는 데 많은 도움이 되었다고 한다.

어떤 업종이든 그렇지만, 별나게 고객의 신뢰가 가게 존폐를 좌우하는 업종이 있다. 고객의 눈을 밝혀주는 안경점 같은 가게가 이에 해당할 것이다. 경기도 안산시에서 '제일안경원'을 운영해온 오광수 원장은 안경사 자격증을 취득한 뒤 직장을 관두고 창업을 하여 어느덧 30년에 이르렀다. 그는 직업과 용도에 맞게 안경을 권한다고 한다. 고객의 신뢰를 얻어야만 자신이 추천하는 안경을 선택하므로 이문보다 진솔한 마음가짐을 가져왔던 것이 지금의 가게가 유지되는 원동력이었다는 설명이다. 손님 모두가 단골인 경우가 많아 불경기에도 매출 변동이 적어서 안정적인 가게 운영이 가능하였다.

현재는 젊은 층 고객을 흡수하기 위해 안경학을 전공하고 안경사 면허를 취득한 아들 오동욱 씨와 함께 가게를 운영 중이다. 아들은 다양한 경험을 쌓기 위해 1년간 다른 안경원에서 일하기도 했다고 한다. 여느 연령대의 고객이 방문해도 대응이 가능하고 최적의 안경을 제공하려는 노력의 하나다. 이를 위해 네이버 예약 서비스를 도입, 예약하면 지정된 담당 안경사에 의해 사전에 준비된 서비스를 받도록 하고 있다.

스스로의 믿음과 일관된 원칙에 따라…

80년 전통의 서울 '하동관'은 처음 문을 연 이래로 지금도 점심시간마다 손님들이 줄을 서지만, 곰탕을 500그릇만 팔고 문 닫는 원칙을 어긴 적이 없다. '하동관'처럼 매일 최선을 다하되 욕심내지 않는 음식점이 적잖다.

한국의 나폴리라 불리는 통영의 '거구장' 역시 그런 가게다. 통영은 한려해상국립공원 등 빼어난 자연경관 덕분에 관광객이 끊이질 않는 지역이다. 수많은 횟집과 소위 다찌집 사이에서 1987년 문을 연 '거구장(巨龜莊)'은 오직 고급 한우만을 고집하는 소갈비 전문점으로, 백년가게가 되기 위한 명성을 쌓아 가고 있다. 배정선 대표가 1919년쯤 지어진 것으로 추정되는 건물을 사들인 뒤 그곳에 '거구장'이라는 간판을 내걸었다. '거구'는 십장생 중 하나인 큰 거북을 가리키는 것으로, 좋은 음식을 먹어서 거북처럼 장수하기를 기원하는 의미를 담았다고 했다.

배정선 대표는 창업 당시 30대 초반의 나이로 가게 운영 경험이 전혀 없었다. 무작정 시작하면서 주메뉴를 소고기로 정했다. 어린 시절 할머니께서 해주시던 소고기 음식을 떠올린 것이다. 요즘도 그렇지만 당시 소고기는 정말 귀하고 비싼 음식이었다. 이런 음식을 손님에게 정성스럽게 대접해 행복감을 전할 수 있으면 좋겠다고 생각했다. 통영에는 많은 해산물이 나오지만 그것 말고 손님에게 특별한 것을 대접해 드리고 싶었다.

그는 뛰어난 조리장을 수소문한 끝에 지금의 공동대표인 강두호 대표를 영입하였다. 그는 부산의 유명 식당에서 경력을 쌓은 베테랑으로 최고의 한우만을 엄선해 손님상에 내놓았다. 납품받은 한우를 직접 해체하는 것이다. 만약 마음에 들지 않은 고기가 있으면 만족할 때까지 납품처에 교환을 요구하는 강직함과 고집도 지니고 있다고 했다.

두 사람이 합심하여 경영하면서 '거구장'은 통영의 대표 음식점으로 자리를 잡았다. 거구장의 한우고기를 먹으러 관광객까지 몰려들면서 식당은 항상 문전성시를 이루었다. 경남에서 둘째가라면 서러울 정도로 까탈스러운 통영 주민들의 입맛도 사로잡았다. 택시기사들도 "소고 깃집으로 가죠."라고 하면 거구장을 안내할 정도로 통영 소고기 식당의 대명사가 되었다.

그렇게 '거구장'의 두 대표는 소처럼 묵묵히 앞만 보고 걸었다. 그러는 동안 그들은 나이가 들었고 이제 가게를 운영하기가 힘에 부쳤다. 가게를 접을까 하는 생각하고 있던 터에 주변에서들 백년가게에 추천하였고, 또 선정되면서 마음을 바꿔 먹었다. 더욱이 가업승계를 위해 조카가 일을 배우기 시작한 것이 큰 활력이 되고 있다.

3대째 가업으로 위생도기를 취급하며 고객의 믿음을 쌓아온 '동신위생도기'. 대전 대덕구 비래동에 자리 잡고 있으면서 위생도기의 도소매업으로 믿음 경영을 추구하며 반세기를 훌쩍 넘겨 이어가고 있다. 20대 초반의 젊은 나이에 창업자인 선친으로부터 일을 배우기 시작한 김종성 대표가 벌써 70세를 훌쩍 넘겼다. 40대의 아들도 김 대표의 뒤를 잇고 있다. 상호를 '동신(同信)'이라고 붙인 것만 봐도 짐작이 가지만, 3대에 걸쳐 사업을 영위하면서 중시한 것은 바로 믿음이었다.

김 대표는 1968년 군대에서 제대하자마자 가게에서 일을 배웠다.

| 3대째 가업을 이어가는 '동신위생도기'. 동신(同信)이라는 이름대로 사업에서 중시하는 것은 바로 믿음이다. (사진 : 필자)

1970년대 전국에 새마을운동이 벌어지면서 주방이나 화장실 등을 새로 교체하는 수요가 많아져 장사가 잘되었다. 곧 아파트 건설 물량 확대 등에 이어 1980년대 서울아시안게임과 서울올림픽 등으로 건자재 업체가 호황을 누린 덕에 많은 수익을 낼 수 있었다. 그러나 오르막이 있으면 내리막도 있는 법. IMF 외환위기 때는 경기 불황으로 경영에 많은 어려움을 겪었다. 제조사, 고객들과 신용으로 장사하는 그였지만 대금 지급이 안 돼 고생한 적도 여러 번이었다. 요사이 코로나19의 여파로 인한 건설 경기 불황으로 어려움을 겪고 있지만, 백년가게에 선정된 만큼 내부 경쟁력을 키우는 데 열중하고 있다고 했다.

* * * * 시장변화에 맞춰 적절하게 진화하다

변화와 혁신으로 경험 가치 창출

물론 장수가게나 기업이 되는데 이에 적합한 업종이 정해져 있지는 않다. 무엇보다 기업이 환경 변화에 어떻게 잘 적응했는가에 따라 좌우된다. 얼마 전만 하더라도 세계에서 가장 오래된 기업으로 그 위상을 떨치던 일본 오사카의 건설회사 '곤고구미(金剛組)'가 역사의 마침표를 찍었다. 2006년 무리한 사업 확장에 따른 부채 증가로 다카마쓰 건설에 인수·합병된 것이다. 결국, 세계 최장수 가족기업의 자리를 '호시료칸'에 내주었다. 여기서 보듯 진정한 백년가게가 되기 위해서는 가게를 둘러싼 환경 변화에 맞춰 적절히 적응해야 한다.

진해를 대표하는 특산품인 벚꽃을 빵 개발에 가미, 독창적으로 '벚꽃빵'을 내놓은 '미진과자점'. 진해 일대에서 베이커리를 운영하는 삼 형제의 우애 속에 그 명성을 이어가고 있다. 백년가게 경남 1호점으로 선정된 '미진과자점'은 벚꽃축제 때는 줄을 서야만 빵을 살 수 있다. 일 년 중 벚꽃이 피는 4월에만 채취한 천연 벚꽃꿀로 만든 품격 있는 '허니 마드레느'는 아이들의 간식과 선물용으로 인기가 높다. 벚꽃빵에 이어 개발된 '벚꽃 크림치즈 타르트'도 인기 만점이라고 했다.

| "아름다운 진해"라는 뜻으로 상호를 지은 '미진과자점'. (사진 : 필자)

세 곳의 빵집에서 일하던 형제들이 의기투합해 벚꽃빵을 개발했다. 벚꽃빵은 오직 진해에서만 맛볼 수 있는 차별성 강한 맛 덕분에 개발과 동시에 특허를 취득할 수 있었다. 벚꽃의 풍미가 은은하게 퍼지고, 호두의 고소한 맛이 잘 조합되었다는 평가를 받는다. 해군사관학교 생도들이 즐겨 먹는 빵인데, 제대 후에도 다시 찾는 추억의 맛이 되었다.

상호의 '미진'이라는 말은 "아름다운 진해"를 뜻하는 것으로, 진해를 대표하는 베이커리라는 의미를 담았다. 제빵사는 최소 12년에서 20년 넘게 한 식구같이 일하며 변함없는 맛을 유지하는 원동력이 되고 있다. 빵집 역사(1976년 개업)는 약 50여 년 전으로 거슬러 올라가는데 '미진과자점'은 창원시의 '착한가게'로도 선정된 바 있다.

한편, 울산의 '남문소리사'는 전자제품 판매업을 영위하는 업체로는 드물게 백년가게에 이름을 올렸다. 수십 년째 한 자리에서 전자제품을 판매하면서 가게가 생존하기란 말처럼 쉬운 일이 아니다. 1979년에 개업한 이래 '고객은 가족'이라는 철학과 30년 전에 구매한 제품도 수리해 주는 서비스 정신이 숨은 비결이었다. 때문에, 오랜 단골을 보유하고 있고, 요즘은 청년층 고객과의 소통을 위해서 SNS 홍보와 복합문화공간을 조성하는 등 혁신적인 마인드를 가지고 마케팅에 나서고 있다. 시류에 맞게 변화와 혁신으로 경험 가치를 창출해온 것이 가게가 영속성을 지니게 된 것이다.

점포 운영 노하우를 살려 인터넷에서 성공

진주 '하동집'의 주현숙 대표는 해방 후 일본에서 복요리를 배워온 아버지에게서 요리법을 전수하였다. 1955년부터 중앙시장 건어물 골목에서 복요리집을 하다가 1966년 중앙시장 대화재로 2년여 동안 휴업해야만 했다. 그러다가 지금의 먹자골목에서 다시 복요리집을 시작했다.

아버지는 복을 다듬고 어머니는 요리를 맡았다. 아버지가 작고하신 뒤로는 어머니 혼자서 직원들과 함께 식당을 꾸려나갔다. 그런데 1998년 어머니가 가게 다락방 계단을 오르다 구르는 사고를 당해 장기간 병원에서 치료를 받게 되었다. 당시 병원 간호과장이던 큰딸 주 씨는 고민에 빠졌다. 주변에서 서로 인수하겠다고 탐을 냈지만, 부모님이 힘들게 이어온 가게를 외면할 수 없었다.

결국, 주 씨는 출근길에 병원이 아닌 가게로 발길을 돌렸다. 하동집 2대 사장으로서 주 씨는 어머니가 알려주는 대로 복국을 만들기 시작했다. 손님들의 훈수까지 더해져 점점 어머니 손맛을 닮아갔다. 그때부터 복국을 먹으러 오는 단골은 벌써 50대 이상의 나이가 되었다.

주 대표는 더 많은 사람이 복국을 먹기 위해 식당에 찾아오게 할 메뉴 개발에 골몰하였다. 그렇게 해서 젊은 층의 입맛에 맞는 '복비빔밥'이 탄생하였다. 복비빔밥은 김 가루가 담긴 비빔용 대접에 복국의 콩나물과 미나리를 옮겨 담고 밥과 함께 고추장으로 비빈다. 금세 복비비밥은 하동집의 주력 메뉴가 되었다고 했다.

서울 은평구 서오릉로의 '형제상회'는 자동차 부품 도소매업을 30년 이상 해왔다. 그간의 업력을 쌓기까지 가족이 버팀목이 되었다. '형제상회'에서는 마오행 대표와 아내, 처조카, 30대 중후반의 두 아들이 함께 일한다. 자동차 부품의 경우 '형제상회'가 국내 처음으로 인터넷 전문 쇼핑몰을 만들어 판매하기 시작했다고 한다. 온라인 창업은 매우 시의적절한 판단이었다. 10년 이상 운영하는 온라인쇼핑몰 '오형제상사'는 안정적인 수익 기반이 되고 있다. 일반 소비자는 물론 카센터 거래처가 전국에 300여 곳이 넘는다. 구매 물건을 기다리는 고객이 최대한 빨리 받아볼 수 있게 온 가족이 쉴 틈 없이 주문을 받고 박스 포장을 한다. 그리고 하루 두 번씩 택배를 보낸다.

전국의 거래처를 돌며 판매할 때보다 매출이 20배 이상 늘었다. 30년 점포 운영 노하우를 살려 인기 부품만 골라 올리는 방식으로 매출을 20배 이상 끌어올린 것. 쇼핑몰에서 취급하는 자동차 부품과 용품은 약 8만여 가지에 이르고, 하루에 전국으로 배송되는 택배 박스만도 300~400개가 된다.

자동차 부품 업계에 뛰어든 지 50년 가까이 된 마 대표는 그동안 부품 공장들과의 네트워크도 잘 구축해 고객이 원하는 거의 모든 부품과 용품을 구해준다고 했다. 물건을 받은 소비자들이 반품하면 곧바로 처리해준다. 거래하는 공장과도 거래명세서가 오면 바로바로 현금 결제해준다. 이는 마 대표가 신용을 가장 중요시하기 때문이다. 사업하면서 어려운 시기도 있었지만, 신용을 지키고 새 시장을 개척하려는 도전 정신을 통해 지속 성장해 백년가게로 선정될 만큼 성공적인 경영 사례로 평가받았다.

그는 고객의 제품별 선호도에 맞춰 새로운 것을 지향해서 시도해보자는 생각을 항상 갖고 있다. 과감한 도전 정신은 가업을 물려받은 아들에게도 이어지고 있다. 아들들은 변화가 필요한 시기인 것을 감지, 해외시장 진출을 타진 중이다. 아울러 다른 자동차 계통 쪽으로도 마케팅을 넓혀 나갈 계획을 구상 중이다.

고객의 마음을 감동하게 하다

부산의 동래 '할매파전'을 머릿속에 떠올리면 "지글지글" 하는 파전 익는 소리가 들리는 것 같다. 동래 부사가 임금님께 진상했다는 얘기가 전해진다. 기존 파전과 달리 쌀가루를 가미해 반죽하는 대신 무쇠 솥뚜껑에 기름을 넉넉히 붓고 전통방식으로 조리한다. 파전에 들어 있는 풍성한 해산물과 어울리도록 초고추장이 제공된다. 4대째 전통을 이어오고 있는데, 김정희 대표는 미래지향적인 마인드와 우리 음식에 대한 전통을 지키면서도 현대화하려는 데 많은 관심을 기울이고 있다. 30년 이상 사업을 유지하는 혁신성은 "동래부사가 임금님께 진상했다."라는 이야기와 함께 '동래파전' 문화를 이어가고 있다.

군산 구도심의 '이성당' 앞을 지나가면 사시사철 긴 줄이 서 있다. 단팥빵과 야채빵을 사려고 전국에서 몰려든 관광객들이다. '이성당'은 1920년에 일본인이 설립한 '이즈모야 제과점'에서부터 그 역사가 시작된다. 그 후 1945년 이석우 씨가 인수해 이름을 '이성당'으로 바꾸고 70년이 넘는 세월 동안 같은 자리를 지키고 있다.

'이성당' 단팥빵은 만두피처럼 겉은 얇고 속은 가득 채운 팥소로 유

| 군산의 문화 공간으로 시민들에게 사랑받는 백년가게, '이성당'. (사진 : 필자)

명하다. 쌀가루로 반죽해서 식감이 일반 빵보다 훨씬 찰지다. "먹는장사는 맛이 최고"라는 원칙은 이곳에서도 다를 수 없다. 2006년부터 쌀을 원재료로 한 빵을 개발하는 등 국내산 원재료를 사용하여 국내 농가와 상생을 모색하였다. 또, 전화·온라인 주문 도입 등 고객 수요에 맞춘 혁신을 지속해 관광객이라면 반드시 들러야 하는 군산 지역의 대표 관광 맛집으로 자리 잡았다.

'이성당'은 2013년 KBS1TV 기획 특집이었던 「백년의 가게」에 소개되는 계기로 많은 사람에게 주목받기 시작하였다. 하지만 '이성당'은 방송 출연 전부터 유명했다. 1960년대부터 2003년까지 오남례 사장이 '이성당'을 경영했다. 지금의 김현주 대표는 오남례 사장의 며느리다. 오남례 사장은 '이성당' 앞에 진을 치고 앉아 있는 행상들을 귀찮아하지 않았다. 오히려 출출할 때 먹으라고 빵을 건넸다고 한다.

'이성당'이 빵집으로서 최고의 경쟁력을 갖게 된 것은 우리나라에서 오래된 빵집이고 단팥빵이 훌륭한 데다 잦은 미디어 노출이라는 영향도 있었지만, 군산시민을 감동하게 했기 때문일 것이다. '이성당' 단팥빵과 야채빵이 군산의 문화로 주목받고 군산시민의 마음을 감동하게 했기에 오늘날 모든 이들로부터 사랑받는 백년가게가 될 수 있지 않았을까 하는 생각을 해본다.

고객과 끊임없는 소통

울산의 '김영숙 헤어스쿨'은 우리나라 미용업계 최초로 백년가게에 선정된 가게다. 김영숙 원장은 40년 가까이 사업체를 운영하는 동안 틈틈이 수집한 500여 종의 미용 골동품들을 점포 내에 전시하고 있다. 고객은 미용하는 동안 이 색다른 볼거리를 구경할 수 있다. 전통 고전 머리를 주제로 청와대에서 해외공관 관계자를 대상으로 세 차례에 걸쳐 전시회를 개최하기도 하였다.

울산시 미용 최고 장인으로 인정받고 있는 김 원장은 '미용박물관'을 설립하는 것이 꿈이란다. 이제 '김영숙 헤어스쿨'에서 창출하는 미용 기술과 미용용품은 문화로 주목받고 있다.

'문우당서림'은 무작정 책꽂이에 책을 꽂아놓고 손님이 오기만을 기다리는 그런 서점이 아니다. 강원도 속초 시내에 있는 '문우당서림(文友堂書林)' 1층 창가의 '키워드 코너'는 주제별로 도서를 모아놓는 기획 공간이다. 주제는 비정기적으로 바꾼다. 또, 도서를 분류하는 '카테고리 POP' 프로그램을 운용한다. 책꽂이 곳곳에 직원이 직접 작성해 붙여놓은 '도서 추천 편지글'에는 서점의 정성이 돋보인다. 이처럼 '문우당서림'의 매장이 문화 공간으로 변신하게 된 것은 인터넷 서점의 공세 속에서 살아남으려면 더 적극적으로 사업에 임해야 한다는 몸부림에서 비롯되었다.

부친이 갑자기 병석에 눕자 학업을 관두고 1984년 서점을 시작한 것이 지금에 이르렀다고 했다. 가게는 2003년 지금의 바닷가 근처로 옮겼는데, 임대료를 아껴 보다 넓고 쾌적한 서점을 꾸리기 위해서였다. 2017년 리모델링을 거쳐 현재 모습으로 탈바꿈했는데, 연면적 830m² 에 9만여 권에 이르는 책을 보유한 대형 서점으로 발돋움하였다. 그러면서 '문우당서림'은 속초의 사랑방 역할을 톡톡히 하고 있다. 2층 한 '공간'에서는 시 낭송회나 외국인 근로자를 위한 무료 한국어 수업 등 다양한 행사가 열린다.

고전적인 차별화 전략만으로는 백년가게로 내딛기가 부족하다. 단순히 상품을 사는 것만으로 만족하지 못하므로 고객과 끊임없는 소통이 필요하다. 그들은 상징이나 스토리마저 얻고자 한다. '김영숙 헤어 스쿨'이나 '문우당서림'은 기꺼이 그들의 요구에 응답하고 있었다.

＊ ＊ ＊ ＊ 명품 만드는 장인정신을 심화하다

메밀국수와 돈가스로도 명품 인정받아 …

오랜 세월 동안 사람들 사이에서 사용되는 동안 상품적 가치는 물론 고유의 브랜드로 인정받은 고급품을 우리는 명품이라 한다. 기본적으로 명품이라 불리는 상품은 품질이 아주 좋다. 그 품질은 이를 그대로 유지하려고 노력하는 장인정신에서 비롯함은 두말할 필요가 없다.

멸치 곰국의 육수 맛이 일품인, 60년 역사를 가진 경남 김해시 '대동할매국수'가 중소벤처기업부의 백년가게에 선정돼 명성을 이어가게 됐다. 김해시에 위치한 국수 전문점 '대동할매국수'는 주동금 할머니가 1959년 문을 열었다. 구순이 넘은 나이에도 불구하고 주 할머니는 '구포국수'의 전통을 이어가며 앞으로도 명품 국수를 만들어 내고 싶은 욕심이다.

부산 구포동의 이름을 딴 구포국수는 6·25전쟁 직후 피난민들이 몰리면서 값싸고 맛이 좋아 큰 인기를 끌었다. 현재는 「백종원 3대 천왕」과 「맛있는 녀석들」 등 방송에 여러 차례 노출돼 이미 전국적인 명품 음식으로 알려져 있다. 지금도 고령의 주 할머니는 새벽마다 식당에 나와 육수를 내고 맛깔스러운 반찬을 챙긴다. 높은 인지도에도 불구하고 국수 가격은 비교적 저렴하다. 물 국수는 육수를 자작하게 유지하면서 아주 매운 고추와 함께 먹어야 맛있다. 비빔국수는 콩가루, 김 가루, 각종 채소 등으로 맞춤하게 꾸몄다. 게다가 비빔국수에 레몬을 함께 비벼 먹으면 더 맛이 난다고 한다.

조카인 주징청 대표가 맡아 2대째를 이어오고 있는데 김해 시민들은 물론 관광객들이 일부러 찾아오는 맛집 명소가 되었다. 주 대표는 대를 이은 가업이라는 점에 자긍심과 보람을 느낀다고 말한다.

청주의 '공원당'은 지역 맛집으로 유명한 우동, 메밀 전문점이다. 맛과 건강 두 가지 모두를 챙기면서 60여 년째 전통의 맛을 이어가는 가운데, 가업승계 후 SBSTV의 「생활의 달인」 프로그램에 소개되어 세인의 관심을 끌었다. '공원당'의 조원상 대표는 차별화된 비법과 정성으로 판 메밀과 온 메밀 그리고 돈가스 등을 명품으로 만들어낸다.

요즘 사람들에게는 새로운 맛의 경험을, 단골에게는 추억의 맛을 제공하면서 "맛의 달인"으로 불리고 있다. 오늘도 조 대표는 재료를 충분히 충실하게 넣고 제 가족이 먹는 것처럼 안심 먹을거리로 최고의 맛을 내겠다는 신념으로 음식을 준비한다.

고집보다 중요한 건 지식과 경험

부산의 중소벤처기업부 선정 백년가게 1호점은 부산진구에 소재한

'협신전자'다. 1973년 개업한 이래 반세기의 업력으로 가히 국내 전자 부품 변화의 한가운데 자리를 지켜온 산증인이라 할 수 있다. 2대 가업 승계에 이르기까지 특허 1건과 실용신안권 3건을 보유하고 있으며, 자체 개발한 전사적자원관리(ERP) 시스템을 활용, 구매와 판매·관리가 이루어지게 하고 있다.

협신전자는 국제시장 1평짜리 쪽방에서 시작해 성장을 거듭한 지금은 100평이 넘는 사업장을 가지게 되었다. 전포동 전자 상가에 본점과 매장, 서울 구로에 지점을 두고 있다. 중국 심천에도 사무실을 신설, 해외 진출까지 꾀하고 있다. 다양한 부품을 고객이 더 쉽게 구할 수 있도록 대(代)를 이어 연구개발에 끊임없이 매진한 결과다. 즉, 권우현 협신전자 대표만이 지닌 명품 같은 경험 덕분인 셈이다.

그는 전자를 쌀 같은 존재로 여기며, 항상 사람들이 어떻게 또 손쉽게 전자 부품을 구매해 사용할 수 있을지를 고민한다. 그래서 1999년 전자 부품 온라인 쇼핑몰 'ic114'를 열고 남보다 일찍 인터넷 세상을 개척하여 성공을 거뒀다. 평일 쇼핑몰 유입 고객 수가 평균 2만 5,000여 명, 등록된 제품 수는 15만여 개에 이른다.

권 대표는 지금의 협신전자로 성장하기까지 매 순간 노력하면서 고객을 위해 항상 정보를 수집하고 이를 바탕으로 신제품을 개발한다고 밝혔다. 그의 최종 목표는 전자 부품을 쉽게 접할 수 있도록 '전자 부품 백과사전'을 만들어 보급하는 일이란다. 장남 태연 씨를 비롯한 삼 형제에 의한 가족경영을 일구고 있는데, 권 대표는 자식들이 더 넓은 세계로 나가게 경험을 전수하려고 마음먹고 있다.

충북 영동의 영동시장에 위치한 '동양고무상회'에는 가게 벽을 따라 마련된 진열대에 구두와 고무신, 운동화가 빽빽이 들어차 있다. 박준희 사장의 아버지가 6·25전쟁 후 노점을 차리고 여기서만 68년 넘게 장사했는데 그 당시 단골이 지금도 찾아온다고 했다. 가게는 중국에서 고무 관련 일을 하던 그의 할아버지가 해방 후 고국에 돌아와 고무신 장사를 시작하면서 출발하게 되었다. 박 씨 아버지를 거쳐 3대째 운영 중이다.

1970년대 후반, 한국경제가 급속도로 발전하면서 고무신을 찾는 손님이 크게 줄자 경영 위기를 맞게 되었다. 그 후 고무신 비중을 낮추고 신발 종류를 다양화하면서 매출이 다시 회복되었다. 10여 년 전 다시 위기가 닥쳤다. 기능성을 갖춘 메이커 신발이 밀물처럼 밀려오자 눈에 띄게 손님이 줄어든 것. 대응책으로 편한 신발을 찾는 수요에 맞춰 기능성 신발 위주로 상품 구색을 재편하였더니 손님이 다시 찾아들었다. 그의 전략이 맞아 들어간 것은 고집보다 명품 같은 지식과 경험이 있었기 때문이었다. 그는 장사에서 얻은 경험을 기록하고 원리를 생각하는 명품경영을 일궈내, 백년가게를 기약할 수 있었다.

| 오래가게

⋯➡ *p.42*

서울시가 추진하고 있는 '오래가게'는 시민이 뽑은 개인 점포로, '오래된 가게가 오래가기를 바란다'라는 의미가 담겼다고 한다. 서울시는 2017년부터 지난 3년간 전통공예, 생활문화 분야의 총 85곳의 오래가게(2017년 39곳, 2018년 24곳, 2019년 22곳)를 선정하여 지역의 추천 관광명소와 연결한 체험 코스 및 스토리 자원으로 소개해오고 있다. 참여 방법은 서울 스토리(www.seoulstory.kr/) 인스타그램 계정(www.instagram.com/seoulstory_official/) 을 팔로우한 후, 연결된 설문지에 오래가게 추천 정보를 입력하면 된다.

접수된 오래가게 후보들은 전문가 평가 및 현장 검증 등을 거쳐 최종 선정되며, 주변의 재미 있는 관광명소와 이야기들로 연결해 전문 여행지 및 트립어드바이저 등 글로벌 여행 플랫폼 을 통해 소개된다.

• 문의
관광산업과 02-2133-2789, 서울스토리 홈페이지, 서울스토리 인스타그램

• 오래가게 길잡이책
– 2018~2019 서울시 오래가게 가이드북
  http://seoulstory.kr/pdf/20190219_guidebook_ko.pdf
– 2019~2020 서울시 오래가게 가이드북
  http://www.seoulstory.kr/pdf/20192020_guidebook_kr.pdf

＊ ＊ ＊ ＊

| 백년가게 육성사업 ⋯⋯ *p.43*

중소벤처기업부 산하 소상공인진흥공단에서 추진하고 있는 사업(https://100year.sbiz. or.kr). 업력(業歷)이 30년 이상 된 소상공인과 소·중기업을 발굴하여 100년 이상 존속·성장할 수 있도록 육성하고, 성공모델을 확산하기 위한 사업으로 알려져 있다.

1. 신청대상
단일제조업을 제외한 전 업종에 종사하고 있는 업력 30년(신청일 기준) 이상의 소상공인과 소·중기업. 국민 추천제를 활용하면 20년 이상의 점포부터 추천과 신청 가능.

2. 지원 내용
① 컨설팅 : 점포별 부족한 분야를 분석, 맞춤형 컨설팅 지원
② 교육 : 혁신역량 강화를 위한 교육 및 우수 백년가게의 소상공인 교육 강사활동 지원
③ 금융 : 지역 신용보증재단 보증비율(100%), 보증료율(0.8% 고정) 및 혁신형 소상공인 자금 융자금리 우대 〈 *우대조건 : 정책자금 기준금리 + 가산금리(0.6%에서 0.4%p 인하하여 0.2% 적용)〉
④ 홍보 : 백년가게 확인서 및 인증현판 제공, 방송·신문·민간매체, O2O 플랫폼, 박람회 참여 지원 등 온·오프라인 통합, 홍보
⑤ 네트워크 : 주기적인 워크숍 등을 통한 소통, 협력 관계 구축, 선진사례 벤치마킹 연수 등
⑥ 지원 사업 우대 : 중소벤처기업부 지원사업(소상공인 협업 활성화, 소상공인 제품 온라인 판로지원 사업) 신청 시 우대

3. 신청 요건
① 업력 산정 : 신청일 기준 사업자등록증 '개업연월일'을 기준, 가족·타인승계 및 재창업 시 관련 업력 포함 산정 가능(증빙 필수), 동일업종을 영위하더라도 연속성이 있다고 판단되는 업력에 한함. 중소벤처기업부 홈페이지 내 국민추천을 통해 추천된 경우, 업력 기준 20년으로 완화
② 제외 업종 : 사업자등록증에 표시된 업종(업태) 기준, 제조업 외에 업종을 영위하고 있지 않은 단일제조업은 신청 불가, 정책자금 융자제외 대상 업종은 신청 불가

③ 매출 규모 : 하나의 기업이 2개 이상의 서로 다른 사업을 영위하는 경우, 주된 사업(연매출액 비중이 가장 큰 사업)을 기준으로 함. 매출액 규모가 중기업을 벗어나는 경우 신청 불가

④ 독립성 : 대기업 자회사, 프랜차이즈 가맹점 및 대리점의 경우 신청 불가. 프랜차이즈는 본점에 한하여 신청 가능

4. 백년가게 선정 평가지표

기본 평가지표(각 20점)	주요 세부 평가내용
경영자 전문성	경영철학, 경영기법
제품 차별성	고유의 제품 경쟁력, 품질 수준
마케팅 차별성	홍보 노력, 고객 만족 서비스
조직관리·운영	전통 및 점포형태 유지
재무성과(최소기준)	안정적 수익성, 성장성

5. 신청 현황(2021.10.31. 현재)

현재, 18개 업종 구분에 따른 신청 현황을 보면, 음식점업(649), 도소매업(258), 제조업(38), 수리 및 기타 개인 서비스업(71), 숙박업(3), 교육서비스업(2), 농업·임업·어업(1) 등 7개 카테고리의 업종에 걸쳐 총 1,022건이 신청되어 있다.

6. 기타 유사제도

여타 정부 부처와 지자체에서도 중소벤처기업부의 백년가게 육성사업과 유사한 제도들을 운영하고 있다. 대표적인 게 행정안전부의 '착한가격업소', 대구광역시의 '스타가게', 경기도의 '전통시장 명품점포 육성 지원 사업', 부산광역시의 '장수 소공인 지원 백년장인' 등이 있다.

＊ ＊ ＊ ＊

| 소상공인, 자영업자, 소·중기업 ···▶ *p.44*

중소기업은 규모가 작아서 중소기업이라고 한다고 막연하게만 생각하기 쉽다. 2015년 중소기업청에서 '998866'이라는 중소기업 통계를 소개했다. 우리나라 전체기업 3,418,998개 중 99%가 중소기업이고, 전체 근로자 15,344,860명 중 88%가 중소기업에서 근무하며, 전체 인구 51,141,463명 중 66%가 중소기업 가족이라는 사실을 알렸다. 또, GDP의 60%가량을 중소기업이 차지하고 있기도 하다. 이처럼 우리 주변의 대다수의 가계는 중소기업의 울타리에서 생활하고 있다고 보면 큰 무리가 없다.

중소기업은 3년 평균 매출액이 업종별 기준 이하이며, 자산총액 5,000억 원 미만인 영리기업 또는 비영리 사회적 기업을 말한다. 정부 등에서는 중소기업의 규모가 다양해 그 규모에 따라 중기업, 소기업, 소상공인 등으로 구분하여 지원책을 차별화하고 있다. 2016년 이전에는 상시 근로자 수로만 소기업을 구분하였으나, 현재는 2016년 1월 1일 자로 변경된 기준에 따라 중소기업 확인과 같이 규모 기준과 독립성 기준으로 판단한다. 중소기업이 될 수 있는 대상은 영리를 목적으로 사업을 영위하는 기업, 즉 법인인 기업(상법상 회사 등)과 개인사업자다.

소기업은 중소기업 중에서 규모 기준(매출액)을 충족하는 기업이며, 중기업은 중소기업 중에서 소기업을 제외한 기업을 의미한다.

〈주된 업종별 평균 매출액 등의 소기업 규모 기준〉

해당 기업의 주된 업종	분류 기호	규모 기준(매출액)
식료품 제조업	C10	
음료 제조업	C11	
의복, 의복 액세서리 및 모피제품 제조업	C14	
가죽, 가방 및 신발 제조업	C15	
코크스, 연탄 및 석유정제품 제조업	C19	
화학물질 및 화학제품 제조업(의약품 제조업 제외)	C20	
의료용 물질 및 의약품 제조업	C21	
비금속 광물제품 제조업	C23	
1차 금속 제조업	C24	평균 매출액 등 120억 원 이하
금속가공제품 제조업(기계 및 기구 제조업 제외)	C25	
전자부품, 컴퓨터, 영상, 음향 및 통신장비 제조업	C26	
전기장비 제조업	C28	
그 밖의 기계 및 장비 제조업	C29	
자동차 및 트레일러 제조업	C30	
가구 제조업	C32	
전기, 가스, 증기 및 공기조절 공급업	D	
수도업	E36	

농업, 임업 및 어업	A	
광업	B	
담배 제조업	C12	
섬유제품 제조업(의복 제조업 제외)	C13	
목재 및 나무제품 제조업(가구 제조업 제외)	C16	
펄프, 종이 및 종이제품 제조업	C17	
인쇄 및 기록매체 복제업	C18	평균 매출액 등
고무제품 및 플라스틱제품 제조업	C22	80억 원 이하
의료, 정밀, 광학기기 및 시계 제조업	C27	
그 밖의 운송장비 제조업	C31	
그 밖의 제품 제조업	C33	
건설업	F	
운수 및 창고업	H	
금융 및 보험업	K	
도매 및 소매업	G	평균 매출액 등
정보통신업	J	50억 원 이하
수도, 하수 및 폐기물 처리, 원료재생업(수도업 제외)	E(E36 제외)	
부동산업	L	
전문 과학 및 기술 서비스업	M	평균 매출액 등
사업시설관리, 사업지원 및 임대 서비스업	N	30억 원 이하
예술, 스포츠 및 여가 관련 서비스업	R	
산업용 기계 및 장비 수리업	C34	
숙박 및 음식점업	I	
교육 서비스업	P	평균 매출액 등
보건업 및 사회복지 서비스업	Q	10억 원 이하
수리(修理) 및 기타 개인 서비스업	S	

반면에, 소상공인은 소기업 중에서 소상공인 기준을 충족하는 기업을 의미하는데, 소상공인의 구분은 상시 근로자 수로 판단하며, 이는 관계기업을 고려하지 않은 해당 기업만의 근로자 수를 뜻한다.

① 상시 근로자 수가 10명 미만일 것

② 업종별 상시 근로자 수 등이 대통령령으로 정하는 기준에 해당할 것

〈업종별 상시 근로자 수 기준〉

업종	기준
광업·제조업·건설업·운수업	상시 근로자 수 10명 미만
그 밖의 업종	상시 근로자 수 5명 미만

▶ 상시 근로자 수는 근로자 중에서 다음에 해당하는 자를 제외한 자를 말한다(「소상공인 보호 및 지원에 관한 법률 시행령」 제2조 제3항).

① 임원과 일용근로자

② 3개월 이내의 기간을 정하여 근로하는 자

③ 기업부설 연구소 또는 연구개발전담 부서의 연구전담 요원

④ 1개월 동안 정해진 근로시간이 60시간 미만인 단시간 근로자

그럼, 흔히들 이야기하는 '자영업자'의 의미는 무엇일까? 자영업자는 "임금노동자가 아닌 독립적인 경영자이면서 법인이 아닌 개인사업자 형태로 사업을 영위하는 자"를 말한다.

상법에서는 기업을 개인 기업과 회사 기업으로 구분하는데, 바로 그 개인 기업이 수행하는 사업이 바로 자영업이다. 대한민국의 전체 취업자 중에서 자영업자가 차지하는 비중은 점차 낮아져 지난 2018년 기준 21%까지 줄어들었지만, OECD(경제협력개발기구) 평균(15%)과 비교해서는 아직도 높고, 한국보다 비중이 높은 나라는 멕시코, 칠레, 터키, 그리스 등에 불과하다. 자영업자의 비중은 소득 수준에 반비례하며, 일반적으로 1인당 국민소득이 높은 국가일수록 낮게 나타난다.

자영업자와 소상공인의 개념은, 자영업자는 사업체 형식(개인사업자)을 기준으로 말하는 것이고, 소상공인은 사업체 형식이 아닌 사업체의 크기로 말하는 점으로 구별할 수 있다.

✳ ✳ ✳ ✳

| 명문장수기업 확인제도 ···▸ *p.47*

45년 이상 기업을 운영하면서 사회에 기여 하는 바가 크고, 세대를 이어 지속적인 성장이 기대되는 매출 3,000억 원 미만의 중소·중견기업을 명문장수기업으로 확인해주는 제도다. 중소벤처기업부에서 시행하고 있다.

〈사업 개요〉

지원 규모	명문장수기업 확인제도 평가 기준에 부합하는 중소·중견기업
지원 대상	중소·중견기업 중 업력이 45년 이상인 기업으로 경제적·사회적 기여 혁신역량 등이 우수한 기업 ＊중견기업은 매출액이 3천억 원 미만인 경우에만 해당 제외업종 중소기업진흥에 관한 법률 시행령 제54조의3 제1항 등에 따라 아래 명기된 업종은 신청 대상에서 제외(한국표준사업분류상 건설업은 대분류, 그 외 업종은 중분류) 건설업(F), 부동산업(L68), 금융업(K64), 보험 및 연금업(K65), 금융 및 보험 관련 서비스업(K66)
지원 내용	▶확인서 발급, 마크 활용, 기업 홍보, 사업참여 우대 등 ▶명문장수기업 확인서 발급(국문, 영문) 및 현판 제작 부착 ▶명문장수기업 마크 활용(생산제품 부착 및 회사 홍보에 활용) ▶정부포상 등 우선추천 및 방송 및 신문 매체에 기업 홍보 ▶중기부의 수출, 정책자금 등 사업참여 시 우대 및 가점 부여 ▶그 외 국가가 인정한 명예로서 사회적 존경, 대외 인지도 상승, 우수인력 유입촉진, 매출 증대 등 부수적 효과 기대

〈명문장수기업 선정 현황〉

연도	구분	기업명	창업 연도(년)	주요제품
2017년	1	㈜코맥스	1968	통신장비 제조
	2	동아연필(주)	1946	필기 미술용품 제조
	3	매일식품(주)	1953	식료품 제조
	4	㈜피엔풍년	1954	금속가공품 제조
	5	광신기계공업(주)	1967	산업용 압축기
	6	삼우금속공업(주)	1970	금속가공품 제조
2018년	7	삼익전자공업(주)	1969	전광판
	8	㈜한국화장품제조	1962	화장품
	9	㈜화신볼트공업	1964	특수 볼트
	10	㈜미래엔	1948	교과서 및 학습 서적
2019년	11	㈜남성	1965	자동차 오디오
	12	세명전기공업(주)	1962	송배전선로 부품
	13	㈜청주석회	1963	석회석
	14	㈜한국해사기술	1969	선박 설계 및 감리
2020년	15	선일금고제작	1974	금고 제작
	16	㈜유엔아이	1970	필기용 잉크 제조
	17	㈜종합해사	1974	상선 제조 및 선박 수리
	18	한방유비스(주)	1947	소방
	19	이화다이아몬드공업(주)	1975	다이아몬드 제품 공구

자료 : 중소벤처기업부(2020) 자료 종합

✳ ✳ ✳ ✳

| 에노키안협회(The Henokiens Association of Family and Bicentenary Companies) ···▸ *p.63*

에노키안협회는 1981년부터 시작된 모임으로, 세계에서 200년 이상 된 가족 장수기업이 회원사들이다. 에노키안은 구약성서에 등장하는 노아의 증조부 '에녹(Henok, 영어로 Enoch)'이 365년을 살고 죽지 않은 채 천국에 갔다는 내용에서 유래한 이름이라고 한다.

에노키안협회의 회원이 되기 위한 가입 조건은 까다롭기로 유명하다. 회사를 창업한 지 200년 이상이면서 창업자 가족이 현재 경영자이자 소유주여야 하고, 경영지표도 건전해야 한다. 이 밖에도 보험, 부동산 등에 대한 적절한 관리 여부 등 50여 가지에 이르는 체크 리스트를 충족시켜야 가입이 가능하다고 한다.

2021년 현재 회원사는 프랑스, 이탈리아, 일본, 독일, 스위스, 네덜란드, 벨기에 기업 등 총 51개사다. 그중 우리와 친숙한 일본 기업 10개사의 면모를 살펴보면, 기네스북에도 등재된 호시료칸(法師旅館, 718년)(···▸ p.179~190 참조)을 비롯해 나베야(ナベヤ, 1560년), 나카가와 마사시치 쇼텐(中川政七商店, 16~17세기), 토라야(虎屋, 16세기), 겟케이칸(月桂冠, 1637년), 오카야코우키(岡谷鋼機, 1669년), 야마모토야마(千代の寿, 1690년), 자이소(材惣木材, 1690년), 야마사(ヤマサ, 17세기), 아카후쿠(赤福, 1707년) 등이다.

• 홈페이지 : www.henokiens.com

* * * *

| 히든 챔피언(Hidden Champions)　　　　　　　　　　····▶ *p.88*

독일 경영학자 헤르만 지몬(Hermann Simon)의 『히든 챔피언(Hidden Champions)』(흐름 출판, 2008)에서 유래한 용어다. 저자는 "세계 시장에서 최고의 시장점유율을 차지하고 있 지만, 대중에게 잘 알려지지 않은 챔피언급 회사들에 관해 연구해보고 싶어" 저술했고, "그처 럼 독특한 회사들을 위해 서로 모순되는 단어인 '히든'과 '챔피언'을 조합하여 '히든 챔피언' 이라는 용어를 만들어냈다고 한다.

즉, 헤르만 지몬이 주목한 숨어 있는 챔피언은, 대중은 잘 모르지만, 세계 시장에서 경쟁력을 보유한 '중간 규모의 회사들(Mid-Sized Companies)'을 가리킨다. 이 중소기업, 즉 히든 챔 피언은 혁신을 바탕으로 기술력 및 품질 측면에서 특화된 제품을 생산한다. 또한, 이들 히든 챔피언은 유일무이한 거대 기업보다는 "보통 사람들이 배울 수 있는 좋은 본보기이자 따라 할 수 있는 매우 적절한 모델"이라며, "그들은 지극히 평범한 회사지만, 목표에 맞는 적절한 전략들을 개발함으로써 시장에서 선두를 차지한 회사들이 되었기 때문"이라고 설명한다.

1. 히든 챔피언의 조건
① 전 세계의 시장을 지배한다.
② 눈에 띄게 규모가 성장하고 있다.
③ 생존능력이 탁월하다.
④ 주로 대중에게 잘 알려지지 않는 제품을 전문적으로 생산한다.
⑤ 진정한 의미에서 다국적 기업과 경쟁한다.
⑥ 성공을 거두고 있지만, 결코 기적을 이룬 기업은 아니다.

2. 히든 챔피언의 선발 기준(누가 히든 챔피언인가?)
① 세계 시장에서 1위, 2위 또는 3위를 차지하거나, 소속 대륙에서 1위를 차지해야 한다.
② 매출액은 40억 달러(한화로 약 4조 4,000억 원) 이하다. (책에서 거론한 연구 대상 기업들 가운데 90% 이상이 품질 측면에서 이 조건을 충족시켰다고 한다.)
③ 대중에게 잘 알려지지 않아야 한다.

＊　＊　＊　＊

| '가업상속공제' 요건 　　　⋯⋯▸ *p.121*

구분		상속세 요건	증여세 요건
사전요건	개인·법인	개인사업자의 토지, 건축물, 기계장치 및 법인의 주식이 적용 대상	법인의 주식만 적용 대상
	가업 규모	중소+중견기업(매출 3천억 원 미만)	좌동
	가업 업종	제조업, 건설업 등 영위 개인·법인	제조업, 건설업 등 영위 법인
	가업 영위 기간	10년 이상 계속 개인·법인 가업 경영	10년 이상 계속 법인 가업 경영
	최대주주 지분	지분율 50% 이상 보유 (상장 30%)	지분율 50% 이상 보유 (상장 30%)
	피상속인 / 증여자	피상속인 거주자, 최대주주 1인	증여자 거주자, 최대주주 중 1인
		피상속인 나이 제한 없음	증여자 나이 60세 이상 부모
		피상속인 상속 개시일 현재 가업에 종사	해당 사항 없음
		가업 기간 중 50% 이상 또는 사망일부터 소급하여 10년 중 5년 이상 대표이사 등 재직, 가업 기간 중 10년 이상 대표이사 등 재직 후 상속인이 승계하여 상속 개시일까지 계속 재직	해당 사항 없음
	상속인 / 수증자	상속인 : 18세 이상 거주자	수증자 : 18세 이상 거주자
		상속 개시 전 2년 이상 가업 종사	해당 사항 없음
		상속인의 배우자가 18세 이상 거주자, 2년 이상 가업 종사해도 가능	수증자의 배우자 가능
사후요건	단독승계 / 취임	공동 상속 허용	수증자 1인만 특례 적용
		신고 기간 내 임원 취임	신고 기한 내 가업 종사
		신고 기간부터 2년 내 대표이사 취임	증여 후 5년 내 대표이사 취임
	가업 종사	상속인 10년간 대표이사 등 유지	수증자 7년까지 대표이사 유지
		10년간 주된 업종 유지	7년간 주된 업종 유지
		1년 이상 가업 휴업·폐업 등 없음	좌동
	기업용 자산 유지	가업용 자산 10년간 80% (5년간 90%) 유지	해당 사항 없음
	지분 유지	상속받은 지분 10년간 유지	증여받은 지분 7년간 유지
	근로자 유지	정규직 근로자 매년 80%, 10년간 100% (중견기업 120%) 유지	해당 사항 없음
	요건 위반과 추징	상속세 및 이자 상당액 (가산세) 추징	증여세 및 이자 상당액 (가산세) 추징
		위반 기간에 따라 추징세액 경감	해당 사항 없음

자료 : 중소기업중앙회(2018)

＊　＊　＊　＊

| '백년가게' (본문 수록 명단)

⋯⋯➔ p.124

구분	백년가게명	설립 연도(년)	소재 지역	본문 수록(p)
1	영창단조공업(영창망치)	1965	금산	124
2	조정원 해장국집	1964	인천	129
3	지평주조	1925	양평	130
4	비앤테일러	1967	서울	130
5	학화호도과자	1934	천안	132
6	최원프리모	1982	대구	132
7	늘채움(한정식)	1985	전주	133
8	삼거리먼지막순대국	1959 (1976)	서울	135
9	혜화당한약방	1982	정읍	136
10	제일안경원	1991	안산	137
11	하동관	1939	서울	137
12	거구장	1987	통영	138
13	동신위생도기	1966	대전	139
14	미진과자점	1976	진해	141
15	남문소리사	1966 (1979)	전주	143
16	하동집	1965	진주	143
17	형제상회 (오형제상사)	1987	서울	144
18	할매파전	1978	부산(동래)	146
19	(주)이성당	1945 (1978)	군산	146
20	김영숙헤어스쿨	1983	울산	148
21	문우당서림	1984	속초	148

22	대동할매국수	1989	김해	150
23	공원당	1977	청주	151
24	협신전자	1973	부산	152
25	동양고무상회	1969	영동	153

– '구분'은 본문에 게재된 순서입니다.

– 설립 연도 중 괄호 안에 표기된 연도는 중소벤처기업부 산하 소상공인진흥공단의 '백년가게 육성사업'에서 인정한 공식 연도입니다.

✳ ✳ ✳

PART. 02 제2부

또 다른 백년을 기약하는
백년가게

●●● 들어가며

 "저게 저절로 붉어질 리는 없다 / 저 안에 태풍 몇 개 / 저 안에 천 둥 몇 개 / 저 안에 벼락 몇 개 // 저게 저 혼자 둥글어질 리는 없다 / 저 안에 무서리 내리는 몇 밤 / 저 안에 땡볕 두어 달 / 저 안에 초승달 몇 날", 장석주 시인의 「대추 한 알」이라는 시(詩) 전문이다. 대추 한 알, 한 알이 여물기까지의 인고의 시간을 진정 시적으로 표현했다는 생각 이다. 이번 책을 집필하면서 머릿속에 항상 같이 맴돌던 시 구절들인 데, 까닭인 듯 앞의 제1부에서 다룬 "예측 불가한 시대에 돌아보는 백 년가게"를 알아보기 위해 공부하고 집필하는 과정에서 느꼈던 생각을 아주 적절하게 상징적으로 대신 표현해준다고 여겼기 때문이다.

 "그래, 저 가게가 그저 저절로 이루어졌을 리가 없어. 뭔가, 우리가 모르는 사연이나 비결이 있을 거야." 우리는 "전설"로 불리는 백년가 게, 노포 들을 이처럼 스스럼없이 표현하지만, 진즉 마음먹고 알아보지 않으면 알 수 없는 그들의 비결. 책의 앞에서도 여러 번 언급했지만, 그 들의 세대를 뛰어넘는 생존비결은 다름 아닌 초지일관(初志一貫)하는 '기본'에 충실한 자세였다. 그럼, 우리가 언급하고 있는 '기본'이란 무엇 인가? "무슨 일이든지 시작 단계를 총괄하여 기본이라고 한다. 기본은 작고 쉬운 것, 보잘것없는 것, 안 해도 될 것 같은 것 그리고 지루한 것들의 집합이다. 하지만 높은 경지에 오르려면 반드시 지켜야 하거나 거쳐 가야 한다.”(『인성훈련365』, 페이지스, 2018) 인성(人性) 전문 강사 한무룡 님의 '기본'에 대한 정의다. 이 같은 기본의 정의를 신념으로 성실하게 수행하는 곳이 바로 백년가게라는 생각이다. 여기서 '기본'은 최상의 품질, 최고의 고객 서비스, 사회에 대한 선한 영향력 등 회사의 궁극적 경영 철학을 이루어가는 과정의 다른 표현이라 볼 수 있을 것이다.

기본(기본기)에 충실한 그들은 좋은 재료로 명품을 만들기 위해 장인 정신으로 최선을 다한다. 이렇게 이루어진 가게의 정체성을 대를 이어 계승한다. 이들 백년가게를 찾는 소비자들은 그들의 제품과 서비스 그리고 가게에 얽힌 사연(스토리텔링)과 그들에게서 확장된 문화와 문화적 현상까지 공유한다. 그런 한편으로 그 백년가게와는 동류의식(同類意識)까지 느끼게 된다. 단골 소비자들은 이제 곧 백년가게에 “국민가게”, “노포”라는 최고의 자긍심과 명예를 선사한다. 그러면서 그 가게는 세월을 초월하는 이 시대의 고전(古典), 즉 스테디셀러가 되는 과정을 거치며 우리 가까이에 자리 잡게 된다. 내가 나름으로 풀이해본 백년가게의 존재와 계승 방법이다.

* * *

여기 제2부에서는 “또 다른 백년을 기약하는” 세계적인 전통의 백년 가게, 명품 장수기업들 몇몇 곳과 우리나라 기업 한 곳을 살펴볼 예정이다. 백년가게의 천국인 일본에서도 1300여 년의 역사를 자랑하는 대표적 온천여관 '호시료칸(法師旅館, Hoshi Ryokan, 창업 718년)', 세계 최고의 기록만 모아놓은 기네스북이 인증한 세계 최고(最古)의 식당 '레스토랑 보틴(Restaurante Sobrino de Botin, 창업 1725년)', 우리나라에서도 마니아층이 많이 형성되어 있는 세계에서 가장 오래된 필기구 회사 '파버카스텔(Faber-Castell, 창업 1761년)', 최고 품질의 공구(工具)회사들인 '클라인 툴스(KLEIN Tools, 창업 1857년)', '피비스위스 툴(PB Swiss Tools, 창업 1878년)', 세계적인 멀티 카테고리 브랜드 '빅토리녹스(Victorinox, 창업 1897년)', 그리고 공구명가(工具名家)를 자부하는 국내의 '프로툴(PROTOOL, 창업 1968년)' 등이 그들이다.

여기 백년가게들은 장수기업이면서 가족기업인 회사가 지니는 전형적인 특징을 잘 보여주고 있다. 오랜 전통을 바탕으로 '기본'에 근거한 원칙에 충실했고, 핵심적인 가치관을 계승·공유하고, 구성원 모두 부지런했으며, 가문의 전통을 계승하려는 노력도 아끼지 않았다. 그를 바탕으로 전설적인 백년가게로 성장했고, 앞으로도 그 전통을 이어가기 위해 부단히 노력하고 있다.

설립 연도가 우리 역사와 비교하면 대조영의 발해 건국과 비교해 불과 20년밖에 차이가 나지 않는 '호시료칸', 전설 같은 그들의 지나온 역사를 살펴봤다. 또, 마드리드의 역사가 깃든 식당 '레스토랑 보틴', 시그니처 요리를 수 세기에 걸친 전통과 독창성이라는 자부심으로 승화시킨 현장을 느껴봤다. 회사의 역사를 가문의 영광으로 만들어 모든 면에서 자긍심으로 가득 찬 '파버카스텔', 라인맨 로고를 자랑스러운 상징으로 여기며 미국 제조업을 대표하는 '클라인 툴스', 정밀함으로 전 세계를 지배한 스위스 품질의 대변인을 자처하는 '피비스위스 툴', 실용적 기능과 빼어난 디자인으로 전 세계인에게 삶의 즐거움을 선사하는 '빅토리녹스'. 그 면면을 공부하면서 연신 감탄을 했던 기억이 새롭다. 그만큼 부러웠고, 샘도 났다. 그러면서 필자가 운영하는 '프로툴'도 그 대열에 과감히 끼워 넣었다. 지금은 그들과 비교할 수 없겠지만, 앞으로 보란 듯이 그들과 같은 "전설"이 되고자 다짐하기 위해서다(독자들의 이해를 바란다.). 이들의 기업 철학에 대한 실천 노력, 고객과 품질에 대한 무한한 책임감, 그리고 지역사회에 끼치는 선한 영향력 등은 기업을 하는 누구라도 배워야겠다는 생각이 계속해서 머릿속에 그려졌다. 그들의 이야기에서 꼭 잊지 말아야 할 것은 회사를 떠받치는 직원들에 대한 그들의 무한한 책임감과 사랑이었다. 이들은 직원들의 헌신으로 회사가 성장해 나가고 있다는 점을 결코, 잊지 않았다.

* * *

이들, 장수기업들은 필자가 책을 기획하며 나름 준비한 설문조사에 응해준 회사들이다. 원래 설문을 의뢰한 회사는 더 있었지만, 설문에 적극적으로 응해준 회사들만 다루었다. 지면을 빌려 감사함을 다시 전한다. 한 가게나 기업을 살펴보려면 상당한 시간과 논리적 설계를 바탕으로 한 연구가 선행되어야 하지만, 이번에는 임의로 짠 설문을 바탕으로 조사를 진행했다. 설문은 세심하게 문의할 수 없는 관계로 아주 일반적인(?) 질문을 준비했다. 하지만, 아마도 대답해주는 편에서는 신경이 많이 쓰였을 것이다. 이 점은 필자가 운영하는 '프로툴'도 같은 과정으로 설문조사를 했기에 알 수 있었다. 질문이 좋아야 답이 좋은 법인데, 질문에 대한 설계에 아쉬움이 좀 남는다.

우선, 회사의 연혁(沿革)을 부탁했다. 회사의 핵심 사업, 미션, 비전, 핵심가치, 기업문화 등에 대해서도 물었다. 그러면서 회사가 장수기업으로 살아남게 된 비결을 물었고, 장수기업으로서 회사의 영속성을 위해 가장 중요하게 여기는 가치(기업이념, 기업 철학 등)를 물었다. 또, 회사가 겪은 가장 힘든 시련과 사회적 공헌활동에 대해서도 물었다. 나열해보고 나서 결코 답하기 쉬운 설문이 아니라는 걸 알게 됐다.

거창하게 나열한 것과 달리 막상 본문에 게재한 내용은 빈약할 수 있다. 질문에 답해 준 회사들도 자세한 사항은 자신들의 홈페이지를 참조하라고 했다. 잘 모르는 회사의 사람이 갑자기 "들이댔으니" 그럴 만도 하다고 생각했다. 본문에서 설문조사에 응한 기업의 대답은 내용의 많고 적음과 관계없이 그대로 게재했다. 그렇게 하는 게 설문에 응해준 기업에 대한 예의라고 생각해서다. 그리고 설문 외의 해당 기업 관련 집필 사항들은 해당 회사들이 제공해준 자료들과 그들의 홈페이지, 블로그 등을 이용했음을 밝힌다. 이런 일련의 과정에서도 '파버카스텔'의 한국 총대리점인 (주)코모스유통의 이봉기 대표님은 필자의 의도에 적극 호응을 하시고는 여러모로 친절한 답변을 직접 해주셨다. 감사함을 다시 전한다.

174

＊ ＊ ＊

　앞에서도 밝혔지만, 지금부터 소개하는 "또 다른 백년을 기약하는 백년가게"들 이야기는 설문조사가 기본 바탕이다. 하지만, 받아본 설문에 대한 답신은 대략적인 사항만을 알 수 있는 일반적인 대답이었다. 하긴 우문(愚問)에 현답(賢答)을 바라는 게 이상한 것이다. 그렇더라도 글을 위해 사용한 방법의 결과이니 그대로 게재했다. 이 점 유념하시고 봐주시길 바란다. 먼저, 그들에게 보내려고 준비했던 설문지의 원래 내용을 소개하면 다음과 같다.

1. 회사의 연혁(沿革, Company History)을 간단히 알 수 있는 자료를 부탁한다. (검색 사이트 가능)

2. 회사를 소개해 달라.
  - 회사의 사회적 공헌활동 현황
  - 회사의 지역사회와의 관계에서 창출한 사업적 가치(경제적·사회적 이익 모두)
  - 회사의 핵심 사업(Key Business)
  - 회사의 미션(Mission), 비전(Vision), 핵심가치(Core Value), 기업문화(Corporate Culture)

3. 회사를 주위에서 업계의 대표적 장수기업(長壽企業, Longevity

Company)이라 추천한다. 인정하는가?

4. (3번 설문 연계) | 회사가 장수기업으로 살아남게 된 핵심 비결은 무엇이라고 생각하는가?

5. (3번 설문 연계) | 회사가 장수기업으로서 회사의 연속성을 위해 가장 중요하게 여기는 가치는 무엇인가? (기업원칙, 이념, 철학 등)

6. 회사의 창업주로부터 면면히 이어져 오는 회사 운영의 핵심(핵심가치)은 무엇인가?
- 회사가 경영 활동에서 가장 신경 쓰는 부분은?
- 회사를 장수하게끔 견지해 온 대표적 장점은?
- 회사의 미래를 위해 구성원에게 가장 강조하는 사항은?

7. 회사가 창업주로부터 이어져 오며 겪었던 가장 큰 시련은 무엇이었는가?

8. 회사가 생각하는, 장수기업으로 가기 위해 특히 강조하고 싶은 사항을 말해 달라. (현재 경영 중인 회사 CEO나 미래의 회사 경영자들을 위해서)

9. 회사가 생각하는 대표적 장수기업은 어디인가? (업종 관계없이 추천)

그 후, 회사의 무역 팀의 도움으로 일을 진행했는데 질문이 너무 많다는 의견이 개진되어 설문을 간략하게 줄였다. 받은 회신은 다음의 질문에 대한 답변들이다.

 완성 설문 ···

1. 이해를 돕기 위해 회사의 COMPANY HISTORY DATA를 받고 싶습니다. For our better understanding, we would like to receive your company history data.

2. 회사 소개를 부탁합니다. Please introduce your company.
  – 회사의 핵심 사업 Company's core business
  – 회사의 사명, 비전, 핵심가치, 기업문화 Company mission, vision, core values, corporate culture

3. 장수기업으로서 회사의 생존을 위한 핵심은 무엇이라고 생각하십니까? As a longevity company, what do you think is the key to the company's survival?

4. 장수기업으로서 회사의 영속성을 위한 가장 중요한 가치는 무엇입니까? (회사의 원칙, 이념, 철학 등) As a longevity company, what is the most important value for your permanence? (Company principles, ideology, philosophy, etc.)

5. 비즈니스 운영과 밀접한 관련이 있는 회사 운영의 핵심(핵심가치)은 무엇입니까? What is the core value of your company's business?

　– 회사 경영 활동에서 가장 중요한 부분은 무엇입니까? What is the most important part of your company's management activities?

　– 회사를 오래 유지하기 위해 지키는 대표적인 강점은 무엇입니까? What are the main strengths you have maintained to keep your company long?

　– 회사의 미래를 위해 직원들에게 가장 강조하는 것은 무엇입니까? What is the most emphasis on employees for the future of the company?

6. 창업자로부터 물려받은 회사가 경험한 가장 큰 시련은 무엇입니까? What is the biggest ordeal experienced by a company inherited from its founders?

7. 마지막으로, 회사의 사회공헌활동과 지역사회와 회사의 관계를 알고 싶습니다. Lastly, We would like to know your social contribution activities and the relationship between the local community and the company.

1.

말 그대로 전통의 명가, 세계 최고(最古)의 여관

호시료칸(法師旅館, Hoshi Ryokan)

창업 : 718년
홈페이지 : www.ho-shi.co.jp

| '호시료칸'의 전경과 회사 로고. (사진 : 홈페이지)

창업 1400년을 향해가는 '호시료칸'의 대접 방식

이 노포 여관의 창업 연도는 718년. 지나온 세월이 쉽게 가늠되지 않아 한국사 연표와 비교해 보니, 남북국 시대 발해의 창업 연도인 698년과 단지 20년 차이가 난다. 당시 일본은 나라(奈良) 시대로, 비슷한 시기인 720년에 『일본서기(日本書紀)』가 완성되었다. 사실상 지금으로서는 좀처럼 가늠하기 쉽지 않은 세월의 육중함을 느끼게 된다.

'호시료칸'은 장수기업의 천국인 일본의 대표적인 백년가게로, 이시

| '호시료칸'의 옛 모습. (사진 : 홈페이지)

카와 현(石川縣) 코마츠 시(小松市)에 위치한 세계에서 가장 오래된 여관(호텔)이다. 우리에게 '여관'은 규모가 조그마한 숙박업소를 생각하게 하지만, 이 여관은 일본이 세계에 자랑하는 온천여관 중에서도 대표적인 명소로 손꼽힌다. '호시료칸'의 자부심은 그 역사만큼이나 유명인의 방문으로 더 빛난다. 카잔 천황(花山天皇, 968~1008), 유명 정원 설계사인 코보리 엔슈우(小堀遠州, 1579~1647), 하이쿠 시인 마츠오 바쇼오(松尾芭蕉, 1644~1694) 등의 방문은 물론, 지금도 유명 연예인, 운동선수 등의 방문이 잇따른다. 앞의 코보리 엔슈우가 머무는 동안 설계해준 정원은 아직도 보존되어 있다. 지난 1966년에는 '세계 최고(最古) 호텔'로『기네스북(Guinness book)』에 등재되었고, 1987년에는 창업 200년이 넘는 기업에만 허용되는, 프랑스에 소재한 에노키안협회에 가입하기도 했다. 또, 당해 년에 '겟케이칸(月桂冠)' 주조회사와 공동으로 전 세계 20개 가족장수기업이 참가하는 에노키안협회의 총회를 자신의 여관에서 개최하였다. 현재까지 46대 호시 젠고로오(法師善五郎)에 이르기까지 가족경영을 해오고 있는 세계에서도 아주 많이 보기 드문 장수기업이다.

'호시'는 유구한 역사와 더불어 한 잔의 말차(抹茶)로 시작하여 계절의 맛을 만끽할 수 있는 가이세키 요리(懷石料理)와 온천, 숙박으로 이

'호시료칸'이 자랑하는 서비스.
말차 한 잔에서 시작하여 정원, 요리, 온천 등을 즐길 수 있다.
(사진 : 홈페이지)

어지는 서비스가 아주 유명하다. "운치 있는 일본식 정원(庭園)", "식사는 여행의 묘미 중 하나", "호쿠리쿠 최고의 명탕(北陸最古の名湯)" 등의 주제로 소개하는 '호시'의 자랑거리들을 만끽해보라고 자신 있게 권한다. 한편으로 '호시'의 스태프 일동은 자신의 역사를 지켜나가는 것이, 방문하는 수많은 고객에게 일본인조차도 모르는 일본 특유의 아름다움을 알릴 수 있다고 생각한다. 그런 마음으로 날마다 자신들의 전통을 지키는 데 힘을 쏟고 있다고 했다. 게다가 최근에는 접할 기회가 눈에 띄게 적어진 순 일본식 온천여관을 유지해 가는 것이 '호시'의 사명이라고 느끼고 있다. 옛 방법을 그대로 이용해도 고객이 쾌적한 시간을 보낼 수 있다면, 그것이 바로 '호시'가 추구하는 최선의 서비스라고 생각한다. '호시료칸' 스태프 일동은 앞으로도 굳건한 각오로 료칸의 역사와 전통을 이어나갈 생각이라고 했다.

온천여관, '호시'의 시작과 "행복"

오래된 세월만큼이나 '호시료칸'은 회사 창업과 관련하여 유래 깊은 전설이 전해진다.

＊ ＊ ＊

아주 먼 옛날, 수도인 나라(奈良)를 중심으로 불교가 성행했을 무렵, 많은 명승(名僧)이 수행을 위해 인적이 드문 외딴 산에 올랐다. 아무도 올라본 적이 없는 미답(未踏)의 땅인 높은 산에 올라 거기서 선인(仙人,

신선)의 기술을 터득하였던 것이다. 그것이 오늘날 전해지는 산악 불교의 시작이라고 하는데, 그 시작에 참여한 사람이 아와즈(粟津, 훗날 코마츠)에서 유명한 타이쵸 대사(泰澄大師)라고 한다. 타이쵸 대사가 하쿠산(白山) 정상에서 고행을 시작한 지 약 1년 후 어느 날 밤, 신불습합(神佛習合, 일본 전래 신의 신앙과 불교 신앙을 절충하여 융합·조화를 이루는 것)의 신인 하쿠산다이곤겐(白山大権現)이 꿈속에 나타나 계시를 주었다.

"이 백산 자락에서 산천을 넘어 5, 6리 떨어진 곳에 아와즈라는 마을이 있고, 거기에는 약사여래의 자비가 깃든 영험한 온천이 있다. 그러나 아직 아무도 땅속 깊이 숨은 그 영천(靈泉)을 모른다. 수고스럽지만 네가 산을 내려가 아와즈 마을로 가 마을 사람들과 힘을 합쳐 온천을 발굴해, 두고두고 사람들을 돕는 일을 하여라."

하쿠산다이곤겐의 계시를 받은 타이쵸 대사가 즉시 그 지시대로 행동을 취함으로써 아와즈의 온천이 이 땅에 솟아 나오게 된 것이다. 신의 계시를 받고 아와즈로 간 타이쵸 대사는 마을 사람들에게 협력을 부탁하고 힘을 합쳐 영천을 찾아내는 데 성공했다. 그런 후 병든 사람이 그 탕에 몸을 담그자 금세 오랜 병이 나았다고 한다.

이에 타이쵸 대사는 자신의 제자인 가료오 호시(雅亮法師, 아량법사)에게 명하여 탕치숙(湯治宿) 한 채를 짓게 했다. 가료오 호시는 타이쵸 대사를 하쿠산 정상까지 모신 나무꾼 사사키리 겐고로오(笹切源五郎)의 차남(次男)으로 대사의 신뢰가 아주 두터웠다고 한다. 그렇게 만들어진 탕치숙이 바로 '호시'다.

타이쵸 대사로부터 '호시'의 온천탕 지킴이 역할을 맡게 된 가료오 호시는 자신의 양자를 초대 젠고로오(善五郎)* 라 명명하고 '호시'를 세우게 되었다. '호시(法師)'라 불리는 온천여관의 46대에 걸친 역사는 거기서부터 시작되었다고 한다.

*젠고로오 : '호시료칸'의 역대 CEO를 부르는 명칭. 전설에서 타이쵸 대사를 산으로 안내한 나무꾼의 이름에서 따온 것이다. 젠고로오는 변화를 시도하면서도 오랜 시간 견지해온 전통도 지켜야 하는 어려운 과정을 겪어내야 한다.

* * *

이 전설에서 보듯 불교와 일본 전래의 종교에 기반을 둔 '호시료칸'은 우리의 설문에서도 불교와 전래 종교에 대한 존중심을 여실히 드러내는 답변을 주기도 했다. 이들은 이처럼 1300년이 넘은 신성한 힘을 지닌 온천에 대한 자부심이 대단한데, 현재는 상처나 질병의 치료에 사

| '호시료칸'이 자랑하는 온천. 그들의 온천에 대한 자부심은 대단하다. (사진 : 홈페이지)

용하는 경우는 적어졌지만, 탕의 영험한 효과만은 아직도 절대적이라 생각한다. '호시'의 자랑거리는 비단 온천 수질뿐만이 아니다. 계절과 날씨에 따라 변화하는 자연 풍광도 함께 즐길 수 있는 매력 중의 하나로 손꼽힌다. 봄에는 화초의 싹 트는 모습을 지켜보고, 여름에는 나무들의 힘찬 생명력을 느낄 수 있으며, 가을에는 풍요로운 경치를 만끽할 수 있고, 겨울에는 주변 일대에 펼쳐지는 은세계(銀世界)가 몸은 물론 마음속까지 따뜻하게 해준다.

1300년이라는 긴 역사를 통해 만들어 온 것 중 많은 것이 자신들뿐만 아니라 고객을 위해서 있는 것이라고도 생각하는 그들. 고객의 마음을 편안하게 해 감동하고 미소 짓게 하는 것이 '호시'의 "행복"이라고 생각한다고 했다. 또 하나, 영봉(靈峰) 하쿠산(白山)과 광대한 바다에 의해 만들어진 아름다운 자연도 '호시'가 지켜야 할 것 중의 하나라고 생각한다. 그러면서 언제든 '호시'를 방문하더라도 일본 고유의 그윽한 분위기를 지닌 여관임을 느낄 수 있도록 있는 힘을 다해 "역사와 전통"이라는 보물을 지켜나갈 것이라고 했다.

| '호시로칸'의 정원 (사진 : 홈페이지)

'호시료칸'의 사명 선언문(Mission Statement)

'호시' 가문이 추구했던 주요 가치, 즉 종업원에 대한 태도, 정직, 지역사회에
대한 의무 등을 만들어낸 원칙

- 다른 사람에게 예의를 지켜라.
- 결정은 공정하게 하라.
- 권선징악의 원칙에 따라 살라.
- 개인적 의무와 공공 의무를 함께 지켜라.
- 신뢰는 인생의 근본이다.
- 사람들의 뜻을 파악하고 일하라.
- 다른 사람들에게 영향을 미치는 의사결정은 한 사람의 판단에 따르지 말
  고 먼저 관계자들과 상의하여 결정하라.

– 『세계 장수기업, 세기를 뛰어넘은 성공』, 윌리엄 오하라, 예지, 2007

 설문

1. 이해를 돕기 위해 회사의 COMPANY HISTORY DATA를 받고 싶
습니다.

石川県にある粟津温泉 法師旅館

養老二年(718年)の開湯から、「法師」の歴史が始まった文化財

指定の旅館。

https://www.ho-shi.co.jp/

🗂 이시카와 현에 있는 아와즈온센(粟津温泉)의 호시료칸입니다. 요로 2년(718년)에 온천을 개원한 계기로 '호시'의 역사가 시작되었고, 문화재로 지정된 료칸입니다.

https://www.ho-shi.co.jp/

2. 회사 소개를 부탁합니다.

– 회사의 핵심 사업

旅館業

🗂 여관업입니다.

– 회사의 사명, 비전, 핵심가치, 기업문화

「いままでもこれからも長いおつきあい」

創業1300年の老舗旅館として温故知新の精神を忘れずこれからも存続し継続していくこと。

🗂 "지금까지처럼 앞으로도 오랜 교제를"

창업 1300년의 노포 여관으로 앞으로도 온고지신의 정신을 잊지 않고 계속 존속하여 나갈 것입니다.

3. 장수기업으로서 회사의 생존을 위한 핵심은 무엇이라고 생각하십니까?

絶えず地元の方々にご愛顧頂くために、新しい物を採り入れ評判
を得ること　古くからの温泉と庭園を大切にしながら建屋は時代
に即した変化が必要。

　🗋　끊임없이 지역민들께서 애용하시도록 하고, 새로운 것은 받아
들이면서 유서 깊은 온천과 정원의 명성을 이어갈 수 있도록 소중히
간직하는 한편, 건물은 시대 변화에 맞도록 변화를 줍니다.

4. 장수기업으로서 회사의 영속성을 위한 가장 중요한 가치는 무엇입
니까? (회사의 원칙, 이념, 철학 등)

温泉を大事にする事と古い思想(仏教、神教)を大切にし守り続け
ること。

　🗋　온천을 소중히 여기는 것과 오래된 전래 사상(불교, 신교)을 소중
히 지켜 나가는 것입니다.

5. 비즈니스 운영과 밀접한 관련이 있는 회사 운영의 핵심(핵심가치)
은 무엇입니까?

－ 회사 경영 활동에서 가장 중요한 부분은 무엇입니까?

　🗋　(응답 없음.)

－ 회사를 오래 유지하기 위해 지키는 대표적인 강점은 무엇입니까?

仏教、神教全ての宗派を大切にし応援すること。

　🗋　불교와 신교 등 모든 종파를 소중하게 응원합니다.

– 회사의 미래를 위해 직원들에게 가장 강조하는 것은 무엇입니까?

お客様への親切な対応と同時に業者の人達への親切をモットーに
している。

🗐　고객에 대한 친절한 응대와 동시에 업체의 사람들에게도 친절
을 모토로 하고 있습니다.

6. 창업자로부터 물려받은 회사가 경험한 가장 큰 시련은 무엇입니
까?

仏教及び神教を地元の人達や業者に広めることと教えること。

🗐　불교와 신교를 현지인이나 업자에게 알리고 가르치는 것입니다.

7. 마지막으로, 회사의 사회공헌활동과 지역사회와 회사의 관계를 알
고 싶습니다.

田舎であることから、珍しいような事柄を採り入れていくことで
地域の発展を即すこと。

🗐　시골이기 때문에 특별한 일을 통합하여 지역의 발전에 적응하
는 것이 필요합니다.

전통에 대한 자부심으로 고객을 맞이하는,
세계 최고(最古)의 식당

보틴 레스토랑
(Restaurante Sobrino de Botin)

창업 : 1725년
홈페이지 : www.botin.es

| 레스토랑 '보틴'의 전경과 회사 로고. (사진 : 홈페이지 유튜브)

존재 자체가 "역사"이면서 "전설", 현존하는 세계 최고(最古)의 식당

| '보틴'의 「기네스북」 기록 인증서. (사진 : 홈페이
지 유튜브)

CERTIFICATE The oldest restaurant in the world is Restaurante Botin, in Calle Cuchilleros, Madrid, Spain, which opened in 1725 and has been operating ever since; it even retains the original 18# century firewood oven. It is currently run by Gonzalez family.

1725년 문을 연 스페인 마드리드의 칼레 쿠치예로스에 소재한 레스토랑 보틴은 세계에서 가장 오래된 식당으로, 그 이후로 계속 운영되고 있다. 심지어 18세기 때 원래의 장작 오븐을 보유하고 있다. 현재는 곤잘레스 가족이 운영하고 있다.

전 세계 최고의 기록만을 모아 해마다 발간하는 『기네스북(Guinness World Records)』(2005년)에서 인증한 내용이다. 가게 모양의 미니어처와 유명인사의 스토리 페인팅을 식당 전면 유리창에 그려 넣고 이 인증서를 함께 비치해 관광객은 물론 가게를 찾는 모든 이들의 호기심을 자극하는 스페인의 대표적 레스토랑, '보틴'의 이야기다.

"태양의 도시"라 불리는 스페인의 수도 마드리드(Madrid). 마드리드는 스페인 중부 지방인 카스티야 지방으로 이베리아반도의 양 끝 중간 지점에 있고, 물이 깨끗하고 기후가 쾌적하기로 유명해 역사적으로도 왕궁(수도)이 자리 잡은 근거가 되기도 한다. 이런 역사적 의미와 아울러 카페, 제과점, 식료품점, 식당, 이발소 등 거리 곳곳에 자리한 100년 이상 된 가게들을 흔하게 찾아볼 수 있고, 정부에서는 그들을 인증하는 동판을 제작해주고 있다. 이처럼 유서 깊은 상점들이 많기로 소문난 이곳에서 18세기에 문을 열어, 우리가 겪고 있는 코로나 팬데믹이 오기 전까지는 한 번도 쉬지 않고 손님을 맞이한 식당이 바로 레스토랑

'보틴'이다. 예약 없이 찾았다가는 아주 오랜 시간 기다리든지 아니면 식사를 못 할 수도 있는 곳으로 잘 알려져 있다. 약 70명에 가까운 종업원들이 월요일에서 일요일까지, 오전 9시에서 저녁 12시까지, 3팀으로 나누어 하루 2교대로 근무하며, 오래도록 신뢰 관계를 유지하는 거래처로부터 이틀에 한 번꼴로 식자재를 확보한다.

화덕(오븐) 구이로 유명한 이곳의 정식 명칭은 "Restaurante Sobrino de Botin". 이 유서 깊은 식당은 유럽의 여느 유명 장인(匠人)들의 가게처럼 설립자의 이름을 자랑스럽게 내걸고 있다. 이름에서 보듯 이곳은 프랑스 요리사 장 보틴(Jean Botin)과 그의 아내가 18세기 초, 곧 1725년(우리 역사로 보면 조선 영조 2년)에 스페인의 왕실 귀족을 위한 일을 할 요량으로 문을 열었고, 처음에는 '카사 보틴(Casa Botin)'으로 불렀다. 그 부부 슬하에는 후사가 없었고, 그러면서 아내의 조카가 식당을 물려받게 된다. 가게 이름이 "보틴의 조카"인 연유다. 이 식당이 기네스북에 세계에서 가장 오래된 레스토랑으로 오르게 된 까닭도 설립 당시의 상호를 버리지 않고 오늘날까지 유지하고 있어서라고 한다. 그런 뒤, 1930년 경영난에 봉착한 식당을 현재의 곤잘레스 가문의 에밀리오 곤잘레스(당시 식당의 주방장)와 그의 아내인 암파로 마르틴이 인수하여 오늘날에 이르고 있다. 현재는 2세대 안토니오 곤잘레스를 거쳐 곤잘레스 가문의 3세대인 안토니오, 카를로스, 호세 등이 사장과 지배인, 부지배인 등의 역할을 나눠 맡아 운영하고 있다.

오늘날에도 정치, 경제의 중심지임을 쉽게 알게 해주는 거리 이름을 찾을 수 있는 마드리드 구시가지의 마요르 광장(Plaza Mayor) 근처에 있

| '보틴'이 자랑하는 화덕(오븐). 1725년 설립 때부터 오늘날까지 수많은 요리를 만들어냈다. 간판에
도 "HORNO de ASAR(오븐 구이)"라고 쓰여 있다. (사진 : 홈페이지)

어 입지적으로도 접근성이 좋은 '보틴'은, 설립 당시인 18세기의 인테리어와 주요리를 굽는 화덕을 그대로 간직한 채 고객들을 맞이하고 있다. 식당이 들어선 4층 건물은 그 존재가 역사적으로 스페인의 왕궁이 바야돌리드(Valladolid)로 임시 이전한 1590년까지로 거슬러 올라가지만, 옛 모습을 그대로 간직하고 있고, 짙은 체리 빛을 띠는 건물 내부와 그 자체가 볼거리인 소품이나 가구 등은 오랜 시간 손때가 묻어 반질반질해졌다. 식당의 자랑으로 여겨지는 화덕은 식당이 설립된 그해에 만들어져 오늘날까지 요긴하게 쓰이고 있다. 이처럼 고풍스러운 식당의 고혹적인 분위기와 세월을 거슬러 제 몫을 단단히 하는 화덕에서 구워지는 요리의 매혹적인 향기가 아직도 손님들의 발길을 사로잡고 있다.

"품질이 전통", 최고의 통돼지 구이를 찾아가는 조합

하루에 600여 명 이상이 찾아 관광명소로도 자리 잡은 이 식당의 특별한 메뉴는 무엇일까? '보틴'은 자신들 스스로를 "마드리드 최고의 전통요리 벤치마크(benchmark, 기준)"라고 설명한다. 스페인 가정식이 주된 차림인데, 이 식당을 가장 유명하게 해준 메뉴는 카스티야 스타일로 구워내는 '새끼 돼지 통구이 요리'인 '코치니요 아사도(Cochinillo Asado)'. 『포브스(Forbes)』지는 코치니요와 양고기 요리를 예로 들어 이 식당을 세계 10대 클래식 레스토랑 목록에서 3위로 선정하기도 했다.

코치니요 아사도는 원래 마드리드의 북서쪽에 자리한 세고비아(Segovia) 지역의 명물 전통요리다. 새끼 돼지를 먹는 것은 경제적 측면에서 보면 합당하지 않지만, 그 사례는 세계 여러 나라에서 찾을 수 있다. 물론 우리나라에도 요리가 있다. 세고비아의 코치니요는 역사 기록에서도 찾을 수 있는 전통요리로 18세기까지는 귀족들만 즐길 수 있는 요리였고, 20세기 접어들어 사람들의 왕래가 잦아지고 또 당시에 있었던 스페인 내전(1936~1939년)을 거친 후에 정치인, 지식인, 유명인사 등을 통해 널리 알려지게 되었다고 한다. 세고비아의 코치니요는 재료 본연의 맛을 살리는 조리를 하는데, 조리 때는 소금과 올리브오일만 사용한다. 주된 식재료인 새끼 돼지는 태어난 지 3주가 채 지나지 않아야 하고, 사료를 먹기 전 어미 젖만 먹은 새끼만 사용한다. 이런 새끼 돼지를 얻기 위해 어미 돼지는 보리, 옥수수, 콩가루 등만 먹으며 키워진다.

'보틴'의 코치니요는 가게가 문을 열면서부터 사용되어 온 장작 화덕

마드리드의 역사가 깃든 식당, '보틴'의 내부 모습.
짙은 체리 빛을 띠는 식당에서의 경험은 마드리드의 오랜 전통을 마주하는 것과 같다.
(사진 : 홈페이지)

에서 구워져, 식당을 찾는 사람들에게 호기심과 자부심을 동시에 느끼게 한다. 내장과 등뼈를 제거한 새끼 돼지를 통째로 구워 내는데, '보틴'에서는 세고비아 전통의 조리법과 달리 소금 외에도 후추, 물, 라드, 백포도주, 월계수 잎, 양파, 마늘 등과 함께 조리하여 최적의 조합을 찾아 조화로운 맛을 낸다. 새끼 돼지는 떡갈나무 장작 화덕에서 전문 요리사들의 손길 아래 전통적 방식으로 굽다 보니 다 구워지는 데까지 2시간 이상이 걸린다. 하루에 평균 40개 정도를 주문받아 손님상으로 나가는데, 일주일에 서너 번 최상의 새끼 돼지를 세고비아에서 공급받는다. 구릿빛이 돌고 바싹하게 구워진 코치니요는 이제 구운 감자와 함께 통째로 손님 테이블로 나가게 된다. 요즘 음식 맛 좀 아는 사람들이 말하는 "겉바속촉(겉은 바싹하고 속은 촉촉한)"의 요리가 완성된 것이다. 원래는 부드럽게 구워진 살코기를 보여주기 위해 접시 모서리로 요리를 자르는 퍼포먼스를 했다고 하는데, 지금은 손님상에 나가기 전에 잘라서 제공하고 있다. "식당이라는 곳은 추억을 만드는 곳이고, 서로 정을 나누면서 고독을 줄이는 곳"이라 말하는 그들은 이렇게 완성된 '시그니처 요리'를 수 세기에 걸친 전통과 독창성이라는 자부심으로 승화시킨다.

'보틴'이 염두에 두는 것은 '보틴'과 고객의 영원한 관계

스페인뿐만 아니라 전 세계적으로 명성을 떨치고 있는 '보틴'이지만, 최고 운영자인 안토니오는 "최고라고 자부하는 순간 땅으로 추락한다. 끊임없이 노력해야 한다."라며 식당의 운영방침을 긴장감 있게 말

| '보틴'의 시그니처 요리인 코치니요 아사도. (사진 : 홈페이지)

한다. 식당 한쪽 벽에는 "PROYECTO HOSPITALIDAD"라고 쓰인 액자가 붙어 있다. 지금 가게를 운영 중인 형제들의 아버지가 가게를 운영하면서 손수 기록한 식당의 가보(家寶)로, 자식들에게 일러주는 고객 응대 자세를 강조한 글귀들이다. 내용을 살펴보면, "집처럼 편안한 식당, 언제나 환영받는 식당, 서비스 정신이 투철한 식당…" 등, 서비스 접객업을 하는 곳이면 누구나가 상식적으로 알고 있을 내용이다. 우리가 전설처럼 여기는 백년가게들이 항상 추구하는 지속경영의 비법, 곧 '기본에 충실하라'라는 말과 다르지 않다.

항상 일관된 루틴으로 가게 문을 열고 서비스를 하는 '보틴'은 가게

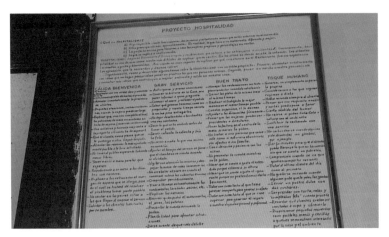

| '보틴'은 2대 안토니오 곤잘레스가 적어 놓은 서비스 정신 글귀를 가보로 계승하고 있다. (사진 : KBS 다큐 「백년가게」 화면 캡처)

를 구경하러 찾는 관광객에게도 출입을 허용한다. 서비스 정신이 철저하게 몸에 밴 운영진과 직원들은 수직적인 상하관계가 아니라 한 식당의 가족 같은 구성원으로 지내면서 서로를 존중하는 모습이 고객들의 눈에도 비칠 정도다. 그만큼 신뢰가 형성되어 있는 것이다. 이 또한 백년가게가 가진 아주 큰 장점 중 하나다. 직원들은 오랜 시간 동안 근속한 직원들이 많은데, 가게는 직원이 원하면 학업과 일을 같이 할 수 있도록 배려한다. 입사 후 상당 기간의 수련 과정이 지나면 자신이 주특기로 할 수 있는 요리를 맡아 마스터가 될 수 있도록 매진한다. 이 같은 주방의 전문성은 최상의 식재료와 함께 식당으로서는 일정한 품질관리와 최상의 경쟁력이 가능해지는 것이다. 또, 식당은 관내 '100년 레스토랑 협회'에서 활동하며 식당 운영에 필요한 정보를 공유하고, 지역의 조리사를 양성하는 대학과는 우호적 신뢰 관계를 유지하며 안정적

200

으로 우수 인력을 확보할 수 있는 바탕을 마련해놨다.

스페인의 왕실과 세계 유명인사 사이에서도 그 명성이 자자한 '보틴'. "한 번이라도 찾은 고객이 세월이 지나도 자기 집처럼 느껴질 수 있도록 돈독한 관계를 유지하기를 원한"다는 '보틴'은 고객들에게 잊을 수 없는 추억을 만들어주고자 한다. 음식 맛은 각각의 취향에 따라 평가가 달라질 수 있지만, '보틴'만의 독특한 분위기와 전통이 기반이 되는 마드리드의 관습과 역사를 손님들이 향수처럼 공유하기를 바라는 것이다.

이를 위해 '보틴'은 자신들의 오랜 역사를 바탕으로 가게를 자주 찾았던 문인, 배우 등을 비롯한 예술인들과 얽힌 사연들을 스토리텔링으로 적극적으로 활용하고 있다. 특히나, 세계적인 문호 헤밍웨이(Hemingway)는 그의 작품 『태양은 또다시 떠오른다』(1926년)에서 "우리는 보틴에서 식사를 했다. 이곳은 세상에서 가장 훌륭한 레스토랑 중 하나다. 우리는 리오하를 곁들여 구운 코치니요를 먹었다(We lunched upstairs at Botin's. It is one of the best restaurants in the world. We had roast young suckling pig and drank rioja alta.)."라고 써 내려갔다. 이 구절은 '보틴'을 세상 사람들에게 가보고 싶은 명소로 알리는 데 여전히 큰 역할을 하게 된다. 이외에도 여러 문인과 그들의 작품에서 얽힌 이야기들을 홈페이지에 별도의 코너로 소개하며 마케팅에 잘 활용하고 있다.

한때 화가 고야(Goya, 1746~1828)가 접시닦이로 일했던 기록에서도 알 수 있듯, '보틴'의 존재는 마드리드의 역사와 궤를 함께한다. 음식 맛은 기본이고 다른 가게에서는 느낄 수 없는 추억과 향수를 느낄 수 있는 곳, 다시 찾고 싶은 레스토랑을 만들고자 하는 곳, '보틴'. 그들이 오랜 세월 명성을 유지할 수 있었던 비결은 전통 방식을 시대 흐름에 맞게 고수했던 것이라고 자부한다. 이를 위해 보이지 않는 곳에서 식당을 위한 마케팅 활동을 끊임없이 강화하고 있는데, 각종 온라인 채널 마케팅을 빈틈없이 준비하려 애쓰고 있다. 동시에 눈에 보이는 가게 내부와 소품, 인테리어 등은 꾸준한 리노베이션으로 변함없이 사랑을 받을 준비를 하고 있다.

 설문

1. 이해를 돕기 위해 회사의 COMPANY HISTORY DATA를 받고 싶습니다.

Botin was founded in 1725, by a French chef called Jan Botin. His family remained until 1930, when my family, Gonzalez Martin, bought the restaurant.

　🗂　보틴은 장 보틴이라는 프랑스 요리사가 1725년에 설립했습니다. 우리 집안의 선대이신 곤잘레스 마르틴(Gonzalez Martin)이 레스토랑을 매입한 1930년까지 그의 가족이 운영하였습니다.

2. 회사 소개를 부탁합니다.

202

Restaurante Botin S.L. is a company developing restaurant business in Calle Cuchilleros 17, Madrid, Spain. Our goal is hosting clients from all over the world. Our main specialty is the Roast Sucking Pig.

⌼ 레스토랑 보틴 S.L.은 스페인 마드리드의 Calle Cuchilleos 17에 자리한, 레스토랑 사업을 하는 회사입니다. 우리의 목표는 전 세계의 고객을 모시는 것입니다. 우리 가게의 주된 메뉴는 Roast Sucking Pig(젖먹이 아기 돼지 통구이)입니다.

3. 장수기업으로서 회사의 생존을 위한 핵심은 무엇이라고 생각하십니까?

Very scrupulous respect to our traditions, food, ambience warm attitude to the client and the feeling of being not only business but also the history of a family, therefore, a way to honor and respect our antecessors' memory.

⌼ 우리의 전통, 음식, 분위기에 대한 매우 세심한 존중과 고객에 대한 따뜻한 태도, 비즈니스뿐만 아니라 가족의 역사라는 느낌은 선조들의 기억을 기리고 존중하는 것입니다.

4. 장수기업으로서 회사의 영속성을 위한 가장 중요한 가치는 무엇입니까? (회사의 원칙, 이념, 철학 등)

As I said before, our relationship with Botin is like a relationship with a beloved person. We live everyday as an effort to make this person-restaurant happy, making our clients happy at the same time.

　🗍　앞서 말했듯이 보틴과의 관계는 사랑하는 사람과의 관계와 같습니다. 우리는 매일, 이 식당을 행복하게 만들고, 동시에 고객도 행복하게 만들기 위해 노력하며 살고 있습니다.

5. 비즈니스 운영과 밀접한 관련이 있는 회사 운영의 핵심(핵심가치)은 무엇입니까?

　- 회사 경영 활동에서 가장 중요한 부분은 무엇입니까?

Our goal is to achieve the biggest possible satisfaction for our clients and friends, not only in gastronomic but also in ambience and friendly treatment, trying to make our clients to feel at home.

　🗍　고객의 만족도를 최대한 높이기 위해 미식가뿐만 아니라 분위기와 친절한 대접을 하는 것과 아울러 고객이 집과 같은 편안함을 느낄 수 있도록 하는 것이 우리의 목표입니다.

　- 회사를 오래 유지하기 위해 지키는 대표적인 강점은 무엇입니까?

In my opinion, we keep our strength because we feel we are in debt with our visitors, when they choice us, having many other good restaurants as an option, they honor us and we have to demonstrate explicitly our grateful attitude.

🗇   우리 생각에, 방문객들에게 신세 지고 있다고 느끼는 것이 우리의 힘의 원천이 됩니다. 고객이 다른 좋은 레스토랑이 있음에도 우리를 선택하는 영예를 주었을 때, 우리는 고객에게 감사하는 태도를 분명하게 보여야 합니다.

– 회사의 미래를 위해 직원들에게 가장 강조하는 것은 무엇입니까?
Emphasis on our employees. To pronto in their mentality that Botin must be, not only, restaurant where people have the best gastronomic experience we can offer, but also a place where people collect moments of their life. We want to remain in a humble little corner of the cortical brain of our clients.

🗇   직원들에게 가장 강조하는 것. 보틴이 최고의 미식 경험을 가질 수 있게 하는 레스토랑일 뿐만 아니라 인생의 매 순간들을 만끽할 수 있는 곳이라는 점을 직원들에게 심어주는 것입니다. 우리는 이런 경험들을 통해 고객의 뇌리에 남아 있기를 조심스레 희망합니다.

6. 창업자로부터 물려받은 회사가 경험한 가장 큰 시련은 무엇입니까?

🗇   (응답 없음.)

7. 마지막으로, 회사의 사회공헌활동과 지역사회와 회사의 관계를 알

고 싶습니다.

Our social contribution to the community is being one more reason to visit Madrid and keep the responsibility of represent with dignity our little contribution to the History of Madrid, specially considering we are included in the Guinness Book of Records, as the oldest restaurant in the world.

🗐　지역사회에 대한 우리의 사회적 공헌은, 특히 우리가 세계에서 가장 오래된 식당으로 기네스북에 등재되어 있다는 점을 감안할 때, 마드리드를 방문하는 이유이고 마드리드의 역사에 대해 우리의 작은 공헌이 품위 있게 책임져야 할 또 하나의 이유가 되고 있습니다.

3.

혁신으로 이룬 지속 가능 경영,
문화가 된 아날로그

파버카스텔(Faber-Castell)

창업 : 1761년
홈페이지 : www.faber-castell.co.kr

| '파버카스텔' 본사와 회사 로고. (사진 : 홈페이지)

세대를 초월해서 계승한, 명문 가족장수기업의 전형(典型)

올해(2021년)로 창립 260주년을 맞는 세계에서 가장 오래된 필기구 회사, '파버카스텔(Faber-Castell)'. 우리의 역사와 비교하면, 조선 21대 왕인 영조(英祖, 1724~1776)가 청계천 준설을 위해 준천사(濬川司)를 세우고 준설 작업을 감행하던 해가 1760년이다. 이렇게 비교하니 그 역사성이 좀 실감이 난다. 회사의 명성과 역량으로 살펴보면, 독일 경제학자 헤르만 지몬이 주창한 '히든 챔피언' 중 하나로, 필기구 분야에서 세계 시장을 지배하고 있는 대표적 장수기업이다. 이를 반영하듯 '파버카스텔'의 국내 총대리점 (주)코모스유통의 이봉기 대표는 "인류가 망하지 않는 한 파버카스텔은 영원히 존속할 것입니다."라고 너무도 자신에 찬 목소리로 이야기를 들려준다.

순전히 개인적인 경험이긴 하지만, 나는 파버카스텔을 해외 출장이나 여행 때 비행기 기내 판매품에서 본 기억이 아주 뚜렷하다. 주변의 지인들에게 줄 선물을 고를 때 고급스러우면서도 실용적인 선물이라 생각했던 기억이 많다. 내 기억을 증명하듯, 파버카스텔의 슬로건이 "Companion for Life(평생의 동반자)"란다. 아주 어려서부터 접하게 되는 연필이나 색연필에 대한 추억은 성인이 되고 나이가 지긋이 먹더라도 소환되기 마련인데, 각인된 기억은 자연스레 그 브랜드를 떠올리게 한다. '파버카스텔'은 인생의 성장 과정마다 좋은 경험을 심어주는 인생의 동반자를 자임함으로써 시장의 리더 자리를 지키고 있다.

'파버카스텔'은 1761년 독일 뉘른베르크(Nuremberg) 근교 슈타인(Stein)에서 캐비닛 제조업자였던 카스파르 파버(Kaspar Faber,

| 나무에 흑연 심지를 넣어 만든 '파버카스텔'의 초창기 연필. (사진 : 〈주〉코모스유통)

1730~1784)가 사업을 시작한 뒤, 오늘날 9세대 오너인 찰스 알렉산더 폰 파버카스텔(Charles von Faber-Castell, 1981~)까지 이어지는 성장 과정을 거쳐오며, 오너 가족이 대를 이어 가업을 승계해온 명문 가족장수 기업이다.

지금의 회사명인 '파버-카스텔'은 1898년 4세대 회장 로타 폰 파버의 손녀인 오틸리에 폰 파버와 독일의 유서 깊은 귀족 가문의 알렉산더 카스텔 루덴하우젠(Alexander Castell-Rudenhausen) 백작의 결혼으로 확립되었다. 파버 가문의 사위이자 6세대 회장이기도 한 알렉산더 폰 파버카스텔은 회사를 1천여 명의 직원을 보유한 글로벌 회사로 성장시켰다. 또, 파버카스텔 성(Castle)을 건설했고, 1905년에는 '파버카스텔'의 스테디셀러 '카스텔9000' 연필을 출시했으며, 현재까지 사용되는 회사 로고인 "싸우는 연필 기사(모든 경쟁사를 고품질 상품으로 이겨낸다는 이미지)"를 고안하게 된다.

'파버카스텔'은 세계 최초로 연필을 만들었고, 굴러가지 않은 육각

형 연필을 개발하였으며, 연필심의 경도(Hard)와 농도(Black) 규격도 처음으로 제정했다. 연필의 표준 길이인 18cm도 이 회사가 규격화했고, 세계 최초로 연필에 브랜드(A.W.Faber) 개념을 도입하기도 했다. 이런 혁신은 "연필의 아버지"로 불리는 로타 폰 파버(Baron Lothar von Faber, 1817~1896) 때 이루어진다.

| "연필의 아버지"로 불리는 로타 폰 파버. (사진 : 홈페이지)

| '파버카스텔'의 연필 박물관. (사진 : 홈페이지)

그는 독일 최초의 보험회사를 설립한 공로로 백작(폰) 작위를 받아 가
문이 귀족으로 승격하게 되는 계기를 마련한다. 한편으로 직원들을 위
한 건강보험, 연금제, 사내 유치원(세계 최초) 등을 도입하여 직원 복지
에 남다른 애정을 쏟는다.

이처럼 세계 최초의 기록과 남다른 성공 비결을 지닌 '파버카스텔'은
숙련공들의 빛나는 노하우를 바탕으로, 현재 10개국에 소재한 생산 공
장과 22개국의 판매회사, 줄잡아 8,000여 명의 종업원이 함께, 한 해에
약 20억 자루의 연필을 만들어가는 글로벌 기업으로 자리매김했다.

장인정신과 혁신으로 이룬 지속 가능 경영

'파버카스텔'은 기업 하는 사람이면 웬만큼 다 아는 "명품" 브랜드다.
"명품은 단지 살 때 가장 비싸다."라고 했다. 그만큼 명품은 오랜 시간
간직하며 사용하고 싶은 물건이라는 뜻이다. 하지만, 명품이 만들어지
기까지는 각고의 노력을 해야만 이룰 수 있다는 것은 누구나 아는 사실

| 장인정신으로 만들어지는 '파버카스텔'의 연필. (사진 : 홈페이지)

이다. 또한 '파버카스텔'은 가격으로 경쟁하지 않는다고 했다. 오로지 품질로만 경쟁하고, 최고의 제품을 생산하는 걸 가장 중요한 과제로 여긴다고 했다.

연필이라고 하는 지극히 아날로그적 사물을 세계적 명품으로 자리매김하게끔 하려면 이 회사의 지나온 시간에는 얼마나 큰 노력이 깃들어 있을까? '파버카스텔'은 아날로그의 가치를 세대를 초월하는 혁신으로 극복해가며 성공 가도를 달리고 있다. 어린이용부터 전문가용까지 쓰임새에 따른 라인별 시리즈를 개발 구비하고 있으며, 최상위 제품 라인인 '그라폰 파버카스텔'은 과거의 전통을 현대적으로 재해석하고 최신 기술을 접목하여 생산하는데, 해마다 '올해의 펜'을 선정, 공개한다.

장인정신을 바탕으로 한 혁신의 '파버카스텔'은 세계적인 아티스트들에게 사랑받는 연필로도 잘 알려져 있다. 빈센트 반 고흐(Vincent

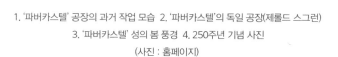

1. '파버카스텔' 공장의 과거 작업 모습 2. '파버카스텔'의 독일 공장(제롤드 스그런)
3. '파버카스텔' 성의 봄 풍경 4. 250주년 기념 사진
(사진 : 홈페이지)

van Gogh)가 그의 친구이자 스승인 네덜란드 화가 안톤 반 라파르트(Anthon van Raffard)에게 보낸 편지에도 등장하는데, 편지에서 묘사된 20센트짜리 녹색 연필이 바로 '파버카스텔' 제품이다. 고흐만이 아니다. '도널드 덕'으로 유명한 미국 만화가 칼 바크스(Carl Barks), 현대 추상화의 시조인 독일 화가 파울 클레(Paul Klee), 샤넬의 부흥을 이끈 최고의 패션 디자이너 카를 라거펠트(Karl Lagerfeld), 노벨상 수상 작가인 귄터 그라스(Gunter Grass)까지 모두 '파버카스텔' 연필을 사랑하고 아끼는 이들로 알려져 있다.

"세계 최초"라는 수식어를 쉽게 찾을 수 있는 회사의 저력을 바탕으로 직원을 재산으로 여기고, 과감한 투자로 이루어진 숙련공들이 만들어내는 명품은 이제 그 누구의 추월도 허락하지 않는다. 쉽게 지나칠 수 있는 디테일에 주목했고 디자인을 혁신했으며, 거기에다 누구나 공감할 감성과 인문학적 가치를 더했다. 앞서 이야기한 4세대 회장 로타 폰 파버가 말한 "나의 관심사는 최고의 제품으로 세계 최상의 위치에 오르는 것이었다."라는 이념을 충실히 구현한 것이다.

'사회적 책임'과 '환경 보호'에도 소홀하지 않아…

'파버카스텔'은 지난 2010년, 대중에게 보여 준 성공적인 산업부문과 함께 문화적 역사의 본보기가 되고, 독일 상품의 브랜드 가치를 높여온 공로를 인정받아 독일 정부로부터 1등급 유공 훈장을 수상했다. 이 같은 회사의 명성은 사회적 책임을 소홀히 하지 않는 회사의 사회공헌활동으로 더욱 빛나게 된다.

'파버카스텔'은 연간 20억 자루의 연필을 생산하는데 필요한 목재(연간 약 15만 톤)를 마련하기 위해 이미 30여 년 전부터 브라질 남동부의 황폐한 지역에 소나무를 가꾸는 산림조성 프로젝트를 시작했다. 15년 이상이 걸려야 사용할 수 있는 목재로 사용할 수 있다고 하니, 당장에 이익만 생각했다면 감히 실행할 수 없는 사업이었지만 '파버카스텔'은 지속 가능한 경영과 사회적 책임을 바탕으로 한 친환경 경영을 위해 실행하게 된다. 이 프로젝트에서 부가적으로 생겨나는 일자리 창출 효과와 이산화탄소 배출량 감소 효과를 인정받아 유엔기후변화협약(UNFCCC)의 인증서를 받기도 했다.

"사업가로서 절대로 미래 세대의 비용을 사용해 이익을 창출하지 않는다."라는 안톤 볼프강 폰 파버카스텔 8세대 회장은 자신의 말을 실천하듯 직접 잉크를 마시는 모습을 방송에서 보여 주기도 했는데, '파버카스텔'은 어린이용 시리즈에는 친환경 수성 페인트를 사용하고 나무에는 방부제를 첨가하지 않는다. 명문 장수기업의 큰 특징 중 하나인 기업의 사회적 책임에도 결코 소홀히 하지 않음을 여실히 보여 준다.

역사와 전통을 자랑하는 세계적인 명문 장수기업 중에서도 단연 돋보이는 '파버카스텔'. 긴 세월 동안 계속해서 성공을 유지하려면 운도 따라야겠지만 무엇보다 그들이 소중히 여기는 가치가 있을 것이다. "'Doing Ordinary Things Extraordinarily well(평범한 일을 비범하게 하자.)' 수 세기 동안 계속되어 온 '파버카스텔' 성공의 바탕에는 이 원칙을 지켜온 것에 있다. 우리는 항상 기업가 정신을 가지고 책임감 있게 행동하며 새로운 아이디어와 수년간의 경험을 가치 있게 사용하였기 때문이다." 안톤 볼프강 폰 파버카스텔 백작의 이 말에 모든 게 함축되어 있었다. 단기적 성과에 연연하지 않고, 가족기업이 가진 가치를 소중히 여기며 장기적인 계획과 혁신적 사고에 기반한 '파버카스텔'은 앞으로도 굳건하리라 생각된다.

 설문

1. 이해를 돕기 위해 회사의 COMPANY HISTORY DATA를 받고 싶습니다.

　　　🗍　산업 분야 : 전문가용 회화 도구와 필기구

　　창립 : 1761년(세계에서 가장 오래된 필기구 회사)

　　창립자 : 카스파르 파버

　　본사 소재지 : 독일 바이에른 주 미텔프랑켄 현 슈타인

2. 회사 소개를 부탁합니다.

　– 회사의 핵심 사업

　– 회사의 사명, 비전, 핵심가치, 기업문화

　　🗍　'파버카스텔'은 1761년 독일 뉘른베르크에서 설립된 이후 여러 세대를 지나면서 중요한 성장 과정을 거쳐왔습니다. 특별한 점은 오

너 가족이 대를 이어 가업을 승계해왔다는 것입니다. 지금은 9대 오너인 찰스 알렉산더 폰 파버카스텔이 바통을 이어받았습니다. 3대 회장까지는 내수 사업으로 커오다가 4대 회장인 로타 폰 파버가 뉴욕, 파리 등 세계로 보폭을 넓히면서 브랜드의 국제화에 초석을 놓았습니다. 그는 회사 경영뿐 아니라 독일 최초의 보험회사를 설립한 공로로 백작(폰) 타이틀을 획득합니다. 파버카스텔 가문이 귀족으로 승격된 것입니다. 이후 '파버카스텔'은 세계 최초로 굴러가지 않는 육각형 연필을 고안하고, 연필심의 경도(Hard)와 농도(Black) 규격을 처음으로 제정하였습니다.

3. 장수기업으로서 회사의 생존을 위한 핵심은 무엇이라고 생각하십니까?

| 8세대 회장, 고(故) 안톤 볼프강 폰 파버카스텔. (사진 : 홈페이지)

⬚　8대 회장이셨던 고(故) 안톤 볼프강 폰 파버카스텔께서는 1990년대 초반에 '파버카스텔'의 대대적인 구조 개혁을 진행하셨습니다. 그때 새로운 전략 콘셉트인 "Companion for Life"를 내세우고 아동에서 성인까지 전 세대를 아우르는 최고의 제품들을 선보여왔습니다. 장수 회사로서 과거의 유산을 계승하고 그 위에 새로운 트렌드와 흐름을 제품에 잘 활용해 나가는 것이 생존을 위한 핵심입니다.

4. 장수기업으로서 회사의 영속성을 위한 가장 중요한 가치는 무엇입니까? (회사의 원칙, 이념, 철학 등)

　　🗇　"평범한 일을 비범하게 잘하려는 노력"과 책임감 있는 기업가 정신. 이것이 파버카스텔이 지난 수 세기 동안 존재할 수 있었던 비결입니다. '파버카스텔'의 철칙은 가격으로 경쟁하지 않는 것입니다. 오로지 품질로만 경쟁해왔고, 고품질 제품을 생산하는 것을 가장 중요한 과제로 인식합니다. 끊임없이 생산 과정을 효율화하면서도 지속 가능한 생산 공정을 만드는 게 핵심입니다. 그동안 쌓아온 노하우가 있으므로 자동차 경주로 치면 포뮬러1에 해당하는 품질을 자랑합니다. 물론 경쟁이 치열한 시장이기 때문에, 혁신기술에 지속해서 투자하는 게 무엇보다 중요합니다.

- 『포브스』, '다니엘 로거 CEO 인터뷰'에서 발췌

5. 비즈니스 운영과 밀접한 관련이 있는 회사 운영의 핵심(핵심가치)은 무엇입니까?

　－ 회사 경영 활동에서 가장 중요한 부분은 무엇입니까?

　－ 회사를 오래 유지하기 위해 지키는 대표적인 강점은 무엇입니까?

　－ 회사의 미래를 위해 직원들에게 가장 강조하는 것은 무엇입니까?

　　🗇　'파버카스텔'의 강점은 원천기술을 바탕으로 한 끊임없는 혁신, 가족경영을 통한 장기적 투자, 철저한 직업교육을 통한 우수 인재 확보로 정리할 수 있습니다.

'파버카스텔'은 'Companion for life', 즉 생활 속 평생의 동반자라는

전략 콘셉트를 기준으로 삼아 제품을 어린이용, 전문가용, 사무용품, 그리고 고급필기구 등 4가지로 세분화시키고 있습니다. 그리고 그 종류만 3,000여 개가 넘습니다. 특히, '파버카스텔'의 색연필로 필기구를 처음 접한 어린아이들이 성장하면서 연필과 펜, 만년필과 노트 등 다양한 '파버카스텔'의 문구류를 접할 수 있도록 유도하고 있습니다. 결국, 파버카스텔 제품은 우리네 다양한 모습의 일상과 문화 속에서 동반자처럼 함께하며, 시대와 세대를 뛰어넘는 영구한 아날로그적 가치를 전해주며 성장을 이어오고 있습니다.

6. 창업자로부터 물려받은 회사가 경험한 가장 큰 시련은 무엇입니까?

▢ 1970년대 초 당시 '파버카스텔'은 독일에서 계산기를 팔았습니다. '파버카스텔' 매출의 30~40%를 차지했었습니다. 하지만, 전자계산기가 발명되자 하루아침에 시장이 없어져 버렸습니다. '파버카스텔'은 이것을 계기로 하나의 제품에 너무 크게 의존해서는 안 된다고 생각했고, 다양한 제품군을 구축하게 됩니다. 어린이가 쓰는 제품부터 사무실, 아티스트 용품, 프리미엄 라인 등 여러 가지로 구성했습니다. 곧, 글로벌하게 다각화를 시도해온 것입니다.

7. 마지막으로, 회사의 사회공헌활동과 지역사회와 회사의 관계를 알고 싶습니다.

▢ '파버카스텔'은 연간 100만 그루 이상의 나무를 심는데, 산림 조

성 면적만 1만 2000ha에 달합니다. CO_2 배출보다 저감을 위해 많은 일을 하는 몇 안 되는 기업입니다. 1840년대부터 직원들을 위한 건강보험과 연금제, 사내 유치원 등을 도입하는 등 직원 복지에 힘쓴 결과, '파버카스텔'은 현재까지 숙련공들의 노하우를 바탕으로 10개 국에서 15개 공장을 운영하며 120개국에 제품을 수출하고 있습니다. 전형적인 기술집약형 중견기업인 '파버카스텔' 본사는 창업자인 카스파르 파버가 살던 성을 그대로 사용하고 있습니다. 기업이 커지면 본사를 대도시로 옮기고 공장을 인건비가 싼 해외로 이전하는 다른 기업과 달리 '파버카스텔'은 250년 넘게 여전히 고향을 지키는 지역경제의 버팀목입니다.

'파버카스텔'의 설문에 대한 답변은 본사를 대신하여 국내 총대리점인 (주)코모스유통의 이봉기 대표께서 해주셨습니다.

4.

부러진 펜치에서 시작,
공구명가를 이뤄…

클라인 툴스 (Klein Tools)

....

창업 : 1857년
홈페이지 : www.kleintools.com

| 1904년에 제작된 '클라인 툴스'의 플라이어와 회사 로고. (사진 : 홈페이지)

"Made in USA"에 대한 자긍심, 미국 제조업을 대표하는 수공구 명가

공구를 다루는 전문가들 사이에 '펜치(플라이어)'로 잘 알려진 '클라인 툴스(Klein Tools, Inc.)'. 미국 일리노이(Illinois) 주 링컨셔(Lincolnshire)에 본사를 두고 있으며, 전문 기술자를 위한 최고 품질의 수공구를 생산하는 회사다. 한때 "클라인(Klein)"은 미국 전기 기술자들 사이에서 플라이어(Plier)의 일반명사로 쓰일 정도로 유명했으며, 또 클라인의 플라이어는 회사 탄생의 숨은 이야기에서도 찾을 수 있는 그들의 자존심과 같은 공구 중 하나다.

1857년 설립 후 164년(2021년 기준)이 넘는 연륜을 지닌 '클라인 툴스'는, 독일의 한 이민자였던 마티아스 클라인(Mathias Klein)이 미국 시

| '클라인 툴스'의 가족 경영진. (사진 : 홈페이지)

카고의 번화한 다운타운 상업 지구에 작은 대장간 가게를 열면서 그 기원이 시작된다. 이후 후손들이 가업을 이어받아 직계 자손들이 회사의 모든 사업 부문에 활발히 참여하고 있는, 6세대째 가족이 소유하고 관리하는 회사다. 그들은 "클라인(Klein)"이라는 이름이 회사의 명칭일 뿐만 아니라 가족의 이름이기도 해 자신들의 모든 상품에 대해 자부심을 지니고 있다고 했다. 회사에 대한 그들의 기여는 가족의 이익을 훨씬 넘어서서 회사의 충성스러운 고객 관리와 헌신적인 인력을 유지하고 성장시키는 데 중점을 두고 있었다.

창립 이후 '클라인 툴스'는 미국에서만 공구를 제조해왔으며, 클라인의 제품군이 160여 년간 이어지는 그런 전통을 지키는 것이 중요하다고 여기고 있다. '클라인 툴스'는 미국 제조업에 계속 투자하며, 전기 기술자들 사이에서 가장 인기 있는 업체로 자리 잡는 데 회사의 역량을 쏟고 있다. 또한, '클라인 툴스'는 전기 및 유틸리티 애플리케이션에 초점을 맞춘 전 세계 유일의 주요 공구 제조업체로 알려져 있는데, 미국에서 전기 응용 분야에 사용되는 수공구와 관련 제품을 생산하는 제조업체 중 그들보다 더 많은 품목을 생산하는 업체는 없다고 한다. 이런 회사의 노력은 지난 2018년 미국을 대표하는 50개 회사의 미국산 제품을 보여주는 'Made in America Product Showcase'에 일리노이를 대표하여 초대되는 영광을 가지게 되었다.

한편, 미국 내 제조업 투자에 대한 그들의 약속은 미 전역 6개 주에 걸쳐 8개 시설을 갖추고 있는 것만 보아도 충분히 알 수가 있는데, 여기에는 시카고 교외에 있는 본사와 텍사스 맨스필드에 소재한 세계적

1. 맨스필드 제조본부 준공식에 참석한 임직원.
2. 과거, '클라인 툴스'의 플라이어 광고. (1921년)
3. '클라인 툴스'는 매년 '올해의 전기기사'를 선정해 수상한다.
사진은 2020년 수상자 존 키니(John Kinney).
(사진 : 홈페이지, 블로그)

수준의 최첨단 단조 시설인 제조본부도 포함되어 있다.

부러진 절반의 플라이어, 수공구 전설의 시작

160여 년 전 미국에서 유래한 이 "전설"의 시작은 마티아스 클라인 (Mathias Klein)이 "클라인스"의 첫 번째 쌍(플라이어)을 만들면서 시작 된다. 1857년 독일에서 미국으로 이민 온 마티아스는 서쪽으로 이동해 서 시카고의 번화한 상업 지구에 가게를 열었는데, 이 당시 미국의 통 신 업계는 기울어진 전신주에 몇 가닥의 전선을 설치하는 것이 전부였 던 상황이었다. 어느 날, 보선공(保線工, lineman)이 파손된 사이드 커 팅 플라이어를 마티아스의 단조 공장으로 가져왔다. 마티아스는 공구 에 새로운 절반 부분을 단조하고 마감해서 리벳으로 고정했고, 보선공 은 수리된 공구를 가지고 돌아갔다. 얼마 지나지 않아 이제는 나머지 절반도 파손되었기에 보선공이 다시 찾아왔고, 마티아스는 두 번째 절 반 부분을 단조, 가공해 최초의 완전한 '클 라인 플라이어'를 탄생시켰다. 이 이 야기의 근거는 클라인 툴스의 로 고를 보면 알 수 있는데, 로고에 는 보선공(라인맨)이 전신주에서 일하고 있는 모습이 새겨져 있다.

물론 1857년 이후로 세상은 크게 발전했다. '클라인 툴스'도 그 이후로

| '클라인 툴스'의 로고. 전신주와 라인 맨이 보인다. (사진 : 홈페이지)

부터 오늘날까지 미국제 전문 수공구 제품을 생산해 왔고, '클라인(Klein)'은 전기 분야에서 전문가들이 가장 선호하는 수공구 브랜드가 되었다. 오늘날, '클라인 툴스'는 300명 이상의 직원이 일하고 있고, 매출 12억 달러(2020년 기준) 이상의 규모

| '클라인 툴스' 툴키트. (사진 : 홈페이지)

를 지닌 제조업체로 성장했지만, 여전히 전문가의 요구 사항을 충족하기 위해 고민하면서 전문가의 품질 표준에 부합하는 제품을 생산하려 노력하고 있다.

가족의 이름이기도 한 '클라인'은 제작하는 모든 것에 자부심을 지니고 있었고, 각 분야의 전문 장인이 사용할 공구를 제공하는 것보다 더 좋은 일은 없다고 생각하고 있었다. 다시 말해, 단지 좋은 제품만 만드는 것이 아니라, 그것을 매일 사용해야 하는 전문가의 요구에 부응하는 최고의 제품을 만들고 있었다. '클라인'의 제품 표준은 고객의 요구만큼이나 높아, 모든 수공구는 고객이 업무를 완료하기에 필요한 각종 성능, 내구성, 정밀성 등을 제공할 수 있도록 제작된다. 고품질의 재료와 최상의 조립 기술을 사용함으로써 엄격한 표준을 준수할 수 있다. 오늘날의 '클라인 툴스(Klein

| '클라인 툴스' 프로 폴딩 육각키 세트. (사진 : 홈페이지)

Tools)'는 "클라인 플라이어" 이상을 의미한다. 클라인의 라인업에는 스크루 드라이버, 너트 드라이버, 와이어 풀링 및 스트리핑 공구, 크림 핑 공구, 가위, 케이블과 볼트 커터, 도관 벤더 외에도 165가지 유형의 펜치를 포함하여 3,800개 이상의 다양한 공구가 포함되어 있다. 제품 라인은 주력인 전기 및 통신 분야 외에도 건설, 전자, 광업과 일반 산업에 사용되는 거의 모든 유형의 주요 수공구를 망라한다.

전문가 품질의 제품을 생산하는 선도적인 업체로 클라인의 명성은 전 세계에 널리 알려져 있고, 고품질의 클라인 제품은 전 세계의 특정 시장에 필요한 제품을 대리점과 유통업체 등 각 네트워크를 통해 공급하고 있다.

수공구의 전설 '클라인 툴스'에는 지난 160여 년 동안 변하지 않은 두 가지가 있다. 하나는 '클라인 툴스'의 사명(Mission)으로 항상 최고 품질의 공구를 제조하는 것이었고, 또 하나는 업계에 대한 한결같은 열정으로 클라인 가족이 회사를 이끌어 가는 것이다. 그것은 160여 년의 역경을 견딜 수 있었던 '클라인 툴스'의 지난 역사이기도 했다.

설립자 마티아스 클라인(Mathias Klein)의 숨은 이야기

인생에서 새로운 경력을 쌓아가는 첫 단계는 성공에 필요한 기술과 지식을 습득하는 데 드는 수년간의 경험과 그에 따르는 인내심이다. 그 과정에서 잘 알려지지 않은 수많은 도전과 결단은 예상보다 훨씬 더 큰 성과를 이루어내기도 한다.

| 설립자, 마티아스 클라인.
(사진 : 홈페이지)

마티아스 클라인(Mathias Klein)의 숨은 이야기도 수많은 도전과 끊임없는 노력 그리고 자랑스러운 업적으로 가득 차 있다. 이는 오늘날의 상인에게도 낯설지 않은 일이다. 성공이 쉽지만은 않지만, 시간과 노력을 들이는 모든 과정은 그만한 가치가 있는 것이다. '클라인 툴스'의 설립자인 마티아스의 이야기가 이런 교훈을 잘 보여준다. 160여 년의 '클라인 툴스' 역사에서, "고품질 혁신 제품"이라는 전통의 시작인 마티아스의 성공을 위한 항해를 자세히 살펴보자(물론, 그도 자신의 도전과 노력이 이후 수 세기 동안 전 세계 상인에게 미칠 영향을 결코 예상할 수 없었다.).

＊ ＊ ＊

마티아스는 1848년 '미국'이라는 새로운 가능성의 대륙을 향해 항해를 시작했다. 39일간의 여정은 폭력과 위험, 폭풍과 빙산 등의 두려움으로 점철되었지만, 풍부하고 새로운 경험을 하면서 마침내 뉴욕에 도착했을 때 그는 성공을 갈망했다. 그러나 영어를 하지 못했기 때문에 처음에는 직업을 찾기가 어려웠다. 3주 동안 일을 하지 못하다 여관에 하인으로 취직했고, 다시 한 달 만에 포경선의 대장장이로 계약을 맺게 되었다.

마티아스의 첫 포경선 여정은 1848년 8월에 시작되었다. 그의 주요 업무에는 승선원의 칼이나 작살, 기타 도구를 단조하고 연마하는 일이 포함되었다. 바다에서 2년을 보낸 후 마티아스는 돈을 모았고 영어도 배우게 되었는데, 이때의 경험이 이후 그의 성공에 크게 영향을 미치게 된다. 육지로 돌아온 후 마티아스는 필라델피아에서 대장장이로 일했다. 그는 새로운 가족과 함께 편안한 삶을 살았지만, 더 큰 기회에 대한 야망을 버리지 않았다.

1855년 마티아스는 필라델피아를 떠나 교통 및 통신 산업의 붐으로 숙련된 근로자에게 큰 잠재력을 제공하던 시카고로 향했다. 2년 후, 그는 자신의 가게를 열었고, 제 발로 찾아온 다양한 고객을 위해 대장장이, 자물쇠 수리공 등으로 일했다. 그의 고객 중 상당수는 공구 수리를 요청하는 상인이었는데, 처음부터 이 공구는 도시를 건설하는 데 사용되었다. 이후 과정은 다 알고 있는 그의 역사다.

1854년 10월 9일 마티아스 클라인은, 도움이 필요한 보선공을 위해 첫 번째 클라인 플라이어 쌍을 만들기 불과 3년 전에 미국 시민권을 취득했다. 이후 60년 동안 마티아스는 고품질 수공구의 유산을 남기게 된다.

* * *

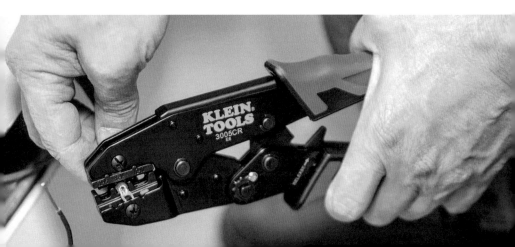

설문

1. 이해를 돕기 위해 회사의 COMPANY HISTORY DATA를 받고 싶습니다.

    🗐 (응답 없음.)

2. 회사 소개를 부탁합니다.

  – 회사의 핵심 사업

Since its founding in 1857, Klein Tools, a family-owned and operated company, has been designing, developing and manufacturing premium-quality, professional-grade hand tools. Klein is the only major tool manufacturer worldwide focused on electrical and utility applications.

    🗐 1857년에 창립된 이래 가족 소유 및 운영 회사인 Klein Tools는 프리미엄급 전문가용 수공구를 설계, 개발 및 제조해왔습니다. Klein Tools는 전 세계에서 유일하게 전기 및 유틸리티 애플리케이션에 중점을 둔 주요 공구 제조업체입니다.

  – 회사의 사명, 비전, 핵심가치, 기업문화

Quality is the foundation in which all of Klein Tools is built. That never changes. However, we've innovated and grown over the years to be responsive to our distributors, professional tradesmen and industries, but with every change we ensure that our obsession to quality stays the same.

Because we are a family-owned and managed business, we understand - more than most companies -the value and power of a tightknit group of people focused on the same goals. At Klein Tools, our family of dedicated and experienced people is loyal to more than just our company - they are fiercely devoted to achieving the highest level of craftsmanship.

☐ Klein Tools의 사명은 항상 최고 품질의 공구를 제조하는 것이며, 이러한 기준은 절대 바뀌지 않습니다. 우리는 유통업체, 전문 상인, 산업과 함께 수년 동안 혁신하고 성장해 왔으나 품질에 대한 집념만은 바뀌지 않았습니다.

가족에 의해 운영되는 기업이라는 특성 때문에 같은 목표를 가지고 일하는 사람들이 지닌 가치와 힘을 다른 회사들보다 더 잘 알고 있습니다. Klein Tools에 헌신적이고 경험이 풍부한 우리 가족은 이 회사를 넘어서, 최고 수준의 장인정신을 기르는 데 열성적으로 헌신하고 있습니다.

3. 장수기업으로서 회사의 생존을 위한 핵심은 무엇이라고 생각하십니까?

We know that few family businesses survive past the third generation, whether they are sold, acquired or go under. Klein

Tools now has its fifth and sixth generations of family members on board, with the seventh generation down the road. Because we are a multigenerational family-owned and managed business, we understand - more than most companies - the value and power of a tightknit group of people focused on the same long-term goals.

We have had to retool our strategy along the way to remain relevant and to adapt to changing demographics, changing shopping habits and changes in our industry, but the family has remained focused and committed to the company's ongoing success.

For example, in the early 1990s, Bernie Marcus, one of the founders of Home Depot, visited Klein Tools to persuade us to sell our products there. We weren't convinced at first that our lineup of high-quality tools would fit in at Home Depot, but, by 1996, we had changed our distribution strategy and Home Depot became natural expansion point. We faced the same challenge with Amazon recently. As business shifts away from some of our traditional customers, like Grainger, we've found that growth through online merchants, like Amazon, is essential to staying in front of our customers.

We've also had to change the way we go to market over the

years. Recently, we had a push for more channel-specific efforts to capture tradespeople in similar, but different, trades as electricians. We established new channels for HVAC, Construction and Ironworkers, recently, dedicating resources to develop and market products to these unique audiences.

Through all of the different strategies and tactics that we've employed over the last 160 years, Klein Tools' core business and beliefs have not changed that much. Our production looks a bit different now that we have robots and automated systems, but two important things haven't changed from the time my great-great-great grandfather founded the business : the company's commitment to manufacturing the highest-quality tools in America and our family's promise to be good stewards of the legacy.

🗋　대부분의 가족 사업이 3세대를 지나지 못하고 판매, 인수 또는 합병됩니다. Klein Tools는 이제 5세대와 6세대 가족 구성원이 함께 하고 있으며, 7세대의 길을 열어가고 있습니다. 우리는 장수 가족기 업으로서 소유하고 관리하며 사업을 하는 관계로, 같은 목표를 가지고 일하는 사람들이 지닌 가치와 그 원동력을 이해하고 있습니다.

우리는 변화하는 인구 통계, 쇼핑 습관 및 업계 변화에 대응하기 위해 전략을 재정비해야 했고, 우리 가족은 회사의 지속적인 성공에 계속 집중하고 헌신했습니다.

예를 들어, 1990년대 초, 홈디포(Home Depot) 창립자 중 한 명인 버니 마커스(Bernie Marcus)가 Klein Tools를 방문하여 제품 판매를 설득했습니다. 처음에는 고품질 공구 라인업이 홈디포에 적합할 것이라고 확신하지 못했으나, 1996년 유통 전략의 변경과 함께 자연스럽게 홈디포로 제품 판매를 확장하게 되었습니다. 또한, 최근 우리는 아마존(Amazon)과 함께 새로운 시장에 도전하고 있습니다. 그레인저(Grainger, 글로벌 MRO 업체)와 같은 기존의 전통적 고객들로부터 비즈니스가 소원해지면서, 고객들 곁에 머물기 위해서는 아마존 같은 온라인 판매처를 통한 성장이 필수적이라는 것을 알게 되었습니다.

또한, 수년에 걸쳐 시장 진출 방식을 바꿔야 했습니다. 최근에 우리는 전기 기술자와 비슷하지만 다른 거래처에서 상인을 사로잡기 위해 더 많은 개별화된 노력을 추진했습니다. 우리는 최근 HVAC(공기 조화 기술), 건설 및 철공 작업자를 위한 새로운 채널을 구축하여 이러한 고객층에게 제품을 개발하고 마케팅하기 위한 자원을 제공했습니다.

지난 160년 동안 다양한 전략과 전술을 거쳐 왔으나 Klein Tools의 핵심 사업과 신념은 크게 바뀌지 않았습니다. 로봇과 자동화 시스템을 갖추고 있어 제조 과정은 달라졌지만, 우리의 위대한 할아버지께서 사업을 시작했을 때와 바뀌지 않은 두 가지가 있습니다. 미국에서 최고 품질의 공구를 제조하려는 회사의 약속과 대대로 내려오는 가업을 잘 관리하겠다는 우리 가문의 약속입니다.

4. 장수기업으로서 회사의 영속성을 위한 가장 중요한 가치는 무엇입니까? (회사의 원칙, 이념, 철학 등)

To provide professional tradespeople with tools and solutions that enable the highest levels of performance and safety.

　　전문가에게 최고 수준의 성능과 안전을 보장하는 공구와 솔루션을 제공하는 것입니다.

5. 비즈니스 운영과 밀접한 관련이 있는 회사 운영의 핵심(핵심가치)은 무엇입니까?

These five values make the difference. Teamwork, Quality, Innovation, Customer Obsession, and Ownership.

There are many other guiding principles that govern how we do business, but they also govern how every other company should run their business. We cannot focus on all of them. We need to focus on what makes us unique and gives us a strategic advantage in the market.

　　팀워크, 품질, 혁신, 고객 집중 및 오너십, 이 다섯 가지 가치로 다른 기업들과의 차이를 만듭니다. 사업을 진행하는 데는 필요한 보편적인 여러 지침이 있으나, 이러한 지침들은 다른 회사들도 적용하고 있는 사항입니다. 하지만, 모든 지침에 집중할 수는 없습니다. 우리는 우리를 차별화시키고 시장에서 유리하게 할 수 있는 지침들에 초점을 맞춰야 합니다.

– 회사 경영 활동에서 가장 중요한 부분은 무엇입니까?

Ensuring that we are all aligned and have a common goal is the best way to ensure that we are going to be successful in the long run.

🗋　구성원 모두가 일관된 공통의 목표를 갖도록 하는 것이 장기적으로 성공할 수 있는 가장 좋은 방법입니다.

– 회사를 오래 유지하기 위해 지키는 대표적인 강점은 무엇입니까?

Many of our competitors are larger, publicly traded companies with deeper pockets and larger teams. However, we are a driven company that is nimble, experienced and focused on long-term success. Therefore, despite the competitive market challenges, we are confident in our future and ability to control our own destiny.

🗋　많은 경쟁 업체들은 규모가 크며, 더 큰 규모의 공개 상장 회사도 있습니다. 그러나 우리는 민첩하고 경험이 풍부하며 장기적인 성공에 중점을 둔 가족 중심의 회사입니다. 따라서, 경쟁이 치열한 시장임에도 불구하고 우리는 우리가 나아갈 방향을 스스로 통제할 수 있다고 자신합니다.

– 회사의 미래를 위해 직원들에게 가장 강조하는 것은 무엇입니까?

We have over 100 employees in our esteemed "25 Year Club,"

so our workforce has unparalleled tool and manufacturing knowledge and skills to craft superior one-of-a-kind tools.

And Klein Tools is loyal to our American workers. We invest much more capital to keep our operations here and employ more Americans, than we would if we outsourced or moved our base of operations outside the U.S. Thus, by doing so, we keep the production line vertical··· and Mathias' legacy alive.

When you become part of Klein Tools, it's about more than a job. There's a genuine sense of family, pride and ownership that comes with working here. Our success as a company - is a direct reflection of our people. People who work together − to create the premier brand in hand tools − People who achieve their best − in a dynamic and challenging environment − People who feel supported by their company - every step of the way. The people that make up Klein Tools are a team in every sense of the word.

If you have the commitment to succeed - with a company known as an industry leader − you can have a bright future here.

🗂 우리는 존경하는 "25Year Club"에 100명 이상의 직원을 보유하고 있을 정도로 직원들은 탁월한 공구를 제조할 수 있는 지식과 기술을 보유하고 있습니다.

238

Klein Tools는 미국 내 생산을 우선합니다. 우리는 사업체를 미국 이외의 지역으로 아웃소싱을 하거나 이전하기보다는 더 많은 자본을 투자하여 미국에서 제조를 운영하고 더 많은 미국인을 고용합니다. 그렇게 함으로써 생산 라인을 수직적으로 유지하며 설립자인 마티아스(Mathias)의 업적을 지키고 있습니다.

Klein Tools의 일원이 되는 것은 직업 이상의 의미가 있습니다. 이곳에서 일하면서 가족, 자부심 그리고 오너십에 대한 진정한 의미를 느낄 수 있습니다. 회사의 성공에는 회사의 구성원이 직접 투영되어 있습니다. 최고의 수공구를 만들기 위하여 같이 일하는 사람들, 역동적이고 도전적인 환경에서 자신의 최고를 달성하는 사람들, 이 모든 단계에서 회사로부터 지지를 받는 사람들. Klein Tools를 구성하는 사람들은 진정한 팀원이라고 할 수 있습니다.

성공하고자 하는 마음과 업계의 리더인 Klein Tools가 만난다면 당신의 밝은 미래를 기대할 수 있습니다.

6. 창업자로부터 물려받은 회사가 경험한 가장 큰 시련은 무엇입니까?

"Grow or Die" is something that was heard throughout the hallways during many of the inflection points mentioned before. The company realized that its small core of hand tools, though universally beloved, was not going to be enough to keep things moving. Many years ago, Klein rationalized that its brand was 10 feet tall in terms of stature, but only a few feet wide in terms of product breadth. A tall thin brand can easily be toppled. This led to a product line extension strategy that enabled Klein to weather downturns and offer tools for a variety of industries and uses. Today, the brand is still 10 feet tall in terms of stature, but it is also 10 feet wide in terms of product breadth. This balance makes the company much more stable.

🗍 "성장 아니면 죽음"은 앞에서 언급한 많은 변곡점 동안 회사 내에서 계속 들려왔던 말입니다. 비록 적은 수량의 우리 수공구가 전 세계적으로 사랑받고 있었으나, 회사를 지속해서 이끌어 가기에는 충분하지 않다는 것을 깨달았습니다. 브랜드의 지명도와 명성은 대단했지만, 다양성이 부족했던 것입니다. 키만 크고 폭이 엷은 브랜드는 쉽게 넘어질 수 있습니다. 이에 따라 Klein Tools는 제품 라인의 확장을 결정하였고, 이를 통해 경기 부진을 극복하고 다양한 산업 분야에 사용되는 공구를 제공할 수 있게 되었습니다. 오늘날, Klein Tools는 키도 크고 폭도 넓은, 균형 잡힌 회사로 자리매김하였습니다.

7. 마지막으로, 회사의 사회공헌활동과 지역사회와 회사의 관계를 알고 싶습니다.

Klein Tools believes in supporting the industry, the tradesman and the communities they live and work in.

We are elite-level sponsors with industry organizations such as the IBEW Union(International Brotherhood of Electrical Workers) and the IEC(Independent Electrical Contractors) Association.

We honor the tradesman in our industry via recognition in our annual search for the "Electrician of the Year' and we have honored those we have lost through development and sales of our "Fallen Lineman Tribute" Pliers that was accompanied by donations to Fallen Lineman organizations.

In our communities we support apprenticeship opportunities in our manufacturing environment in Texas, we support awareness and action to address the "Skills Gap"(lack of people entering the skilled trades) in the US Labor Market and we have supported at-risk youth via Project H.O.O.D. in Chicago with tools for construction training to help break the cycle of poverty and provide a solid foundation for a future career.

🗇　Klein Tools는 업계, 소매상인 그리고 그들이 생활하고 일하는 지역 사회를 지원합니다. 우리는 IBEW(International Brotherhood of Electric Workers) Union 및 IEC(Independent Electric Contractors) 협회와 같은 산업 조직의 엘리트 레벨의 스폰서입니다.

우리는 매년 "올해의 전기기사"와 같은 상을 통해 업계 내 상인에 대한 존경심을 표하고 있으며, "Fallen Lineman Tribute" 플라이어의 수익을 "Fallen Lineman Organization(전기공사 중 목숨을 잃거나 크게 다친 이들을 추모하는 단체)"에 기부함으로써 목숨 잃은 이들에 대해

경의를 표하고 있습니다.

우리 커뮤니티에서는 텍사스에서 제조 수습의 기회를 지원하며, 미국 노동 시장의 "기술 격차(Skills Gap, 숙련된 무역에 참여하는 사람들이 부족함)"를 해결하기 위한 인식을 널리 알리고 이를 해결하기 위한 활동을 지원합니다. 또한, 시카고의 H.O.O.D(Helping Others Obtain Destiny) 프로젝트를 통해 사회경제적으로 여러 위험에 노출된 청소년들에게 가난의 고리를 끊고 미래의 커리어를 위한 단단한 기반을 다질 수 있도록 지원하고 있습니다.

5.

"최고와 함께하세요", 스위스 품질의 자존심

피비스위스 툴 (PB Swiss Tools)

창업 : 1878년
홈페이지 : www.pbswisstools.com

| '피비스위스 툴' 본사와 로고 (사진 : 홈페이지)

"계속 생각하고, 앞서 생각하고, 능동적으로 생각한다."

　자신들의 눈과 귀를 열어두고 "계속 생각하고, 앞서 생각하고, 능동적으로 생각한다"라는 다짐을 자랑스럽게 말하는 사람들이 있다. 또, "100% Made In Switzerland"를 앞세워 자랑하는 회사도 있다. 1878년에 설립되어 올해(2021년)로 143년의 역사를 자랑하는 스위스의 대표적인 공구 회사, 바로 '피비스위스 툴(PB Swiss Tools)'이다. 전 세계 수많은 전문 기술자들 사이에서 많은 사랑을 받는 '피비스위스 툴'은 대표 상품인 스크루드라이버와 육각 렌치 등의 수공구 외에도, 그들이 만들어내는 빼어난 공구와 기구들은 우주에서도 사용되고 자동차를 조립하고 병원 수술실에서도 훌륭한 기능을 뽐낸다.

'피비스위스 툴'의 모든 역사는 스위스 에멘탈(Emmental)의 바젠 (Wasen) 마을 대장간에서 소를 길들이기 위한 코뚜레 생산과 함께 시작되었다. 회사 이름의 'PB'는 창업자인 'Paul Baumann'의 약자에서 유래한 것으로, 1914년 폴 바우만은 철물로 유명했던 공장을 인수하고 이후 가족 소유의 회사인 'PB Baumann GmbH'를 설립했다. 특히 2차 세계 대전 중이던 1939년에는 아들인 막스 바우만(Max Baumann Sr.) 과 함께 스위스 군대를 위한 수공구를 개발·생산하게 되면서 공구업

| '피비스위스 툴'은 1878년 이래 가족 소유의 회사로 운영되고 있다. (사진 : 홈페이지)

| '피비스위스 툴'이 2000년
에 새롭게 개발한 컬러 코팅
레인보우 육각키. (사진 : 홈
페이지)

계의 선구자적 위치로 성장하게 된다. 회사는 1940년부터 시장에 공구를 생산·판매하기 시작했으며, 그 첫 번째 생산품은 드라이버였다. 이후 2000년에는 새롭게 개발한 컬러 코팅 레인보우 육각키로 세계 공구 시장에 새로운 트렌드를 만들어냈고, 2006년에 고품질과 가족의 헌신을 강조하기 위해 새롭게 선보인 "PB Swiss Tools"라는 브랜드는, 스위스 중소기업이 세계적으로 성장했음을 상징적으로 보여주었다.

2008년, 성장 가도를 달리고 있던 회사에 큰 위기가 찾아오게 되었다. 전 세계에 몰아닥친 금융위기가 이들에게도 밀어닥친 것이다. 하지만 이들은 위기를 기회로 만드는 저력을 발휘하였다. 단축 근무로 인건비를 절약해 임직원의 해고를 막아냈고, 오히려 숙원사업이었던 의료장비 신제품 개발에 적극적으로 투자해 새로운 도약의 기회를 이루어내게 되었다. 2011년에는 의료 기기가 제품 포트폴리오에 추가되었고, 현재 바젠과 수미스발트(Sumiswald)의 180여 명의 직원은 매년 1,200만 개에 달하는 공구와 기기를 만들어내고 있다. 이들 생산품 중 2/3 이상이 전 세계로 수출된다.

타협하지 않는 스위스의 품질, "최고와 함께하세요."

Swiss quality without compromise - "WORK WITH THE BEST." '피비스위스 툴'이 내세우는 슬로건이다. 혼을 쏟은 품질에 대한 결의와 자부심이 한순간에 느껴진다. 슬로건에서도 보듯, 이들은 뛰어난 품질을 위해서는 어떠한 타협도 하지 않는다. 그러면서 지속적인 제품 개발과 품질관리가 미래에 대한 투자이자 최고의 고객서비스라고 생각한다. 이런 까닭으로 그들은 모든 브랜드의 제품을 "100% Made in Switzerland", 즉 스위스 현지에서 생산하고 있음을 자랑한다. 이들은 이런 전략을 계속 추구하고 있는데, 많은 회사가 가격을 기준으로 제품을 판매하는 시대에 그들은 품질에 엄격하게 초점을 맞추고 있다. 품질에 대한 투자가 곧 비용 절감이라는 생각으로 접근해 뛰어난 품질에는 긴 서비스 수명과 함께 응당한 가격이 있다고 강조하며, '피비스위스 툴'의 제품가가 비교적 고가(高價)라는 지적에 대해 가격 대비 성능 비율을 설득력 있게 설명한다.

| '100% Made in Switzerland'를 자랑하는 '피비스위스 툴' 제품들. (사진 : 홈페이지)

이처럼 지속적인 제품개발과 고품질 생산에 바탕을 둔 '피비스위스 툴'의 기업 철학은 많은 고객이 그들의 제품에 열광하는 이유이기도 했다. 그들은 수공구를 위시해 항공우주 산업이든 의료기술 부문이든 자신들의 공구와 기기가 모든 분야에서 완벽하게 사용되기를 원한다. 특히, 타의 추종을 불허하는 정밀도와 내구성을 갖춘 공구를 의미하는 "100% 스위스 생산", "무한 품질보증(시리얼 넘버 관리 시스템)" 등 최고의 고객서비스가 '피비스위스 툴'만의 남다른 경쟁력임을 자랑한다. 품질관리에 비용은 들지만 궁극적으로 그 자체로 가치가 있다고 여기는 '피비스위스 툴'은, 최고의 공구로 일하기를 원하는 전문가와 가정 DIY 애호가들을 위해 "최고와 함께하라"라고 자신 있게 약속하는 것이다. 이 가족 회사의 성공 비결은 바로 이 같은 품질과 혁신에 대한 지속적인 관심이다.

무제한 보증과 일련번호 관리 시스템, 숙명으로 여기는 품질관리

70개국 이상의 나라에서 전문가들이 고품질에 대한 요구 사항을 충족하기 위해 '피비스위스 툴'을 찾는 데는 그만한 이유가 있었다. '피비

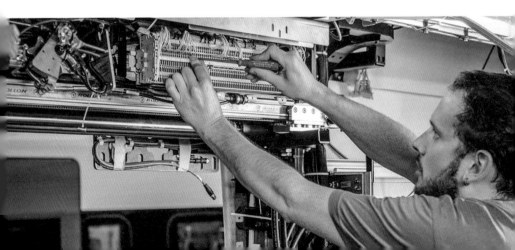

스위스 툴'은 모든 것을 사내에서 생산하고 지속적인 품질관리를 구현함으로써 재료와 제조 결함에 대해 평생 보증을 제공할 수 있었는데, 모든 공구와 기기에 일련번호가 표시되어 있어 모든 생산 공정 단계와 원재료까지 추적할 수 있다. 이처럼 높은 수준의 품질을 유지하기 위해 그들은 생산과정에서 검사를 여러 번 실시한다. 일련번호가 있는 – 일반적으로 빨간색 핸들이 있는 드라이버 – '피비스위스 툴'을 가진 사람은 누구나 검사 날짜까지 추적할 수 있는데, 내부적으로 일련번호로 다음의 조사를 수행할 수 있다고 한다.

- 입고에서 최종 검사까지 개별 생산 단계
- 원자재 신고 : 자재, 공급자, 납기, 검사 결과
- 1992년까지 거슬러 올라가는 데이터베이스 정보

연간 매출액의 20%를 신제품 개발에 재투자하는 '피비스위스 툴'은 제품 생산에 있어 생산 공정 단계별 처음과 마지막에 시행되는 품질 검사를 가장 중요하게 여기고, 다음으로 품질과 생산효율을 높이기 위한 지속적인 기술투자를 중요하게 생각한다. 그리고 마지막으로 숙련된 직원을 제품 생산의 중요 요소로 꼽고 있었다.

오늘날도 '피비스위스 툴'의 모든 공구는 "100% 스위스 제조"의 원칙을 고수한다. "'피비스위스 툴'의 공구를 손에 들고 있는 사람이라면 누구나 즉시 알아차릴 것입니다. 특별하기 때문이죠. 믿을 수 있고 정확한 공구를 가지고 일하는 그 특별한 느낌은 전문가, 무역업자, 아마추어 등 모두가 전 세계적으로 높이 평가하고 있습니다." 현재 4세대에 이른 막스 바우만(Max Baumann, CTO)과 에바 자이스리(Eva Jaisli, CEO)가 자신 있게 이야기하는 이 가족 회사는 매년 최적화된 새로운 브랜드의 제품을 개발하는 중이다.

| 피비스위스 툴을 이끌어가는 막스 바우만(위)과 에바 자이스리. (사진 : 홈페이지)

 설문

1. 이해를 돕기 위해 회사의 COMPANY HISTORY DATA를 받고 싶습니다.

1878 : Everything began in the Wasen village smithy at the heart of the Swiss Emmental.

1914 : Paul Baumann (PB) took over the family business that had an excellent reputation for its ironware.

1939 : He carried out pioneering work during the Second World War.

1945 : After the war, the new high-quality tools became very popular in trade and industry.

The first industrial building was constructed.

1953 : The red, transparent screwdriver handles began to be manufactured using an injection molding technique from America that was as yet unknown in Europe.

1955 : As one of the first employers in the region, PB Baumann introduced a staff welfare and pension scheme for its growing workforce.

1960 : The growing popularity of the exclusive screwdriving tools throughout Europe meant that a new factory building had to be built in the village.

1967 : The first hexagon keys with ball point were manufactured and an in-house electroplating shop was set up.

1970 : The branded products began to be sold on all five continents.

1971 : With the advancing automation of production and management, the first computer system was introduced.

1973 : A further factory building was constructed in order to cope with the increasing demand from Europe and Asia.

1978 : After completing his studies at the Swiss Federal Institute of Technology, Max Baumann Junior started working at the company as a junior engineer and today's CTO.

1982 : As the fourth-largest company in Switzerland, PB Baumann introduced the first industrial robots into its production processes.

1987 : The new multicraft line of screwdrivers was introduced on the international market.

1993 : Successful DIN EN ISO 9001 certification

1994 : Striking tools began to leave the production facilities laser-marked with the serial number

1996 : Eva Jaisli Baumann joined the company management. She is in the position as CEO.

1997 : Successful DIN EN ISO 14001 certification

2000 : With the new color-coded RainBow hexagon keys, PB Baumann set a new trend on the international tool market.

2001 : The new two-component SwissGrip screwdrivers began to be sold internationally.

2004 : The previous insulated electric screwdrivers were replaced by the new ElectroTool range.

2006 : The newly introduced PB Swiss Tools brand represented the successful development of the Swiss SME.

2007 : The first torque handle with a digital display for screwdrivers, DigiTorque, was introduced onto the market.

2011 : The company's presence on the market was diversified to include medical devices:

OPERACE for extracting implant screws.

DIN EN ISO 13485 certification.

2013 : Establishment of the subsidiary PB Swiss Tools Trade Company, Shanghai, China

2017 : Marco Baumann joined the company, as member of the 5th family generation and CTO jun.

2018 : 140 years anniversary

2019 : Introduction of new DigiTorque Version 2 with NFC interface

🗂 1878 : 모든 것이 스위스 에멘탈의 심장부에 있는 바젠 마을 대장간에서 시작되었습니다.

1914 : Paul Baumann(PB)은 아이언웨어로 명성이 높은 가족 사업을 인수했습니다.

1939 : 제2차 세계 대전 중에 그의 아들인 Max Baumann Senior와 함께 스위스 군대를 위한 수공구를 개발했습니다.

1945 : 전쟁 후, 새로운 고품질 공구는 무역 및 산업에서 큰 인기를 얻었습니다.

최초의 산업용 빌딩이 건설되었습니다.

1953 : 유럽에서 아직 알려지지 않은 미국의 사출 성형 기술을 사용하여 빨간색의 투명한 드라이버 핸들을 제조하기 시작했습니다.

1955 : PB Baumann은 이 지역 최초의 고용주 중 한 사람으로서 인

력 증가에 따른 직원 복지 및 연금 제도를 도입했습니다.

1960 : 유럽 전역에서 독점적인 스크루 드라이빙 툴의 인기가 높아짐에 따라 마을에 새로운 공장 건물을 지어야 했습니다.

1967 : 볼 포인트가 있는 최초의 육각형 키가 제조되었으며, 사내 전기 도금 공장이 설립되었습니다.

1970 : 브랜드 제품이 5개 대륙 모두에서 판매되기 시작했습니다.

1971 : 생산 및 관리의 자동화가 진행되면서 최초의 컴퓨터 시스템이 도입되었습니다.

1973 : 유럽과 아시아의 수요 증가에 대처하기 위해 추가 공장 건물이 건설되었습니다.

1978 : 스위스 연방 기술 연구소에서 연구를 마친 Max Baumann Junior는 회사에서 주니어 엔지니어 및 오늘날의 CTO로 일하기 시작했습니다.

1982 : 스위스에서 네 번째로 큰 회사인 PB Baumann은 첫 번째 산업용 로봇을 생산 공정에 도입했습니다.

1987 : 새로운 멀티 크래프트 드라이버 라인이 국제 시장에 출시되었습니다.

1993 : 성공적인 DIN EN ISO 9001 인증

1994 : 일련번호가 레이저로 표시된 눈에 띄는 공구가 생산시설을 떠나기 시작했습니다.

1996 : Eva Jaisli Baumann이 회사 경영진에 합류했습니다. 그녀는 CEO 직책에 있습니다.

1997 : 성공적인 DIN EN ISO 14001 인증

2000 : PB Baumann은 새로운 색으로 구분된 레인보우 육각키를 사용하여 국제 공구 시장에 새로운 트렌드를 제시했습니다.

2001 : 새로운 2액(성분)형 Swiss Grip 스크루 드라이버가 국제적으로 판매되기 시작했습니다.

2004 : 이전의 전기절연 스크루 드라이버가 새로운 Electro Tool 제품군으로 교체되었습니다.

2006 : 새로 소개된 PB Swiss Tools 브랜드는 스위스 중소기업의 성공적인 개발을 대표했습니다.

2007 : 스크루 드라이버용 디지털 디스플레이를 갖춘 최초의 토크 핸들인 Digi Torque가 출시되었습니다.

2011 : 회사의 시장 진출은 의료 기기를 포함하여 다각화되었습니다.
　　　 임플란트 나사를 추출하기 위한 작업.
　　　 DIN EN ISO 13485 인증.

2013 : 중국 상하이 자회사 PB Swiss Tools Trade Company를 설립했습니다.

2017 : Marco Baumann이 회사의 5세대로서 CTO 주니어 멤버로 회사에 합류했습니다.

2018 : 140주년 기념일

2019 : NFC 인터페이스를 갖춘 새로운 Digi Torque 버전 2를 소개하였습니다.

2. 회사 소개를 부탁합니다.

– 회사의 핵심 사업

We are the most reliable manufacturer of Quality Hand Tools and Medical Devices.

Our main products are screw drivers and hex keys.

⬚　우리는 수공구 및 의료 기기 제조업체 중 가장 신뢰할 수 있는 회사입니다. 우리의 주요 제품은 스크루 드라이버(나사돌리개, 드라이버)와 육각키(육각 렌치)입니다.

– 회사의 사명, 비전, 핵심가치, 기업문화

PB Swiss Tools Mission Statement, which is an orientation for our employees about the further development of our company and the commitments we are pledging on the way to our goal:

Our Mission

With quality hand tools and medical instruments made by PB Swiss Tools, EVERYONE is more successful : Work with the best.

Our Vision

Throughout the world, EVERYONE relies on quality hand tools and medical devices made by PB Swiss Tools : Work with the best.

Our Strategy

We are the most reliable manufacturer for quality hand tools and medical devices. We are leading in the development of products and in manufacturing consistently high quality : Work with the best.

☐ PB Swiss Tools 사명선언문은 회사의 향후 발전과 목표 달성을 위해 회사가 하는 약속이자 직원들이 나아갈 방향입니다.

우리의 미션(사명)

PB Swiss Tools을 사용하면 모두 성공할 수 있으며 최고가 될 수 있습니다. 최고와 함께하세요.

우리의 비전

전 세계의 모든 사람이 PB Swiss Tools가 만든 고품질 수공구 및 의료 기기를 사용하는 것입니다. 최고와 함께하세요.

우리의 전략

우리는 품질 좋은 수공구와 함께 의료 기기 분야에서 가장 신뢰할 수 있는 제조업체입니다. 우리는 제품 개발은 물론 일관된 고품질 제조를 주도하고 있습니다. 최고와 함께하세요.

3. 장수기업으로서 회사의 생존을 위한 핵심은 무엇이라고 생각하십니까?

We are developing and manufacturing uncompromising Swiss quality products : precise, innovative and reliable.

100% Swiss Made, lifetime guarantee, innovation, social

responsibility and excellent customer service.

🗇　우리는 정밀하고 혁신적이며 신뢰할 수 있는, "타협하지 않는 스위스 품질"의 제품을 개발·제조하고 있습니다.

100% Swiss Made, 평생 보증, 혁신, 사회적 책임과 탁월한 고객 서비스를 갖추고 있습니다.

4. 장수기업으로서 회사의 영속성을 위한 가장 중요한 가치는 무엇입니까? (회사의 원칙, 이념, 철학 등)

PB Swiss Tools develops and manufactures uncompromising Swiss quality : precise, innovative and reliable.

Whoever works professionally with screws will appreciate the excellent tools and instruments.

Work with the best.

We use tools to generate values that make an impact : to make others and us successful. Digitalization supports the effectiveness of our processes and results. We therefore bear responsibility for digital change.

Customers recommend our brand products because of their high level of satisfaction. The PB Swiss Tools brand represents our independence and reliability.

🗇　PB Swiss Tools은 정확하고 혁신적이며 신뢰할 수 있는 최고의 스위스 품질을 개발하고 제조합니다.

전문적으로 나사를 다루는 사람은 훌륭한 도구와 공구를 높이 평가할 것입니다.

최고와 함께하세요.

우리 공구를 사용하면 모두 만족하고 성공할 수 있습니다. 우리는 회사의 경영과정과 결과를 효과적으로 지원하기 위해 회사를 디지털화시키는 데 총력을 다하고 있습니다.

저희 제품을 추천하는 고객들은 만족도가 매우 높으며, PB Swiss Tools 브랜드는 독립성과 신뢰성을 가지고 있습니다.

5. 비즈니스 운영과 밀접한 관련이 있는 회사 운영의 핵심(핵심가치)은 무엇입니까?

– 회사 경영 활동에서 가장 중요한 부분은 무엇입니까?

Expansion of our market leadership : For decades, Ms. Eva Jaisli and Mr. Max Baumann are the owner and managers. The fifth generation is about to take on leadership responsibilities.

Highly skilled employees are involved in innovative solutions and the high quality of the PB Swiss Tools product range.

By following our Principles of Decision and Action : Customer relationship management :

The loyalty of our customers and employees makes us strong. Customers recommend our brand products because of their high level of satisfaction. The PB Swiss Tools brand represents our independence and reliability.

Because of our work ethic, PBST maintains a high profile as a competitive, lean company : We master challenges more effectively and faster than our competitors.

⬜ 시장 리더십의 확대 : 수십 년 동안 Eva Jaisli와 Max Baumann 이 회사의 소유자와 매니저였습니다. 이제는 5세대 리더가 책임을 맡으려는 시기에 있습니다.

숙련된 직원들이 혁신적인 해결책과 PB Swiss Tools 제품군의 높은 품질에 관여하고 있습니다.

의사결정 및 행동 원칙의 준수(고객 관계 관리) :

고객과 직원의 충성도는 우리를 강하게 만듭니다. 고객은 만족도가 높아 브랜드 제품을 추천합니다. PB Swiss Tools 브랜드는 독립성과 신뢰성을 나타냅니다.

PB Swiss Tools은 경영윤리를 통해, 여러 도전에 경쟁사들보다 더 효과적이고 빠르게 대응하여 입지를 강화하고 있습니다.

– 회사를 오래 유지하기 위해 지키는 대표적인 강점은 무엇입니까?

We manufacture exclusively precise, lasting and reliable brand products fulfilling each and any legal requirements :

• We invest in development and innovation and set trends

• We are all more successful, efficient and economical with 5S

• We defend the company's interests both in-house and

towards third parties, and show loyal behavior in conformity with the rules

🗇   우리는 독점적으로 법적 요구 사항을 충족하는 정확하고 오래 가며 신뢰할 수 있는 제품을 제조합니다.

• 개발과 혁신에 투자하고 트렌드를 만들어 갑니다.

• 우리는 5S와 함께 더 성공적이고 효율적이며 경제적입니다.

• 회사 내뿐만 아니라 회사 밖에도 꾸준히 관심을 두고 있으며, 규정을 따름으로써 성실한 회사의 입지를 지니고 있습니다.

– 회사의 미래를 위해 직원들에게 가장 강조하는 것은 무엇입니까?

We set the target to be one of the most attractive employers for employees and apprentices and, together, bear the responsibility for professional and personal development with respect to diversity and agility.

🗇   직원들이 가장 선호하는 회사가 되는 것이 우리의 목표이며, 직원들의 전문성과 개인적인 발전을 함께 이루어나가고자 합니다.

6. 창업자로부터 물려받은 회사가 경험한 가장 큰 시련은 무엇입니까?

Pioneers have shaped the company over several generations. Therefore, the challenge in each generation is to ensure that the strategy is critically reviewed, updated and defined.

The strategy must be an orientation and basis for responding to the challenges and trends in the market and therefore must be able to be followed successfully as a framework.

☐ 개척자들은 여러 세대에 걸쳐 회사를 만들었습니다. 따라서, 각 세대는 자신들의 전략을 비판적으로 검토하고 업데이트하며 정의하는 것이 중요합니다.

회사의 전략은 시장의 도전과 트렌드에 맞게 대응하고 변화해야 하며 회사가 성공적으로 따라갈 수 있도록 체계화해야 합니다.

7. 마지막으로, 회사의 사회공헌활동과 지역사회와 회사의 관계를 알고 싶습니다.

We are taking care about social responsibility and our strong commitment for fair boundary conditions of our stakeholders / employees.

We promote qualitative growth under consideration of the responsibility which we have for future generations, for the environment and for the society.

☐ 우리는 사회적 책임에 대해 이해하고 있으며, 회사의 주주와 직원들의 정당한 환경을 보장하고 있습니다.

또한, 우리 PB는 미래의 세대, 환경 및 사회에 대한 책임을 고려하여 질적으로 성장하고자 합니다.

6.

삶의 즐거움 추구,
"맥가이버칼"로 유명한

빅토리녹스 (Victorinox)

창업 : 1884년
홈페이지 : www.victorinox.com

| 스위스 국기를 떠올리게 하는 방패와 십자가 모양의 '빅토리녹스' 로고. (사진 : 홈페이지)

만든 이도 갖고 싶게 하는 명품 브랜드의 가치

"자르고, 톱질하고, 나사를 조이고, 여는 거까지 모든 작업을 위해 몇 그램 정도의 무게밖에 되지 않는 이 도구는 이미 한 세기가 넘도록 사용되었다. 기능적으로나 미적으로도 걸작이며, 디자이너들에게 경계를 넘을 수 있도록 영감을 주는 원천이다." 스위스의 유망한 디자이너 니콜라스 르 모인(Nicolas le Moigne)이 극찬하는 이 도구는 다름 아닌 '스위스 아미 나이프(Swiss Army Knife, SAK)'다. 우리에게는 일명 "맥가이버칼"로 잘 알려진 도구다. '맥가이버'는 1980년대 안방극장에서 엄청 인기를 끌었던 미국 드라마 제목이면서 주인공의 이름이다. 극 중에서 맥가이버는 스위스 군용 다용도 칼 한 자루로 수많은 난관을 헤쳐나간다. 이후 우리에게 그 다용도 칼은 원래의 이름보다 "맥가이버칼"로 더 유명해졌다. 바로 이 다용도 도구를 만들어내는 곳이 '빅토리녹스(Victorinox)'다.

'빅토리녹스'는 137년(2021년 기준) 전통의 스위스를 대표하는 멀티 카테고리 브랜드로, 세계적으로 유명한 '스위스 아미 나이프(SAK)'를 비롯하여 가방, 시계, 가정용·전문가용 나이프 그리고 향수 등 일상에서 필요한 모든 기능을 갖춘 다양한 제품군을 선보이고 있다. 모든 '빅토리녹스'의 제품은 결코 타협을 허용하지 않는 최고 수준의 품질을 고수한다. 이러한 신뢰와 가치를 바탕으로 현재 전 세계인이 사랑하는 글로벌 브랜드로 인정받고 있다.

'빅토리녹스' 사람들은 "만드는 이가 갖고 싶도록 제품을 만든다."라고 했다. 이는 한마디로 문제 해결에 중점을 두면서 기능성을 갖춘 뛰어난 스위스의 품질에 대한 자신감을 달리 표현한 말이기도 했다. 그들은 스마트하고 창의적이며 현대적인 제품을 위한 혁신을 믿었고, 불필요함을 제거한 상징적인 디자인은 간결하면서도 남다르게 깔끔한 라인을 토대로 한다. 이러한 브랜드 가치는 빅토리녹스의 고객에 대한 약속으로 정의할 수 있었다. 그 결과, 빅토리녹스와 고객 사이에는 돈독한 유대감이 형성되었다. 빅토리녹스는 고객을 위해 제품을 만들고, 고객은 빅토리녹스를 사랑하고 선택한다. 이것이 바로 빅토리녹스와 고

모든 '빅토리녹스'의 제품은 결코 타협을 허용하지 않는
최고 수준의 품질을 고수한다.

(사진 : 홈페이지)

객들이 서로 영감을 주고받는 방법이다.

전설적인 '스위스 아미 나이프'를 자랑하는 스위스 장인 기업

스위스의 대표적 공산품 가족경영 기업인 '빅토리녹스(Victorinox)'. 칼 엘스너(Karl Elsener, 1860~1918) 1세가 1884년 창업한 것이 그 시초다. 칼 엘스너 1세는 스위스 슈비츠(Schwyz)주 이바흐(Ibach)에 커틀러리(Cutlery, 날붙이류) 공방을 열었다. 당시 스위스는 유럽에서 여전히 가난한 나라 중 하나였는데, 사업 초기 칼 엘스너는 일자리를 만들어 이주민의 유입을 도와 빈곤을 퇴치하고 슈비츠주의 실업 문제를 해결하고자 노력했다. 그 후 스위스 마스터 커틀러 협회를 설립하였고, 그 결과 최초로 스위스 군대에 군용 나이프를 공급하는 기회를 만나게 된다.

1891년 칼 엘스너 1세는 최초로 스위스군에 Soldier's Knife를 공급하기 시작했다. 현재는 상징적인 "스위스 아미 나이프(Swiss Army Knife)"로 불리는 Swiss Officer's and Sports Knife를 1897년에 발명했고, 이후 세계적으로 명성을 떨치며 번창할 수 있는 기초를 다졌다. 이때부터 칼 엘스너의 지역사회에 대한 깊은 연대와 굳건하면서 헌신적인 자세가 회사의 철학으로 자리매김하여 향후 단단한 가치로 발전하게 되었다.

| 칼 엘스너 1세(위)와 그의 어머니 빅토리아. (사진 : 홈페이지)

칼 엘스너 1세는 1909년, 돌아가신 어머니 빅토리아를 기리기 위해 'Victoria'를 회사 이름으로 선택하고, 방패와 십자가를 트레이드마크로 등록한다. 그 후, 스위스 국기를 떠올리게 하는 방패와 십자가 모양의 독특한 로고는 '빅토리녹스'의 특별함을 입증하는 신뢰의 대명사가 되어 현재 전 세계 120여 개국에 진출해 있다. 한편, 1921년 '스테인리스 스틸(Inox)'의 발명은 커트러리 산업에도 매우 중요한 발전으로 다가오는데, 이후 'Inox'와 'Victoria'라는 두 단어의 조합으로 오늘날 회사의 브랜드명인 'Victorinox'를 만들어내게 되었다.

'빅토리녹스'의 '스위스 아미 나이프'는 그 이름답게 스위스군의 정식 군납품이다. 시중에서는 열쇠고리 모델부터 아웃도어용 나이프까지 다양한 모델을 찾을 수 있다. 원래 '웽거(WENGER)'사와 공동으로 제품을 납품했었으나, 2005년에 '빅토리녹스'가 웽거를 인수하고서는 2013년부터는 웽거 나이프 브랜드와 제품군을 빅토리녹스 라인에 흡수, 통합시켜 '스위스 아미 나이프'라고 하면 '빅토리녹스' 제품이라는 인식이 형성되었다.

| '빅토리녹스'가 자랑하는 '스위스 아미 나이프'. 사진은 2015년 레드닷 디자인 어워드 (Red Dot Design Award)의 수상작이다. (사진 : 홈페이지)

"인생의 동반자"라는 철학 추구, 한층 높은 라이프스타일을 위해 노력…

이처럼 실용적인 기능과 합리적인 가격 그리고 최고의 품질로 전 세계 사람들에게 삶의 즐거움과 만족을 주기 위해 노력하는 기업 '빅토리녹스'는, 기업의 사회적 책임과 지속 가능 경영에도 각별한 관심을 가지고 사업을 영위하고 있다.

'Victorinox AG'는 독립 가족 기업으로 '빅토리녹스' 재단이 주식의 90%를 보유하고 있고, 발생하는 수익의 90%는 유보금으로 보유해 회사는 안정적으로 사업을 할 수 있다. 나머지 주식 10%는 자선 활동을 지원하는 비영리 재단에서 보유해, 지역사회와 직원들을 위한 유익한 활동에 사용한다.

한편, 회사는 지난 2000년에 설립된 '빅토리녹스 재단(Victorinox Corporate Foundation)'을 통해 "환경적 지속 가능성"의 기업으로서 사회적 책임을 다하고자 노력하고 있다. 이러한 기업 철학은 자재부터 제품 생산, 포장, 운반 등에 이르는 모든 단계에서도 적용된다. 이바흐(Ibach)에 위치한 '빅토리녹스' 공장은 지붕의 태양열 패널을 통해 자체적으로 전력을 공급받고, 나이프 주조 후 쿨링용으로 사용했던 열을 머금은 온수는 본사 건물과 인근 마을의 가정집에서 난방용으로 사용하는 등 자원을 적극적으로 재활용하고 있다. 또한, 포장재의 90% 이상을 재활용을 통해 만들고 있으며, 이는 제품에도 적용하고 있다. 재활용한 커피 캡슐을 스위스 아미 나이프로 재탄생시키는 콜라보레이션도 지속하고 있다.

1. 이해를 돕기 위해 회사의 COMPANY HISTORY DATA를 받고 싶습니다.

In 1884, Karl Elsener opened his cutler's workshop in Ibach-Schwyz. At this time Switzerland was still one of the poorer countries in Europe. In the early years Karl Elsener worked to combat poverty and unemployment in the Schwyz basin, creating jobs and helping stem the flow of emigration.

In 1891 he supplied the soldier's knife to the Swiss Army for the first time. He went on to develop the Swiss Officer's and Sports Knife - now the iconic Swiss Army Knife - in 1897, creating the foundation for a flourishing company that would be able to hold its own on the world stage.

From then on, his spirit of solidarity, deep roots in the region and strong commitment to solid values shaped the Victorinox company philosophy.

🗂 1884년, 칼 엘스너(Karl Elsener)는 이바흐슈비츠의 커틀러 작업장에서 사업을 시작하였습니다. 이 시기에 스위스는 여전히 유럽에서 가장 가난한 나라 중 하나였습니다. 초기에는 칼 엘스너가 일자리를 창출하고 이민의 흐름을 막는 데 도움을 주면서, 슈비츠 유역의 가난과 실업에 맞서 싸우며 일했습니다.

1891년 그는 군용 칼을 처음으로 스위스군에 공급했습니다. 1897년 스위스 장교용 나이프 및 스포츠 나이프(현재의 스위스 군용 나이프)는 특허를 받았고, 오늘날 전 세계에 독자적인 입지를 굳힐 수 있게 되었습니다.

그때부터 그의 결속력과 지역에 대한 뿌리 깊은 관계, 그리고 확고한 가치에 대한 강력한 의지가 Victorinox 회사의 철학을 형성했습니다.

2. 회사 소개를 부탁합니다.

– 회사의 핵심 사업

Today, Victorinox is a global company with five product categories : Swiss Army Knives, Household and Professional Knives, Watches, Travel Gear and Fragrances. The Swiss Army Knife is the core product and has a pioneering role in the development of all product categories.

🗋　오늘날, Victorinox는 5개의 제품 범주를 보유한 글로벌 기업입니다. 군용 나이프, 가정용 및 전문가용 나이프, 시계, 여행용 장비와 향수 등입니다. Swiss Army Knife는 핵심 제품이며 모든 범주의 제품 개발에 선구적인 역할을 합니다.

– 회사의 사명, 비전, 핵심가치, 기업문화

The answer you will find on their website…

　　🗋　이 질문에 대한 답변은 회사 홈페이지를 참조하세요.

3. 장수기업으로서 회사의 생존을 위한 핵심은 무엇이라고 생각하십니까?

Top priority is quality and innovation as well as sustainability with the link to social responsibility : Victorinox AG is an independent family company and 90% of shares are held by the Victorinox Foundation. The company's continued existence is therefore optimally assured as 90% of generated profits are available to the company as reserves. The remaining 10% of shares are held by a not-for-profit foundation that supports charitable projects.

　　🗋　최우선 과제는 품질과 혁신, 그리고 사회적 책임과 연계를 통한 지속 가능성입니다. Victorinox AG는 독립적 가족기업으로 주식의 90%를 Victorinox 재단이 보유하고 있습니다. 따라서, 수익 창출의

90%가 적립금으로 사용 가능해, 회사의 지속적 존속이 최적으로 보장됩니다. 나머지 10%의 지분은 자선사업을 지원하는 비영리 재단이 보유하고 있습니다.

4. 장수기업으로서 회사의 영속성을 위한 가장 중요한 가치는 무엇입니까? (회사의 원칙, 이념, 철학 등)

Please refer to the answer point 3.

🗐 위 3번 답변을 참조하시기 바랍니다.

5. 비즈니스 운영과 밀접한 관련이 있는 회사 운영의 핵심(핵심가치)은 무엇입니까?

– 회사 경영 활동에서 가장 중요한 부분은 무엇입니까?

– 회사를 오래 유지하기 위해 지키는 대표적인 강점은 무엇입니까?

– 회사의 미래를 위해 직원들에게 가장 강조하는 것은 무엇입니까?

Please ask the key manager of Victorinox about their point of view.

🗐 Victorinox의 주요 관계자에게 그들의 관점에 관해 문의하시기 바랍니다.

6. 창업자로부터 물려받은 회사가 경험한 가장 큰 시련은 무엇입니까?

Remembering Karl Elsener, the pioneer who's aim was

unsurpassed quality. He stood up for innovation as well by facing the challenges of the modern world.

🗌　칼 엘스너를 기억하면, 그의 목표는 타의 추종을 불허하는 품질이었습니다. 그는 현대 세계의 도전을 맞닥뜨림으로써 혁신을 지지했습니다.

7. 마지막으로, 회사의 사회공헌활동과 지역사회와 회사의 관계를 알고 싶습니다.

Victorinox is well known for beneficial activities for their employees and to the community. Please refer to point 3. You will understand that the Victorinox Foundation is one of the best practice models in Europe for high effectiveness linked with social responsibility.

🗌　Victorinox는 직원들과 지역사회를 위한 유익한 활동으로 잘 알려져 있습니다. 위 3번 내용을 참조하십시오. Victorinox 재단은 유럽에서 높은 효율성을 바탕으로 사회적 책임과 연계된 모범 사례 모델 중 하나임을 이해하게 될 것입니다.

7.

"더 정직하게, 더 성실하게, 더 신뢰 있게", 대한민국 공구명가

프로툴 (PROTOOL)

창업 : 1968년
홈페이지 : www.protool.co.kr

| '프로툴' 본사의 브랜드 전시장과 회사 로고. (사진 : ⟨주⟩프로툴)

작은 가방 하나로 시작하여 이룬 "공구명가(工具名家)"

사람들이 흔히 말하는 '공구상', 좀 더 공식적 개념으로 '공구유통업'의 대표적 백년가게로 인정받고 있는 '주식회사 프로툴'[*]의 발자취는 대한민국 공구상의 역사답사기라 해도 과언이 아닐 정도로 명실공히 우리나라 공구유통의 역사, 바로 그 자체다. 3평짜리 가게로 시작하여

[*]⟨주⟩프로툴은 필자가 운영하고 있는 회사다. 다른 사례들과의 형평성을 맞추기 위해 글에 등장하는 나 자신과 회사, 관계자들을 객관적으로 표현했음을 감안하시기 바란다.

숱한 어려움을 이겨내며 규모나 양으로 대변되는 회사의 양적 성장보다는 내실 있는 질적 성장을 무엇보다 우선시 하는 '(주)프로툴'의 이야기다.

경제계를 비롯해 어느 한 분야에서 소위 "명가"의 명성을 얻기 위해서는 해당 분야에서 오랜 시간에 걸쳐 치열한 열정과 끝없는 노력으로 이룬 실력이 전제되어야 한다. 정통 공구상임을 자부하는 '프로툴'은 스스로 "공구명가"의 기치를 내걸고 오늘날까지 50여 년의 세월 동안 공구유통의 외길을 꿋꿋하게 걸어왔다.

지난 1968년 창업자 송용순 회장은 청계천에서 '꽃다방'으로 유명했던 '새서울빌딩' 3층의 3평 남짓 되는 가게 겸 사무실 한쪽을 빌려 쓰며, '신흥상사'라는 상호로 달랑 가방 하나뿐인 소위 '나까마'로 장사를 시작했다. 사업을 하게 된 계기 또한 별스럽지 않다. 누구나 배고팠던 시절, 일찍이 다섯 살 때 아버지를 여의고 커서 고향 면사무소 직원이던 그가 가난을 벗어나 먹고살기 위해 상경하여 시작한 사업이었다. 송 회장의 타고난 천성처럼 "욕심부리지 않고 열심히 하다 보니" 가게는 꾸준히 성장했고, 1993년 개인회사로는 사업을 늘려가기에 한계가 있어 법인으로 바꾸며 상호도 '신흥세진(주)'로 바꾸게 된다. 그 뒤로도 업계에서 '좋은 물건 가진 인심 좋은' 업체로 인정받으며 "좋은 공구 하면 신흥세진"으로 명성을 떨쳤으며, 회사 기반도 탄탄하게 다져나갔다. 2015년에는 다시 상호를 '(주)프로툴'로 바꾸면서 공구유통 통합 솔루션 회사로 자리매김하여 오늘에 이르고 있다.

1. 당시 청계천에서 꽃다방 덕분에 유명세를 치룬, '신흥상사'가 있었던 새서울빌딩.
2. 아직도 회사의 옛 상호인 '신흥세진(주)' 간판을 달고 있는 청계천 매장.
3. '신흥세진(주)' 당시의 독산동 사옥. 2005년부터 2015년까지 사용했다.
4. 금천구 시흥대로에 소재한 현재의 '(주)프로툴' 사옥.

(사진 : 〈주)프로툴)

'프로툴'은 이후 미국, 독일, 이탈리아, 일본, 스위스, 프랑스, 대만, 중국 등 세계 각국의 유명 공구 메이커의 프리미엄 공구를 지속하여 발굴·공급하는 대한민국의 대표적 프리미엄 공구유통 전문 회사로 자리 잡았고, 유통·자동차·항공·목공 등의 사업 분야에 190여 회사의 프리미엄 브랜드와 수공구, 작업공구, 전동공구, 에어공구, 배관공구, 목공구 등 7만 5천여 종의 제품군을 취급하고 있다. 현재 임직원 50여 명과 함께 송치영 대표이사가 2세대 경영 중이다.

열심히 할 수밖에 없었던 시절, "좋은 물건 정직하게 팔기"의 원칙 지켜…

말 그대로 혈혈단신에 가진 거라고는 고작 가방 하나로 가게를 시작한 송 회장은 시작하는 회사들이 겪게 되는 사업 초창기의 어려움을 온몸으로 견뎌내야만 했다. 가족과 가게의 운명을 항상 염두에 두고는 사업에 대한 집념을 마음으로 다잡으며 장사를 해나갔다. 장사의 기본은 결국 '사람'이라는 점을 깨달았고, 그 사람들과의 관계를 결코 소홀히 하지 않았다. 한 번이라도 더 찾아가고, 누구보다 더 살갑게 다가갔다. 그러면서도 삿되게 행동하지 않았다. 특히나 지방에서 물건 하러 오는 거래처는 때에 맞춰 "따신 밥"을 정성으로 대접했다. 물건은 어떻게든 싸고 좋은 것으로 찾았고, 찾은 물건은 정직하게 팔았다. 시간이 지나면서 업계에 "신흥은 좋은 물건을 양심껏 판다."라는 입소문이 나기 시작해 가게는 명성을 얻게 되었고, 이후 사업 성장의 단단한 기반이 되었다. 이처럼 모든 일의 기본이 되는 '정직, 성실, 신뢰'의 자세는 지금

| '(주)프로툴'의 창업자 송용순 회장과 그의 아들이면서 2세대 경영 중인 송치영 대표. (사진 : 〈주〉 프로툴)

의 회사 캐치프레이즈로 이어지고 있다.

시간이 지나 업력이 쌓이면서 회사는 조금씩 여유가 생겼으나 송 회장의 성실함은 변함이 없었고, 그런 자세는 향후 회사의 전체적인 경영 기조가 되었다. 그런 모습을 누구보다 옆에서 직접 겪은 현재 '프로툴'의 송치영 대표는 지금도 아침 여섯 시 즈음이면 회사 문을 열고 하루를 준비하며 직원들을 맞이한다. 송치영 대표는 송 회장의 둘째 아들로, 1980년대 중반부터 회사 일에 참여했고 2004년에 대표이사로 취임한 후 지금껏 회사를 이끌고 있다.

1985년, 송 회장은 '한국기계공구상협회(현 한국산업용재협회의 전신)' 10대 회장으로 취임하여 공적 영역으로 그 활동 범위를 넓히게 되었다. 1993년에는 서울시 중구 입정동 현재 지하철 3호선 을지로3가역 4번 출구 앞에 있던 '신흥상사'를 법인인 '신흥세진(주)'로 바꾸면서 처음으로 큰 변신을 이루게 된다. "열심히 할 수밖에 없었던" 지난날을 결코 잊지 않은 부자(父子)는 이제 앞으로 닥칠 유통기업의 어려움과 한계를 극복하며 장수가족기업의 백년가게로 나아가고 있다.

세상살이의 진리는 결코 노력을 배반하지 않았다. 회사 특유의 꾸준함으로 묵묵히 장사를 해온 결과, '신흥세진'은 마침내 그간의 애쓴 고생의 결실을 거두기 시작했다. 프리미엄급 공구 브랜드를 찾아보기 어렵던 1980~1990년대 당시에 전국의 공구 도소매상에 최고급 브랜드 라인을 공급하기 시작했다. 특히, 1975년부터 취급하고 있던 일본의 소켓렌치 전문 기업 '코켄(KOKEN)'과는 1993년 정식 계약을 맺었다. 이후 '하제트(HAZET)', '위하(WIHA)', '피비스위스 툴(PB SWISS TOOLS)' 등 세계적 브랜드를 독점 수입·공급하여 한결 차별화된 최신 제품을 소개함으로써 국내 공구 시장의 품질 향상과 경쟁력 개선에 앞장서게 되었다. 1997년에는 회사 취급 제품 안내서인 종합 카탈로그(Product

| 종합 카탈로그 제09호(왼쪽, 768쪽), 월간지 『공구명가(工具名家)』(오른쪽). (사진 : 〈주〉 프로툴)

Catalogue)를 발행하여 고객들의 구매 편의를 도모하게 된다. 그 뒤로 종합 카탈로그는 제9호까지 발간했으며, 이후로는 자동차·목공·항공의 부문별 브로슈어를 개별 PDF로 제공하고 있다. 회사는 2021년 하반기에 완전개정판 종합 카탈로그 발간을 앞두고 있기도 하다.

이제 회사의 장기적 발전 토대를 마련한 '신흥세진(주)'는 회사의 양적 확대보다는 내실 있는 운영을 위해 품질 좋은 제품의 발굴과 원활한 공급을 위해 더욱더 노력하게 된다.

새로운 변화의 시간, 20세기를 넘어 21세기를 맞이한 '프로툴'

'신흥세진(주)'는 이후에도 꾸준하고 성실함을 기본으로 내실 있는 회사를 만들어 가기 위해 구성원 모두가 노력했다. "대한민국 산업의 역사는 공업, 그 공업의 시작은 공구다."라는 업(業)에 대한 자긍심으로 회사의 슬로건이기도 한 "가치 있는 공구"를 고객에게 제공하고자 힘썼다. 그러면서 새로운 세기와 시대적 변화에 따른 고객의 다양한 요구에 제대로 맞추기 위해 새로운 사업을 발굴하려 부단히 노력하게 된다.

'신흥세진'은 이를 위해 기존 시장의 확대와 함께 든든하게 사업을 받쳐줄 새로운 브랜드 개발에 많은 역량을 쏟았다. 회사의 전반적인 사업 포트폴리오를 기존의 공구유통 사업을 근간으로 자동차·목공·항공 부문에까지 공격적으로 확대하기 시작했다. 해외 메이커의 국내 직접 진출과 국내 대기업의 공구업 진출이라는 난제에 대응하고, 소비자 구매 패턴의 변화, 곧 국내의 온라인 구매, 아마존을 위시한 거

| '(주)프로툴'의 청계천 매장. 가게의 옛 정취를 아직도 느낄 수 있다. (사진 : 〈주〉프로툴)

대 유통기업을 바탕으로 한 해외 직구 등에 대응하기 위한 것이었다. 2000년 미국의 '클라인 툴스(KLEIN TOOLS)', 2001년 일본의 '코바야시(KOBAYASHI)' 등의 제조사들과 새롭게 계약을 맺으면서 브랜드 라인을 더욱 늘렸다. 2003년에는 독일 현지에서 '스타빌레(STAHLWILLE)'와 독점 계약을 맺으면서 자동차 정비 부문과 항공 부문의 기반을 마련했다.

2005년에 회사는 사업의 확대에 따른 업무 효율성을 위해 본사를 독산동으로 이전했다. 그러면서 당시 송용순 대표이사가 회장으로 자리매김을 하고 전반적 회사 경영은 송치영 대표가 맡게 되었다. 회사는 이제 새로운 리더십으로 2세대 장수기업으로 나아가는 계기를 맞게 된 것이다. 회사의 지속경영을 위한 새로운 리더십으로 자리한 송치영 대표는 "성장 없는 회사는 죽은 것과 같으며 회사의 지속 성장을 위

1. 지난날, 시카고 전시장에서 만난 송용순 회장과 'KOKEN'의 고(故) 야마시타 쇼이치로 회장.

2. 미국의 'LIE-NIELSEN' 방문 때 모습. 이 브랜드는 계약까지 약 2년이 걸렸다.

3. 소켓렌치로 유명한 일본의 'KOKEN' 본사를 방문했을 때.

4. 해외 유명 거래처에서 받은 '(주)프로툴' 창립 50주년 기념 축하 감사패.

(사진 : 〈주〉프로툴)

해서는 끊임없이 새로운 성장 동력을 찾아야 한다."는 평소의 지론을 경영으로 전개하기 시작했다. 이후 더욱더 새로운 브랜드 발굴에 매진해 2006년부터 2010년에 이르기까지 세계적인 브랜드의 개발과 계약을 현장에서 성사시키면서 회사의 신사업 분야인 자동차와 목공 제품 라인을 제대로 갖추기 위해 노력했다. 그런 한편으로 송 대표는 자신의 핵심 경영 지침이자 인생의 좌우명으로 여기는 "무엇을 하느냐보다 어떻게 하느냐가 중요하다."라는 생각을 구현하기 위해 이후에도 회사 발전을 위한 경영활동과 자신의 평소의 삶이 적절한 균형을 이룰 수 있도록 노력하며 분주히 뛰어다녔다.

2012년에는 그간의 노력에 힘입어 항공 사업 분야에서 KAI(한국항공우주산업주식회사)의 KUH(수리온) 사업과 관련한 계약을 체결하게 되었고, 품질의 보증 관리를 위한 국제 규격인 ISO9002 인증(한국능률협회)을 획득하면서 품질보증 체제를 인증받게 되었다. 또한, "제대로 된 가치 있는 공구"를 고객들에게 제공하기 위해 프로모션 월간지인 『공구명가』도 발행하게 되었다.

그러면서 그간 급속히 변해 가는 공구유통 환경의 위기 속에서도 "100%가 아닌 120%의 노력"으로 시대를 앞서가는 기업이 되고자 앞만 보고 부지런히 달려온 송 대표와 '신흥세진(주)'는 2015년 회사의 상호를 지금의 '(주)프로툴'로 바꾸면서 또다시 새로운 도약의 기회를 찾게 된다. 이처럼 상호를 새롭게 바꾸게 된 계기는 결국 '회사 성장'이라는 기대와 바람의 또 다른 표현이었고, 회사 내외적으로 직면하게 된 도전을 '변화'라는 화두로 극복하려는 송 대표의 의지가 실린 조치

| 지난 2019년, '(주)프로툴'의 창립 50주년 기념식 모습. (사진 : 〈주〉프로툴)

였다. 회사명을 변경한 뒤에도 '프로툴'의 브랜드 개발은 계속 이어져 2015년과 2016년에 미국, 이탈리아, 영국, 일본, 네덜란드, 독일, 대만 등의 프리미엄 브랜드들과 계약을 맺었다.

이처럼 회사 발전의 큰 분기점을 이룬 2015년 그해에 회사를 현재의 금천구 사옥으로 이전을 하며 새로운 CI를 제정하여 회사의 역량을 다시 한번 되새기는 계기를 가지게 된다. 단순히 공구유통 회사로 인식되었던 회사의 입지를 그간 꾸준히 개발해 온 항공·목공·자동차 등의 전문 분야까지 섭렵하는 통합 공구유통 솔루션 회사로 포지셔닝한 것이다. 이는 회사가 항상 시대를 앞서가는 기업으로 기억되기를 바라는 마음의 발로였다. 이런 사업 확장을 충실히 뒷받침하기 위해 2017년에는 세종시에 지하 1층, 지상 3층의 물류 센터를 마련했고, 이제 명실상부한 최고급 프리미엄 공구유통 기업으로 또 항상 최선을 다해 고객 만족을 이루는 장수기업을 지향하게 되었다.

시대의 변화에 따른 위기는 언제나 있기 마련이다. 그리고 앞으로 마주칠 시간 또한 수많은 위기와 극복의 과정일 것이다. 송치영 대표는 이런 시대 변화에 누구보다 예민하게 대응해 준비하고 있다. 2019년, 송 대표가 저자로 출간한 대한민국 공구유통 역사서『끈 – 鐵 든 인생, 세대를 이어 미래로!』가 그의 그런 의지를 잘 보여주는 한 단면이다. 지난 역사에서 앞으로 전개될 미래의 양상을 예측해보려는 그의 생각을 읽을 수 있다. 물론 '프로툴'도 앞으로 시대 변화에서 예외일 수는 없을 것이다. 하지만, 그들의 지난 역정을 살펴보면서 믿을 수 있었다. 지나온 시간만큼 쌓인 '프로툴'의 성실한 내공이 그 믿음을 말해주고 있었다.

| 송치영 대표가 저자로 출간한 대한민국 공구유통 역사서, 『끈 – 鐵 든 인생, 세대를 이어 미래로!』(신국판, 양장본, 520쪽). 업계 발전을 위해 비매품으로 제작해 원하는사람에게는 무료 배포하고 있다. (사진 : 〈주〉프로툴)

설문 ··

1. 이해를 돕기 위해 회사의 COMPANY HISTORY DATA를 받고 싶습니다.

　🗇　공구명가 '(주)프로툴'은 공구 가게의 점원과 소위 '나까마' 시절을 거친 설립자 송용순 회장이 지난 1968년 서울시 중구 입정동에서 '신흥상사'로 시작했습니다. 1993년에 개인회사인 '신흥상사'를 회사의 발전에 발맞춰 법인인 '신흥세진(주)'로 변신을 꾀하였습니다. 2004년에 송용순 회장을 이어서 송치영 대표이사가 CEO로 취임해, 2세대째 가족기업을 경영 중입니다. 2015년, 상호를 다시 '(주)프로툴'로 변경한 후 오늘에 이르고 있습니다. 서울 금천구에 본사를, 세종시에는 물류 센터를 운영하고 있습니다. 기타 상세한 회사 연혁은 홈페이지(www.protool.co.kr)를 참조하기 바랍니다.

2. 회사 소개를 부탁합니다.

　– 회사의 핵심 사업

　🗇　'(주)프로툴'의 핵심 사업은 건설, 자동차, 항공, 목공 부문 등 여러 산업 분야에 걸쳐 쓰이는 해외 유명 프리미엄 공구와 산업용 장비 등을 발굴(소싱)하고, 국내에 수입·유통해 판매하는 일입니다.

　– 회사의 사명, 비전, 핵심가치, 기업문화

　🗇　'도구를 활용함으로써 위대해지는 인간'이라는 회사의 사명 아

래, '신뢰와 가치 있는 제품으로 고객과 상생하는 기업 추구'의 비전을 구현하려 노력하고 있습니다. 창업 때부터 견지해온 경영방침인 '좋은 물건 정직하게 팔기'에 내재한 '정직, 성실, 신뢰'를 사업의 핵심가치로 삼고 있습니다. 더불어서 고객에게는 '신뢰'를, 구성원 간에는 '소통'을, 사회적으로는 '공감'을 지향하는 기업문화를 만들고자 항상 노력 중입니다.

3. 장수기업으로서 회사의 생존을 위한 핵심은 무엇이라고 생각하십니까?

　　回　회사는 장수 회사건 그렇지 않건 간에 성장이라는 동력이 없으면 지속하기 어렵습니다. 또, 단순히 유지한다고 얘기하는 것은 죽어가는 시간을 달리 표현한 것일 뿐입니다. 그러므로 성장의 동력을 얻기 위해서는 과거의 전통을 계승하며 끊임없이 변화하는 외부환경에 적응하는 것이 가장 중요하다고 생각합니다.

'(주)프로툴'이 지난 2019년 창립 50주년을 맞이하면서 향후 100년을 준비하는 마음을 "Change for Innovation(혁신을 통한 변화)"이라는 슬로건으로 제정한 것도 무엇보다 과거의 전통을 계승하며 끊임없이 변하는 대내외적 환경에 적극적으로 대응하려 했기 때문입니다.

그러기 위해서는 회사의 구성원 모두가 회사의 사정을 충분히 이해하고 같은 목표와 공감대를 형성하는 게 가장 중요하다고 생각합니다. 아울러 회사의 존재 가치인 '정직, 성실, 신뢰'의 자세를 전 구성원이 공유해야 하겠습니다.

4. 장수기업으로서 회사의 영속성을 위한 가장 중요한 가치는 무엇입니까? (회사의 원칙, 이념, 철학 등)

🖰   회사는 끊임없이 변하는 시장과 사회적 환경 속에서 현재에 안주하지 않고 도전하고 발전하는 정신을 가장 핵심적인 가치로 여기고 있습니다. 그러기 위해서는 조건 없는 변화를 추구하는 것이 아니라 회사의 내재한 경영철학을 지켜나가는 것이 가장 중요하다고 생각합니다. 그러기 위해 회사는 '신뢰와 가치 있는 제품으로 고객과 상생하는 기업 추구'라는 기업 비전을 변함없이 유지하면서 세상의 변화와 트렌드를 제대로 읽고 시대에 뒤떨어지지 않는 경쟁력을 유지하기 위해 노력하고 있습니다.

5. 비즈니스 운영과 밀접한 관련이 있는 회사 운영의 핵심(핵심가치)은 무엇입니까?

– 회사 경영 활동에서 가장 중요한 부분은 무엇입니까?

🖰   전통적인 오프라인 판매 외에도 온라인, 해외 직구 등 유통 환경의 다양한 변화로 인해 유통회사가 판매가격만으로 고객에 대한 경쟁력을 유지하기는 쉽지 않습니다. 그런 까닭에 대외적으로는 고객으로부터 꾸준한 신뢰를 얻기 위해 고품질의 제품을 계속 제공해야 하고, 한편으로는 유통방식의 발굴에도 많은 힘을 써야 합니다.
대내적으로는 구성원 간의 소통을 회사 경영 활동의 가장 중요한 부분임을 강조하고, 항상 변하는 외부환경에 적절하게 대응하려 노력하고 있습니다.

– 회사를 오래 유지하기 위해 지키는 대표적인 강점은 무엇입니까?

▢ 고객과의 신뢰와 시장변화에 빠르게 대응하는 유연함이 장수기업의 가장 중요한 요소 중 하나라고 생각합니다. 그리고 단지 이윤을 위해 품질을 가격에 맞추는 장사는 절대 하지 않는 불문율을 견지하고 있습니다. "프리미엄 공구 하면 프로툴", "프로툴 하면 프리미엄 공구"가 즉시 떠오를 수 있도록 고객과 신뢰를 유지한 점, 그리고 고객들이 원하는 제품과 서비스를 언제든 제공할 수 있도록 항상 변화에 대처한 결과가 회사를 50여 년 이상 지속할 수 있도록 한 원동력이라 생각합니다.

– 회사의 미래를 위해 직원들에게 가장 강조하는 것은 무엇입니까?

▢ 회사가 지속 가능한 경영을 하려면 경영상 여러 자원이 필요합니다. 그중에서도 가장 큰 자산이 회사를 이루고 있는 구성원입니다. 하지만, 중소기업이 공통으로 겪고 있는 구인난과 짧은 근속 기간으로 인한 어려움이 있는 것도 사실입니다. 그럴수록 '(주)프로툴'은 회사의 근간인 인재의 육성을 위해 구성원에게 행하는 교육을 가장 중요하게 생각하고 있습니다. 이와 함께, 가격에 품질을 맞추는 우를 범하지 않고 항상 최고 품질의 제품을 고객에게 공급하는 가치 있는 영업 활동을 거듭 강조하고 있습니다.

6. 창업자로부터 물려받은 회사가 경험한 가장 큰 시련은 무엇입니까?

▯   회사를 물려받은 후계자의 최우선 과제는 회사를 지속 가능할 수 있게 유지하는 것입니다. 하지만, 단순히 승계받은 직원이나 제품 그리고 고객 등 기존의 회사 경영자산만으로는 회사를 지속해서 유지하기가 쉽지 않으므로 새로운 경영자산을 개발·확충해야 하는 일이 무엇보다 우선해야 하는 일이라고 생각합니다.

그런 점에서, 우리에게 익숙한 주력 사업인 공구유통이 아닌 수입 자동차나 항공정비, 목공 부문 등의 시장 개발을 결정했을 때가 가장 어려운 시간이었다고 생각합니다. 진출하기로 한 분야에 대한 경험도 전혀 없었고, 무척 전문적인 분야라 사업 초창기에는 제품 선정은 물론 고객층 파악과 확보에 많은 어려움을 겪었습니다. 주변에서는 기존의 공구유통만으로도 충분한 경쟁력을 가졌으면서 새로이 전문적인 분야에 진출하는 우리를 걱정스러운 시각으로 보는 때도 있었습니다. 하지만, 그 당시의 선택에 따른 변화를 수용하지 않았다면 회사는 단순히 공구만을 수입하여 거래처에 판매하는 회사로 남지 않았을까, 하고 생각합니다. 만약 그랬다면 '(주)프로툴'의 앞날은 누구도 장담할 수 없었을 것입니다.

7. 마지막으로, 회사의 사회공헌활동과 지역사회와 회사의 관계를 알고 싶습니다.

▯   회사를 운영하다 보면 어려운 시간이 있을 수밖에 없습니다. 이런 경우, 어려움을 이겨내는 슬기로운 방법은 혼자의 힘이 아닌 주변과 같이 지혜를 모으는 것입니다. '(주)프로툴'도 지금까지 성장해오

292

면서 견디기 힘든 시절이 있었기에 더불어 사는 '상생'이라는 명제를 경영방침의 귀중한 가치의 하나로 여기고 있습니다. 더불어 살아가는 '상생'은 눈에 보이지 않아 소외된 곳에서 의미를 찾아야 그 진정한 가치가 있다고 생각합니다. 그러므로 우리 사회에서 어려운 시간을 보내고 있는 곳과 사람을 찾아 작은 정성이라도 함께해야 의미가 있는 것입니다. 이런 실천은 '상생'하는 이웃과 고객들이 있었기에 지금의 우리도 존재할 수 있었다는 깨달음이 있기에 가능했습니다. 그런 까닭에 회사와 사회생활에서 기념해야 할 일이 있을 때 주위의 이웃을 돌아볼 수 있게 사회구호단체와 NGO 등에 작은 정성을 담은 성의를 전달하고 있습니다.

한편, 송치영 대표이사는 지난 2020년에 재발족한 시민단체 〈백년가게국민운동본부〉의 위원장 임무도 맡고 있습니다. 〈백년가게국민운동본부〉는 "백년가게의 핵심은 사람이고, 그 바탕을 이루는 것은 교육"이라는 신념으로, 오랜 시간 끊임없는 변화과정을 견딘 백년가게의 존재 의의와 사회경제적 가치를 연구하고, 교육을 통한 의식개혁과 정보의 상향 평준화를 통해 향상된 집단지성을 바탕으로 건전한 '백년가업'의 정립을 우리 사회에 환기하고자 설립한 시민단체입니다.

우리 사회 공동체에 백년가게가 늘어나게 되면 사회적 신뢰를 바탕으로 한 사회경제적 자본이 커지면서 백년가게는 경제발전에 이바지하게 되는데, 이러는 동안 제대로 자리 잡은 백년가게의 존재는

'고용의 안정과 증가', '안정된 가계경제', '충분한 세수 확보', '국가 경제의 지속적 발전'이라는 선순환 경제 구조의 밑바탕이 될 수 있습니다. 이는 송치영 대표의 평소 지론과 상통하는 점으로, 송 대표는 향후 〈백년가게국민운동본부〉를 중소상공인들을 위한 시민운동의 구심점으로 발전시키려 꾸준하게 노력하고 있습니다.

A BOOK
WITHIN A BOOK

책 속의 책

중소상공인을 위한
세무·가업승계·노무 상식

1. 백년가게 운영의 기본 중의 기본

　- 중소상공인이 알아야 할 기본 세무 상식

2. 백년가게 운영의 궁극적 지향점

　- 중소상공인이 알아야 할 가업승계

3. 백년가게 운영의 새로운 쟁점

　- 중소상공인이 알아야 할 기본 노무 상식

●●● 들어가며

여기 '책 속의 책'에는 나의 글이 아니고 청탁해서 받은 글들을 실었다. 책을 기획하면서 누가 읽어주면 좋을지를 이야기할 때면 항상 창업을 준비 중이거나 지금 가게를 운영하는 소상공인들을 염두에 뒀었다. 즉, 이 부분은 "백년을 기약하며" 창업을 준비하는 청년들과 "백년가게를 위해" 현재 가게를 운영 중인 중소상공인들을 위한 자리다.

임순천 세무사가 집필한 가게 운영의 기본 중의 기본인 세무(稅務) 상식을 비롯하여 가게 운영의 궁극적 지향점인 백년가게로 가면서 반드시 거쳐야 하는 가업승계(家業承繼)는 송인혁 변호사가 담당했고, 그리고 요즘 가게 운영에서 놓쳐서는 안 되는 노무(勞務) 상식은 박성민 노무사께서 집필했다. 세 분 필자 모두 나와 인연이 있는 분들로, 이 책의 기획 의도에 적극적인 관심을 보여 주었다. 다시 한번 감사의 말씀을 드린다.

* * *

임순천 세무사는 "회계를 아는 것은 경영에서 절반 이상 성공하는 것"이라며, 세무와 회계의 기초적인 용어는 물론 적용사례 등을 알아야 한다고 강조했다. 송인혁 변호사는 "중소기업이 동일성을 유지하면서 상속 혹은 증여를 통하여 기업의 소유권(경영권)을 자녀에게 이전하는 것이 '가업승계'"라며, 가업승계는 "절세의 한 방법일 뿐만 아니라 사업체의 관계자들(내부 중요 임직원, 외부 주요 거래처)을 합리적으로 안심시켜 영속성 있는 사업 운영이 가능하게 하므로 준비를 잘해야 한다."라고 했다. 끝으로 박성민 노무사는 "요즘은 노동법에 관해 확인할 수 있는 루트가 그전보다 다양해짐에 따라 무턱대고 기존대로만 노무 관리를 하다 사업을 접는 낭패까지도 당할 수 있으니, 반드시 알고 있어야 할 노무 관련 핵심 주제를 체크해야 사업을 제대로 할 수 있다."라고 역설했다.

평소에 창업을 희망하는 사람들에게 위의 세 가지 상식의 중요성에 관해 물었을 때 선뜻 답을 하는 경우를 만난 적이 별로 없었다. 그만큼 다들 간과하기 쉬운 주제들이지만 백년가게를 지향하는 모든 이들이 반드시 해야 하는 공부 거리다. 이번 기회가 간단하게나마 정리하는 데 도움이 되면 좋겠다.

1.

백년가게 운영의
기본 중의 기본

- 중소상공인이 알아야 할 기본 세무상식

회계를 아는 것, 경영의 절반 성공

임순천·세무법인 세림택스 대표 세무사

＊＊ 들어가며 – 회계를 알면 경영이 쉽다

　회사를 만들고, 이익을 내기 위하여 사장들은 부단하게 노력한다. 처음 회사를 만든 사장이건 몇 개의 회사를 만들어 경영해본 사장이건 간에 회사를 만들기로 마음먹은 때부터, 사업 아이템은 잘 정한 것인가, 가게는 어디에 낼 것인가, 면적은 어느 정도가 적합할 것인가, 직원은 어떻게 채용할 것인가, 과연 수익은 얼마나 날 것인가 등등 매일매일 고민의 연속이면서 밤잠을 설치는 날이 하루 이틀이 아닐 것이다.

　그런데 여기서 중요한 것은 어떤 고민이건 계산을 하고 있다는 것이다. 더하기, 빼기, 곱하기, 나누기… 이러한 계산 과정이 잘못되면 결과도 잘못될 것이고, 그 결과에 의한 잘못된 판단으로 경영에 실패하기도 한다.

　모든 경영은 결과 이전에 결과에 미치는 각각의 사건들이 모여서 만들어지게 되는 것인데, 예를 들면 가게의 장소를 어디에 정할 것인가, 라는 질문에 임대료가 얼마나 할 것인가, 라는 질문이 이어질 것이고, 보증금과 월세의 비율은 어떻게 될 것인가, 인테리어는 어느 수준으로 할 것인가, 사람들은 얼마나 우리 가게에 올 것인가, 라는 등의 수많은 연관 질문을 하게 된다. 잘 보시면 모든 질문은 "얼마나, 어느 정도" 등등 계산을 반드시 해야 하는 질문들이다.

　회계란 회사 관계자들이 회사를 운영하면서 발생하는 각종 숫자적 결과들을 알기 쉽게 기록하여 경영적 판단을 현명하게 할 수 있도록 하는 것이다. 가능하면 누구라도 쉽게 알 수 있게 하도록 그런 각각의 숫자들을 유사한 항목끼리 묶어서 표시하고, 요약하기도 하고, 중요한 순서로 배열하고, 표현 방법을 통일하고, 통일된 표로 만들기도 한다. 이러한 학업을 하는 대학의 학과로 세무회계학과가 있고, 학생들은 세무회계를 배우기 위하여 4년이라는 많은 시간을 들이기도 한다. 그리고 이를 기반으로 세무회계 실무 자격증을 취득하기도 하고, 세무사 또는 공인회계사라고 하는 국가고시에 더 많은 시간을 투자하여 도전하기도 한다.

이해하기 쉽지 않은 것이 세무와 회계이겠지만, 대부분의 전문적인 일들은 세무사에게 맡기고, 경영자는 세무사의 의견을 이해할 수만 있어도 충분할 것이며, 경영자는 경영에 충실하면 될 것으로 생각한다.. 그렇다면 경영자가 회사 경영에 대하여 결과 또는 과정에서 발생하는 각종 세무회계에 대한 지표들을 세무사가 설명할 때는 어느 정도 이해하고 경영적 판단에 반영하여야 할 것인데, 기초적인 세무와 회계에 대한 용어나 방식을 전혀 알지 못한다면 참으로 난감한 상황이 된다. 1, 2, 3을 모르고 더하기와 빼기를 하겠다는 것이고, A, B, C를 모르면서 영어를 하겠다는 것과 같은 것이다.

다시 강조하지만, 회계를 아는 것은 곧 경영의 절반을 성공한 것이다.

＊＊ 회계 123

자산, 부채, 자본, 수익, 비용, 차변, 대변… 이것들은 다 무엇인가? 회계를 구성하는 가장 기본적인 요소로 사실 이것만 알아도 세무사와 원활한 대화가 가능하다. 이제부터 전문용어를 조금 순화하여 회계를 잘 모르는 일반인이 쉽게 알 수 있도록 설명을 해보려한다.[1]

자산은 현금, 상품, 책상, 의자, 기계, 토지, 건물 등을 하나의 표현으로 하기 위해 사용하는 회계적 용어다. 이 정도는 누구라도 알겠지만 이제 좀 더 들어가면, 예금도 있을 것이고, 재고자산[2], 외상매입금, 미수금[3], 대여금, 임차보증금, 시설장치 등이 있을 수 있는데, 용어를 조금만 생각해 보면 그것이 자산에 속하는 것임을 쉽게 알 수 있다. 이미 알수 있듯이 자산이라는 것은 회사가 경제적 가치로 보유하고 있는 것들이라 할 수 있다.

부채는 은행 빚, 지인에게 진 빚, 물건을 구매하면서 갚지 않은 돈, 직원이 퇴직하면 지급해야 할 퇴직금 등을 말하는 것으로, 이를 회계적 용어로는 차입금, 사채, 외상매입금, 미지급금[4], 퇴직급여충당금[5] 등이라 한다.

자본은 회사를 만들기 위하여 경영자가 순수하게 자신의 돈을 투입한 것을 말한다. 종종 초기자본, 자기자본, 순자산 등의 용어를 사용하기도 한다. 이제까지 설명한 자산과 부채와 연관하여 설명하자면 자산에서 부채를 뺀 나머지라고 할 수 있다. 그렇다면 사업을 시작하기 위하여 일단 통장에 있는 예금 1억 원을 투입하기로 하고, 월세 1백만 원, 임차보증금 3천만 원의 가게를 계약하고, 우선 임차보증금 1천만 원을 지급하여 장소를 정한 후 사업자등록을 하였다면 회계는 어떻게 될 것인가? 이 회사의 사업 개시 재무상태표[6]는 다음과 같이 요약할 수 있다.

표1 **재무상태표**

자산		부채	
보통예금	90,000,000원	미지급금	20,000,000원
임차보증금	30,000,000원		
		자본	
		자본금	100,000,000원
차변 합계		대변 합계	
	120,000,000원		120,000,000원

〈표1〉을 살펴보면 좌측[7]의 자산 총액과 우측의 부채와 자본 총액이 같은 금액임을 알수 있다. 대변의 자본금은 차변의 자산을 구성하는 원천이 되었고, 대변의 부채가 2천만 원 발생하였지만 동시에 차변의 임차보증금 3천만 원이 발생하였음을 알 수 있다. 위 표의 구조는 차변의 자산과 대변의 부채 자본의 관계를 잘 설명해 주고 있다. 회사가 사업을 개시하여 계속 영업 활동을 하는 동안에 발생한 모든 경제적 행위의 결과는 위의 표에 함축적으로 반영하도록 정형화되어 있다.

회사가 사업을 개시하여 계속 영업활동을 하게 되면 위와 같이 재산의 내용이 변화하게 되어 있는데, 이는 수익 활동을 통해 더욱 역동적으로 변화하게 된다. 우선 매출을 위하여 물건을 사게 될 것이고, 반면에 판매함으로써 이익이 발생하게 될 것이다. 이 회사가 1년이라는 일정 기간 내 10억 원의 물품을 구매하고, 판매 활동을 통하여 12억 원의 매출을 일으켰다면 2억 원의 판매이익을 남겼을 것이고, 영업활동을 위하여 사원도 채용해서 인건비를 3천만 원 지급하였고, 임차료 등 각종 활동비로 7천만 원을 사용하였다면, 1억 원의 당기순이익을 획득한 결과가 된다. 다음 〈표2〉는 손익계산서로서 회사가 일정한 기간 내 활동한 영업적 결과표라 할 수 있다.

이러한 영업활동 결과로 회사는 이익을 1억 원을 획득하게 되는데, 만일 그 금액을 모두 현금으로 회수하여 은행에 예치하였다면 위 〈표1〉 재무상태표의 차변에 예금 1억 원이 추가될 것이고, 대변 자본금 아래쪽에 당기순이익 1억 원이라 표시되어 회사의 순자산은 2억 원이 되어 투입된 자본금의 2배가 되는 것이다.

표2 **손익계산서**

비용		수익	
매출원가	1,000,000,000원	매출액	1,200,000,000원
인건비	30,000,000원		
기타비용	70,000,000원		
당기순이익	100,000,000원		
차변 합계		대변 합계	
	1,200,000,000원		1,200,000,000원

〈표2〉를 살펴보면, 차변의 총액과 대변의 총액이 일치하게 되고, 매출액 12억 원을 얻기 위하여 물품을 사고, 인건비를 투입하고, 임차료 등 기타 비용을 사용한 내용이 누구나 이해하기 쉽게 구체적으로 집계되어 있다. 또한, 1년간 영업활동을 위하여 회사는 얼마의 이익을 남겼는지도 표시되어 있다. 이러한 표현 방법은 모든 회사가 대략 같은 용어

와 방법을 사용하여 작성하게 됨으로써 세무서, 금융기관, 기업평가기관 등이 회사 간의 실적을 비교하고, 신용을 평가하는데 신뢰성과 투명성을 균형적으로 쉽게 판단할 수 있도록 하고 있다.

위에 표시한 재무상태표나 손익계산서는 너무 단순해서 쉽게 이해가 되겠지만, 영업활동이 복잡해질수록 재무제표[8]는 매우 복잡해진다. 회사를 경영하는 경영자는 위에 표시한 재무상태표와 손익계산서를 정확하게 이해하여야 하고, 이를 통하여 적어도 매월 회사의 재무 상태와 경영실적을 파악하여 경영방침에 활용해야 한다.

* * 세무를 알면 마음이 편하다 – 탈세하지 않고 세금 줄이기!

회사는 이익을 만들어서 경영자와 직원 및 납품 회사로 이익을 나누어 주는 역할을 하는 것이 최대의 목표이지만, 남는 이익 중 일부는 국가에 납세의무를 이행하여야 한다. 국가는 도로를 개설하고 사회안전과 국방 등 대외적으로 국력을 키우는데 많은 예산을 사용하게 되는데, 국민이 내는 세금으로 대부분 예산을 충당한다. 따라서, 나라 살림이 잘 되려면 국민의 납세의식이 성숙하여 경제가 성장한 만큼, 그리고 각자가 벌어들인 만큼 형평에 맞게 세금을 부담하여야 한다.

누구나 할 것 없이 부담은 적고 혜택은 많이 받는 것을 선호하겠지만, 내가 탈세한 만큼 누군가 대신 세금을 더 낸다면 탈세는 비난받아야 한다.

반면, 절세라는 말이 있다. 즉, 세법에 맞게 세금을 줄였다는 것이다. 그래서 절세는 적법한 것인데, 가끔 정치인들이 절세하는 것에 대하여도 비난을 받는 경우가 있으나, 이것은 세법이 복잡하여 평소 세법을 잘 알지 못하는 국민은 절세를 못 하여 손실을 보는 일이 있음에도 세법을 만드는 정치인이 그 세법을 잘 적용하여 경제적인 이익을 보는 것에 대하여 사회적으로 관대하지 않기 때문일 것이다.

기업이 회사를 운영하면서 벌어들인 소득에 대하여 세금을 계산할 때, 탈세는 달콤할 수 있으나 위험하고, 절세는 안전하지만 좀 손해 보는 느낌이 있을 수 있다. 각자의 가치판단 기준에서 선호도가 다르겠지만 절세를 최대화하여 납세의무를 이행하는 것은 비난

받을 일도 없고 마음도 편안한 것이므로 오히려 경영에 집중하여 더 큰 이익을 만들 수 있다는 점에서 절세를 선택해야 한다고 본다.

기업은 경영의 과정에서 벌어들인 수익에서 지출한 비용을 차감한 잔액에 대하여 정부에서 정한 세액감면 혜택을 차감하고 나머지에 대하여 세금을 부담하게 되는데, 그렇다면 벌어들인 수익이 낮고, 지출한 비용이 많으면 세금은 점점 줄어들게 될 것이다. 그러나 세금을 적게 내려고 수익을 적게 하는 경영자는 없을 것이므로 정상적인 수익증대, 비용 절감 경영을 하여 이익을 극대화하는 것이 기업의 목표일 것이고, 세금을 줄이는 것은 기업의 목표가 아니라고 보는 것이 타당할 것이다.

* * 세무 ABC

필자는 세금전문가로 35년을 일하면서 "세금이 참 많아요."라고 하는 고객들에 대하여 "남은 이익이 없으면 세금은 없는 것이므로 고객님께서는 세금을 내고도 세금을 내지 않는 사람들보다 많은 경제적 이익을 얻은 것입니다."라고 말한 적이 있다. 세금을 낸다는 것은 참 행복한 일임이 분명하다. "나도 세금 좀 내봤으면 좋겠다. 가능하다면 많이 ~."라는 말은 어떨까?

그렇다고 하더라도 기업은 절세해야 한다. 적법한 절세를! 지출한 비용은 절대 빠뜨리지 않고, 받지 못한 수익은 세금으로 연결되지 않게 하고, 받지 못할 곳으로 예상되는 거래처를 빨리 파악하여 납품하지 않는 등 진정한 이익에 대하여만 세금을 내야 할 것이다. 통상 기업은 세무사를 지정하여 납세의무를 이행하고 있다. 그 정도로 충분할 것으로 본다. 세무사들은 기업이 세금을 적법하지 않게 많이 내는 것을 원하지 않는다. 최대한 세법에서 적용받을 수 있는 혜택을 동원하여 부담을 적게 하려고 노력하기 때문이다.

종종 "세무사를 알아두는 것이 생활의 지혜입니다"라는 광고문구를 본다. 세금에 관하여 궁금한 점이 있거나 세금이 발생할 일이 있을 때, 잘 알고 지내는 세무사가 있다면 세금에 관하여 손해 보는 일은 없을 것이다.

* * 사업자금과 통장

회사를 시작하려면 먼저 예산을 세워야 하고, 예산이 수립되면 사업자금을 조달한 후 지출을 시작하게 된다. 소액의 현금을 제외한 상당히 많은 자금은 현금으로 갖고 있지 않고 통장에 보관하게 되는데, 이때 그 통장을 사업용 통장이라고 한다. 당연히 개인 통장과는 구분하여 관리하는 것이 좋을 것이고, 세법에서도 "사업용 계좌"라는 제도가 있어서 금융기관에 사업용 계좌 지정을 할 수 있도록 하고 있으며, 일정한 규모 이상의 사업자가 사업용 계좌 제도를 이용하지 않게 되면 가산세를 부담하게 되고, 각종 혜택을 받지 못하는 불이익이 생긴다.

사업용 계좌 제도가 정부가 강제하는 제도라서 일방적으로 따르기보다는, 통장의 입금 출금 자료로부터 경영자가 기업의 경영정보를 파악하고 현재 경영상태와 미래를 예측하는 데 유익하다면 기업의 입장도 사업용 계좌의 활용은 꼭 필요한 전략이라고 생각된다. 종종 경영자는 "재무제표를 보면 이익이 많은데 도대체 돈은 다 어디로 갔지?"라고 하는 경우가 있다. 만일 통장을 통해 빠짐없이 모든 거래를 했다면 경영자는 경영실적에 대하여 좀 더 쉽게 이해가 되었을 것이다. 물론, 이익이 재고 또는 미수금으로 쌓여서 현금으로 연결되지 못한 점은 경영의 기본적 애로사항으로서 아쉬움이 있지만, 재고로 쌓인 이익이나 수금되지 못한 이익에 대하여도 세금을 부과하는 현재의 제도는 어찌할 도리가 없다.

사업용 계좌는, 경영자의 입장으로는 경영적 판단이나 금융사고의 안전성 측면에서 언제나 주시해야 할 금융정보이므로 주기적 또는 불특정한 날에 꼭 관찰해야 한다. 경영자가 경리사원을 신뢰하는 것은 나쁘다고 할 수 없지만, 그러한 과정에서 사업용 계좌의 변화를 수개월 동안 관찰하지 않음으로 인하여 내부 금융사고가 발생하는 것은 안타까운 일이다.

* * 설비투자에 대한 영수증 – 소비형 비용과 투자형 비용

회사를 만들고 경영하는 과정에서 설비투자는 계속 발생한다. 특히, 사업 초기에 많은 설비투자가 발생하게 되어 자금이 집중적으로 투입되는데, 우리나라 조세제도에는 부가가치세9라고 하는 제도가 있어서 투자금액의 10%를 부가가치세로 부담하여 상대방에게 지불하게 되고, 상대방은 그 받은 부가가치세를 정부에 납부하게 된다. 투자에 해당하는 부가가치세는 상당한 금액이어서 회사를 처음 만들어 설비를 투자하는 경영자는 세금계산서를 발급받지 않고 부가가치세 10%를 할인받으면 어떤가 하는 질문도 종종 하는데, 일시적인 부담을 면하게 되면 결국 엄청난 손실을 안게 되므로 정상적으로 세금계산서를 발급받고 부가가치세를 부담하는 것이 현명한 결정이다.

설비투자를 한 기업은 해당 부가가치세 10%를 다시 공제받아 납부할 부가가치세에서 차감하게 되고, 매출이 없는 사업 초기에는 대부분 세무서에서 환급10을 받게 되므로 손해가 없는 것이다. 여기에 더하여 부가가치세를 제외한 설비투자 금액은 매년 감가상각11을 통하여 이익에서 비용으로 차감되는 것이므로, 소득세 또는 법인세 절감을 하게 되는 것이다. 만일, 부가가치세를 피하고자 설비투자에 대한 세금계산서를 받지 않았다면 이익에서 공제할 비용이 줄어들어 소득세 또는 법인세를 그만큼 많이 납부하게 된다.

설비투자는 대체로 금액이 많고 도입과정에서 의사 결정할 사항이 많아 거래 당사자 간에는 계약서를 작성하게 되며, 그런 계약서는 세무서에서 매입세액을 공제받을 때 매우 중요한 서류이므로 잘 챙겨두어야 한다.

* * 사업에 관련 있는 비용 – 사적 사용경비, 업무 무관 비용, 카드는 이렇게 사용하자!

사업을 하는 경우와 그렇지 않은 경우, 즉 개인 생활과 관계가 있는 경우와 회사 업무와 관계있는 경우는 구분하여 그 지출 내용을 정리하여야 한다. 회사를 경영하는 경우 회사의 이익에 대하여 소득세 또는 법인세를 과세 받게 되는데, 이때 수익에서 비용을 차감한 잔액을 기준으로 소득세 또는 법인세를 과세 받으므로 개인이 회사 업무와 관계가 없는 비용, 즉 집에서 또는 개인적으로 사용한 비용을 회사의 수익에서 차감한다면 이는 탈세가 되는 것이다.

따라서, 개인사업을 하는 사장이든 법인회사를 경영하는 대표이사든 평소 비용을 지출하면서 개인적 비용인지 업무와 관계된 비용인지는 구분하여 사용하여야 한다. 회사 카드를 사용할 때 회사 업무와 관련된 비용이라면 그 회사의 수익에서 차감하게 될 뿐만 아니라 지출하면서 부담한 부가가치세 10% 역시 회사의 매입세액으로서 납부할 부가가치세에서 공제하게 됨으로써 회사비용과 개인 비용을 구분하는 것은 매우 중요한 일이다.

물론 식사비용을 지출할 경우 또는 가정이나 회사에서 공통으로 사용하는 물건일 경우에는 그 지출이 개인적 비용인지 업무적 비용인지 사용한 자신 이외에 구분하는 것은 어려운 일이지만, 예를 들면 주말에 자택 근처에서 저녁 식사의 비용으로 지출이 이루어졌다면 회사 업무와 무관한 지출로 추정할 수 있을 것이다. 반면에, 주말에 회사의 직원들을 긴급 소집하여 대표이사의 자택 부근에서 업무상 회의를 하고 식사비용을 지출하였다고 한다면, 주말에 자택 부근에서 비용을 지출하였다고 하여 업무와 무관하다고 단정할 수는 없을 것이다.

회사에 식당이 없는데 쌀과 식료품을 구매하는 등 회사의 업무와 전혀 무관한 지출이 명확한 경우에는 그 지출에 대하여 특별한 원인 규명을 하지 않는 한 회사의 업무와는 무관하여 회사의 비용으로 반영할 수 없다고 할 것이다.

사업과 관련 있는 비용을 구분할 때 무엇보다 중요한 것은 경영자의 성실한 납세의식이라고 할 것이며, 어떤 측면에서는 경영자가 개인적 비용을 회사의 비용으로 처리하였을 경우 회사의 내부 직원들이 경영자를 도덕적으로 부정하게 인식함으로써 잃는 손실도 생각할 필요가 있다고 본다면, 그 구분은 별로 어렵지 않을 것이다.

＊＊ 부가가치세의 기본적 상식

사업자가 세법에서 부가가치세(이하 '부가세'라 함.) 과세대상으로 정한 물품의 판매 또는 용역의 공급이 있다면 그 거래금액에 대하여 10%의 부가세를 매기어 거래 징수하도록 하며, 공급하는 사업자가 그 세금을 징수하게 하려고 세금계산서 발급을 의무화하고 있고, 세금계산서를 발급하지 않거나 지연하여 발급한 경우는 가산세를 부과하고 있다. 물론 최종소비자[12]를 상대로 하여 물품을 공급하는 사업자인 소매점 등에 대하여는 세금계산서 발급을 면제하고, 대신 카드영수증 또는 현금영수증 발급으로 대체하고 있다. 따라서, 최종소비자는 부가세 과세대상 물건을 소비할 때 언제나 10%의 부가세를 부담하고 사용한다고 보아야 한다. 즉, 커피 한 잔을 샀을 경우 그 커피값 속에는 부가세가 10%가 포함되어 있다는 것이다.

물론, 부가세 대상 물품을 공급하는 자가 그 물품을 살 때 세금계산서를 받고, 상대 거래처에 지급한 부가세 10%는 판매할 때 징수한 매출 부가세에서 차감하여 내게 된다.

사례・1

철판 매출	12,000,000원	매출 부가세	1,200,000원
철판 매입	10,000,000원	매입 부가세	1,000,000원
기타비용	70,000,000원		
부가가치	2,000,000원	납부할 부가세	200,000원

위 〈사례・1〉은 매우 단순하게 예를 들어서 이해가 쉽겠지만, 회사가 거래를 많이 하게 될 때는 여러 가지 사례가 발생하기 때문에 위와 같이 단순화할 수는 없다. 사업 초기에 투자를 많이 하여 매입 부가세가 많을 경우는 부가세를 환급받을 것이며, 판매가 부진하여 재고가 많이 쌓였을 경우도 매출보다는 매입이 많아서 환급을 받게 될 것이다. 반대의 경우 재고가 많이 쌓여서 부가세를 환급받은 후 매입은 거의 없고 보유한 재고를 계속 팔기만 했을 경우는 매입 부가세가 거의 없을 것이므로 부가세의 납부가 많게 된다.

결국, 부가세는 기업의 입장으로는 받은 부가세에서 살 때 부담한 부가세를 공제하여 내는 것이므로 부가세로 인하여 아무런 손익관계가 없다.

음식점 등 최종소비자를 대상으로 하는 회사를 예를 들어 판단해보면 상황은 약간 달라진다. 음식점도 역시 재료를 구매하고 노동력을 들여서 부가가치를 창출한 후 음식물을 판매하게 된다. 결국, 음식점은 그 음식을 마지막 단계에서 소비하는 매입자(음식물 구입자)를 대상으로 하므로 경쟁이 치열한 환경에서 판매가격에 포함된 10%를 부가세로 부담한다는 점에서 매우 부담스러운 상황이라 할 수 있다. 부가세법 논리에서 본다면 물론 음식물 판매가격에 포함된 부가세에서 음식물을 사기 위해 지출한 부가세와 임대료, 전기세 등에 포함된 부가세를 공제하여 내게 된다고 하면 간단하다. 하지만, 통상 전체 공급가액 중 부가가치가 차지하는 부분이 도매사업자들보다 상대적으로 크게 느껴지기 때문에 음식점 사업자들과 통상적으로 최종소비자를 상대로 하는 사업자들의 경우 부가세를 매우 부담스럽게 생각한다.

현행 세법하에서 부가세는 결국 최종소비자가 부담하는 구조로 되어 있으므로 최종소비자를 상대로 하는 사업자에게 부가세를 낮추어 줄 방법이 신용카드 세액공제 등 일부 공제제도 외에는 특별히 없다. 최종소비자를 상대로 하는 사업자들의 경우에는 부가세가 어느 정도 되리라는 것을 사전에 알고 사업을 시작하여야 하며, 이를 기초로 경영계획을 세운 후 사업을 시작하는 것이 현명하다고 할 것이다.

* * 4대보험과 근로계약서

개인사업이든 법인사업이든 사업을 시작한 이상 4대 보험을 소홀하게 생각해서는 경영자가 매우 어려운 상황에 놓일 수 있다. 일단 금액적인 부담도 있는가 하면, 각종 의무 위반에 대한 책임이 무겁기 때문이다. 4대 보험이란 국민연금, 건강보험, 고용보험, 산재보험 등을 말하며, 국민연금은 노후에 가정경제의 기초적 안정을 위하여 저축하는 것이고, 건강보험은 치료비의 부담을 줄여서 안정적인 일상생활을 하게 하는 것이며, 고용보험은 일시적인 퇴직 시 단기적인 생활비 지원을 받는 것으로 생각하면 되고, 산재보험은 노동력을 상실했을 때 급여에 대신하여 꾸준하게 생활비를 지원받는 제도다.

4대 보험은 통상 근로자와 사용자가 각각 일부씩 부담한다. 비율을 일괄적으로 적용할 수는 없지만 대체로 사용자 50% 근로자 50%를 부담하여 총액을 각각의 주관기관에 내게 된다. 회사에서 부담하는 4대 보험은 총인건비의 약 10%를 차지하여 회사로서는 고정비용에 대한 상당한 부담을 갖게 된다.

〈2020년 4대보험 요율〉

	사업주 부담	근로자 부담
국민연금	4.5%	4.5%
건강보험	3.335%	3.335%
고용보험	0.80%	1.05%
산재보험	업종별 상이	–

과거에는 4대 보험 부담을 줄이기 위하여 근로자를 채용하고 있으면서도 급여를 관계기관에 신고하지 않고 고용되어 있지 않은 것으로 하여 부담을 줄이는 경우가 있었으나, 그런 경우 해당 급여에 대하여 회사의 손익계산에 비용으로 반영하지 못하여 소득세 또는 법인세에서 오히려 더 큰 부담[13]을 갖게 되어, 현재는 대부분 사업자가 4대 보험을 정상적으로 가입하여 납부하고 있다. 또한, 추후 근로자가 4대 보험 혜택을 보기 위하여 실제 근로 상태를 확인해주기를 요청할 경우 난감한 상황에 놓이기도 한다. 이때는 당초에 내야 할 4대 보험뿐만 아니라 의무위반으로 인한 과태료까지 부담하여야 하므로 그 손해가 크다고 할 것이다.

따라서, 4대 보험은 사업을 시작한 이상 반드시 가입하여 부담하여야 하는 것으로 판단해야 하며, 사용자에게는 근로계약서 작성부터 최저임금의 적용 등 근로계약의 이행까지 과태료 부과 등의 불이익이 없도록 함으로써 경영자는 좀 더 경영에만 집중할 수 있을 것이다.

* * 법인사업자와 개인사업자

사업을 처음 시작할 때 작은 음식점처럼 개인사업으로 시작하는 사정이 있는가 하면, 해외에 수출한다든지 해외로부터 수입한다든지, 또 중견 이상의 기업체에 납품한다든지 할 때는 회사의 신뢰성을 높이기 위해 법인기업으로 하는 경우가 있다. 개인기업은 사장이 회사의 현금예금 및 여러 가지 자산을 임의로 인출하여 사용하고 다시 회사에 투입하는 데 있어서 아무런 법적인 통제를 받지 않는다는 점에서는 편의성이 있다. 하지만, 그런 개인기업의 자유로운 점으로 인하여 금융기관, 납품처, 구매처 등으로부터 회사에 대한 신뢰성에 있어서 법인기업에 미달하여 사업의 성장이 법인기업보다 둔화하는 측면이 있으므로, 대개 미래성장을 꿈꾸는 사람은 회사를 만들면서 법인으로, 특히 주식회사로 설립하는 것을 선호한다.

개인사업자의 경우 규모 및 조직적인 의사결정에서 한계점이 있다고 보아 법인보다 기본적으로 신뢰도가 낮다고 보는 경향이 있다. 개인기업 사장의 경우 자유롭게 기업을 운영할 것이고, 그에 따라 투명성과 회사의 지속성에 있어서 법인사업자와 비교하여 부정적일 수 있다는 점 때문일 것이다. 금융기관에서도 대출을 결정할 때 개인사업자와 법인사업자를 구분하여 취급하고, 신뢰도 역시 개인사업자보다는 법인사업자를 우위에 두고 있다. 즉, 무엇인가 정형적인 방식을 취하고 있다는 점에서 법인기업을 개인기업보다 신뢰하는 것이다.

법인 내부를 살펴보면 형식적으로나마 대표이사 혼자라기보다는 다른 이사들의 의견을 들어서 좀 더 폭넓은 의사결정을 합리적으로 하고 있다고 보는 것이며, 주주가 있음으로써 주주 보호를 위한 기업경영의 투명성을 중요시하고 있을 것이라는 추정도 가능하다. 종종 개인사업자가 회사의 신뢰도를 높이기 위하여 명함 회사명칭 앞에 ㈜라고 표시하는 경우를 보면 개인사업자와 비교하여 법인기업이 대외적으로 신뢰도가 있어 보여서 그러할 것이다.

세금부담 측면에서 보면, 개인사업자의 경우 이익 1억 원에 대하여 소득세 35%에 주민세 3.5%, 그리고 건강보험 등을 합하여 이익의 절반을 세금 등으로 부담하여야 하는데 비해, 같은 소득인 법인사업자의 경우는 법인세 10%[14]와 주민세 1%를 부담함으로써 개인사업자와 법인사업자 간에 상당한 현금흐름의 차이가 발생한다. 더구나 법인사업자의 이익에 대하여는 4대 보험을 당장은 부과하지 않게 됨으로써 더욱 차이가 발생한다. 물론 법인인 경우도 출자자인 대표자가 급여를 받게 될 경우는 소득세와 건강보험료 등을 내겠지만, 그만큼 법인의 소득이 줄어들어서 법인세는 더 낮게 부담하게 되는 것이므로 역시 현금흐름에 있어서 법인이 매우 유리한 입장으로 있게 된다.

한편, 법인이 벌어들인 이익을 계속하여 회사에 쌓아두지 않고 배당을 통하여 주주에게 돌려줄 경우, 배당소득세를 부담하게 됨으로써 전체적으로 비교하면 법인이 약간 더 부담될 것으로 판단할 수 있다. 그러나 회사는 성장하면서 통상 이익을 재투자하게 됨으로써 모든 이익이 배당으로 갈 수는 없다고 볼 때, 결국 세 부담 측면에서 법인이 유리하다고 볼 수 있다.

사례 · 2 법인사업자와 개인사업자의 세액 등 비교

〈전제〉 아래의 당기순이익에 대표자급여 60,000,000원이 비용으로 포함되어 있으며, 종합소득 공제는 없는 것으로 가정한다.

	법인	개인
당기순이익	150,000,000	150,000,000
세무조정		
대표자급여		60,000,000
소득금액	150,000,000	210,000,000
세율	10%	
산출세액(법인세)	15,000,000	
사업소득금액	–	210,000,000
근로소득금액	47,250,000	–

종합소득금액(과세표준)	47,250,000	210,000,000
세율	15%	38%
산출세액(소득세)	6,007,500	54,400,000

총납부 세액	21,007,500	54,400,000

국민연금	450,000	452,700
건강보험	333,500	14,007,000
총납부 보험료	783,500	14,459,700

또한, 법인이 이익에 대하여 개인이 부담하는 세금보다 낮게 부담한 후, 가업승계 또는 가업 상속을 통하여 기업을 계속 유지 성장해 나갈 수 있다면 개인사업자가 부담하여야 할 세금으로 좀 더 사업에 투자할 수 있으므로 더욱 유익하다고 할 수 있다.

결국, 개인사업자는 벌어들인 소득으로 높은 세금을 일단 납부한 후 잔여 금액으로 공장도 사야 하고, 재고자산도 보유하여야 하며, 여유자금도 저축하여야 한다. 같은 입장에서 법인의 경우 개인보다 상대적으로 낮은 세금을 부담한 후 남은 자금으로 공장도 사고, 재고자산도 확보하고, 미래를 위하여 여유자금도 저축한다고 볼 때 법인이 매우 유리한 입장임을 알 수 있다. 다만, 법인의 자금은 개인회사와 같이 벌어들인 소득을 경영자 마음대로 사용할 수 없다는 점에서는 자유로움이 없다는 불편함이 있지만, 그러한 자유보다 회사의 성장이 중요하다면 법인회사로 사업을 하는 것도 좋은 판단이라 생각한다. 물론, 연간 이익이 1억 원 정도에 미치지 못할 정도의 소규모 회사의 경우에는 법인사업자로 하더라도 큰 이익이 없을 뿐만 아니라, 오히려 법인사업자로 경영을 함으로써 관리상의 어려움이 더 클 수 있으므로 이런 경우는 법인사업자가 개인사업자보다 꼭 유리하다고 할 수 없다.

1. 법인과 개인의 비교

구분	법인	개인
세금	법인세	소득세
과세대상	법인에 속한 소득	개인 대표자의 모든 소득 합산
과세기간	정관에 기재된 기간	매년 1월 1일 ~ 12월 31일
신고기한	각 사업연도 종료일이 속하는 달의 말일부터 3개월 이내	과세기간 다음해 5월 31일
세율	2억 미만 : 10% 2억 초과 200억 이하 : 20% 200억 초과 3,000억 이하 : 22% 3,000억 초과 : 25%	기본세율 6~42%
기장 의무	복식부기 의무자	수입금액에 따라 간편장부/ 복식부기 의무자로 구분
부가세 신고	3개월마다 신고	6개월마다 신고
세금계산서	법인 및 일정 규모 이상의 개인사업자는 전자세금계산서 의무 발행 국세청 홈택스(www.hometax.go.kr)에 접속하여 세금계산서를 발행	
대표자의 소득	대표자의 급여, 배당	개인기업의 소득
자본금, 설립비용	필요	설립절차 불필요
책임	소유지분만큼 책임 부담	무한책임
의사결정	이사회 또는 주주총회 결의	대표자 1인 결정
자금인출	급여, 배당, 퇴직소득 외 불가	비교적 자유로움

2. 법인과 개인의 장단점

구분	법인	개인	비고
설립절차의 편의	법인 설립 절차가 복잡하고, 설립 등기와 관련하여 각종 비용이 발생함.	기업 설립에 설립 등기 절차가 필요 없으며, 사업자등록만으로 사업개시가 가능함.	개인사업자가 유리함.
의사결정 절차	주주총회, 이사회 등 행정적 절차가 필요하여, 소규모 회사의 경우 불편할 수 있음.	대표 1인이 결정함으로써 별도의 회의체가 없어서 신속한 결정을 할 수 있음.	개인사업자가 유리함.
대외신용도	대외신용도 측면에서 법인사업자가 유리함.	1인 의사결정으로 인하여 대외신용도가 떨어짐.	법인사업자가 유리함.
기업 영속성	기업주가 변경되더라도 사업의 영속성이 유지됨.	기업주의 개인사정에 의하여 사업의 영속성이 저해됨.	법인사업자가 유리함.
사업자금 개인 활용도	개인재산과 법인재산이 명확히 구분되므로, 회사 운영자금의 자유로운 활동은 어려움(대표자가 기업자금 활용 시 세법상 불이익이 있음.).	법인과 비교하여 사업자금의 자유로운 운영이 가능함.	개인사업자가 유리함.

3. 개인사업자의 법인전환

법인기업의 많은 장점에도 불구하고, 자금인출 및 기업 관리상 불편함으로 인해 회사의 창립 초기에는 개인기업으로 시작하는 경우가 많다. 그러나 개인기업의 역사가 쌓여서 대외적으로 이미지가 상승하고, 매출이 증가하면서 납품회사에 대한 신뢰와 함께 안정적인 납품을 지속하기 위해서는 법인사업자로의 전환이 필요하게 된다.

개인기업의 법인전환은 무엇보다 개인기업의 경영자가 법인기업으로의 전환 필요성을 절감하여야 하며, 법인기업에 관한 향후 전략에 대하여도 충분히 검토하여야 한다. 물론 법인전환은 세무사가 법무사의 협력을 받아서 절차를 진행하면 되겠지만, 회사 내부에서도 대외적으로 표방하는 일에서부터 거래처에 대한 등록업무 등의 절차가 수반되어야 하므로 단순한 일은 아니다.

법인전환을 할 때 무엇보다 중요한 점은 주주구성에 있다 할 것이다. 즉, 주주를 누구로 정할 것인가 하는 점이다. 당연히 개인의 대표자가 100% 지분을 소유하는 것이 합당하겠지만, 설립 직후 자산가치의 큰 변화가 없을 때는 법적인 범위 내에서 배우자 또는 자녀의 지분을 증여 또는 매매의 방법으로 구성함으로써 추후 주식 가치의 상승과 배당에 대한 권리를 확보할 수도 있다. 법인전환 후 수년이 지난 후에 배우자 또는 자녀에게 주식을 증여 또는 매매하고자 할 경우는 이미 1주당 주식 가치가 액면의 수십 배[15]에 달하는 경우가 발생하여 관계자의 지분확보가 어렵게 된다.

법인전환 업무는 통상 세무사와 협의하여 진행하면 세무사가 법무사와 필요한 부분을 협의하고 개인기업의 결산을 마감한 후에 원활하게 진행할 것이므로, 경영자가 법인전환에 대하여 개별적으로 많은 시간을 투입할 필요는 없다.

4. 업무진행절차

5. 법인전환 절차(법인설립 후 양도양수 방식)

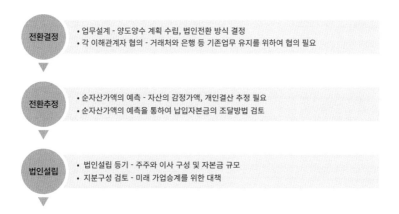

| 개인결산 | • 개인결산을 통한 순자산가액 확정
• 영업권 평가 |
| 사후처리 | • 양도양수 계약서 작성, 양도소득세 이월과세 및 증여세 신고
• 부동산 등기 - 취득록세 감면 |

* * 명의신탁주식

　주식회사는 기본적으로 마음에 맞는 주주들이 각자 출자금을 모아서 이를 기초자본으로 하여 회사를 설립하고, 출자한 금액에 비례하여 배당받을 권리를 갖는 것이다. 이것이 법인기업인 주식회사의 기본적인 주주경영 방식이다. 물론, 대기업 또는 상장기업을 제외하고 중소기업이 배당하는 경우는 매우 드물다. 이는 중소법인의 주주구성이 대개 친족 관계이거나 주주가 대부분 경영에 직접 참여하여 임원의 보수를 받음으로써 배당을 별도로 받지 않아도 되어 배당으로 인하여 소득세를 추가로 내지 않겠다는 생각이 있기 때문이다. 그러나 배당을 당장 받지 않는다 하더라도, 주식회사가 소유하고 있는 회사의 가치에 대하여 주주는 각각의 지분에 따라서 회사에 대한 권리가 있는 것이다. 주식을 다른 사람에게 매각할 때 애초 출자한 금액보다 높은 금액을 받고 매각할 수 있는 것은 주식회사가 해를 거듭하여 경영에 매진함으로써 회사가 벌어들인 이익이 쌓이고 그 미래가치가 인정됨으로써 발생하는 것이다.

　주식회사의 주주구성은 현재 1인으로 가능하지만, 과거에는 3인 또는 7인 이상인 경우가 있었다. 현재의 많은 중소 주식회사들은 주주가 3인 이상인 경우가 많은데, 그 주주 중 실제로 회사에 대하여 주주 권리가 있지 않은 주주가 있다. 즉, 애초 주식회사를 설립할 때 대주주가 출자금을 모두 부담하였지만, 주주명부에는 다른 사람을 주주로 해둔 경우가 있다는 것이다. 이것을 차명주주라 하는데, 차명주주는 회사가 이익이 발생하지 않는 경우는 별다른 문제가 없다고 볼 수 있으나, 이익이 누적되고 회사의 가치가 커질 경우는 중대한 문제가 발생한다.

320

세월이 흐르면서 차명주주인지도 입증하기가 곤란할 수도 있고, 차명주주가 사망하는 경우에는 해당 주식을 그 차명주주의 자녀가 법적으로 상속받아야 하므로 주주권리를 실제로 가지고 있는 사람이 주주권을 주장하기가 매우 곤란한 상황에 놓이기도 한다. 배당의 경우도 주주명부상 주주에게 배당의 권리가 있으므로 차명주주에게도 배당해야 하는 문제와 차후에 그 배당금을 어떻게 처리할 것인가 하는 문제를 포함하여 많은 문제가 유발될 수 있다. 물론 애초에 법인을 설립할 때 차명주주를 만들지 않는 것이 가장 좋은 선택이지만, 이미 차명주주가 있다면 차명주식은 최대한 빨리 실명으로 전환해두는 것이 분쟁을 조기에 없애는 방법이다.

차명주식을 실명으로 전환하는 데는 차명 사실의 확인절차와 사실의 입증이 불분명한 경우의 대처방법을 어떻게 할 것인가에 있다고 할 수 있다. 이런 절차는 매우 복잡하고, 실무적으로도 양도소득세, 증여세, 취득세 등 여러 가지 세액이 추징될 소지가 있으므로 반드시 세무사와 상의하여 상당 기간 조사와 컨설팅을 받아서 진행하는 것이 좋다. 대개 차명주식이 있는 회사의 경우 업무의 복잡성과 세 부담의 위험성 등으로 인하여 차일피일 미루는 경향이 많으나, 시간이 가면 갈수록 주식 가치는 상승하고 해결해야 할 문제는 더욱 어려운 상태에 놓일 수 있다는 것을 알아야 한다.

** 가족의 재산관리는 어떻게 – 자금출처 조사란 무엇인가?

부동산을 취득하거나 채무를 상환할 때 그 재산의 취득금액이나 채무의 상환자금이 그 사람의 직업, 나이, 소득세 신고 상태 등에 비추어 자신의 경제력으로 그 행위를 하였다고 보기 어려운 경우에는 국세청에서 자금출처를 요구할 수 있다. 이때 자금출처에 대하여 수긍할 만한 소명이 이루어지지 않는다면 이를 부모 또는 배우자로부터 증여받은 것으로 간주하여 증여세를 부과하게 된다.

부동산 취득 및 개인의 재산 변동과 관련된 자료는 국세청 전산시스템에 저장·관리되고 있으므로 시스템에 축적된 자료를 바탕으로 개인의 소득수준과 자산의 취득수준을 비교 분석하여 자금출처 대상자를 선정하게 된다. 자금출처 조사 시에는 적기에 소명에 필요한 자료를 제출해야 하는 것뿐만 아니라 세무서에 관련 내용을 충분히 설명하여 자금출처를 밝혀야 한다. 이때 어려운 점은 최장 과거 10년간의 자금흐름을 밝혀야 하는 경우가 있어서 자금형성 경위를 소명하기가 곤란하다는 것이다. 몇 년 전의 금융자료를 파악하는 일도 쉽지 않은데 10년 전까지의 금융자료를 파악하는 것은 매우 어려운 일이므로 평소 자녀에게 재산을 증여해 주는 경우는 관련 증거들을 잘 남겨두는 것이 현명한 방법이다.

1. 자금출처를 어떻게 만들까?

주택 등 재산취득 자금출처 조사의 방향이 기본적으로 수정되고 있다. 과거에는 주택을 취득할 경우 주택에 대한 자금출처를 조사하였으나 이제는 개별 취득재산의 출처조사에 더하여 특정 시점에서 특정 시점까지 개인의 순재산 증가액을 파악한 후 증가액의 원인을 소명하라는 방향으로 조사 방향이 변경되었다.

○ 해명(보정)자료 제출 요구서					
관리번호	200-02-20001-13	성명	김세림	주민등록번호	630926-1534748
주소	서울시 서초구 방배동 124-4				
○ 재산 취득자금의 운용과 원천 (07-10)					
자금의 운용			자금의 원천		
구분	금액 (원)		구분		금액 (원)
자금운용 계	4,751,000,000		자금원천 계		4,166,000,000
부동산 취득 (07-10)			부동산 양도 (07-10)		
주식보유 (10)	3,588,000,000		주식보유 (06)		146,000,000
골프회원권 취득			골프회원권 양도		
부채 상환			부채 발생		

현금, 예금 증여 (07-10)		현금, 예금 수증 (07-10)	3,000,000,000
해외송금	16,000,000	해외입금	
금융자산 환산액 (10)	742,000,000	신고(결정)소득금액 (07-10)	712,000,000
신용카드 현금영수증 사용내역	93,000,000	금융자산 환산액 (06)	291,000,000
소득세 및 증여세 납부 (07-10)	312,000,000	주식양도차익	17,000,000
자금원천의 부족 금액			585,000,000

이러한 변화는 자신이 벌어들인 재산에 대하여 투명한 관리를 하도록 하는 것이며, 그렇지 않으면 예상하지 못한 증여세를 부담하게 된다는 것이다. 물론 과거에는 자녀에 대한 증여세 없는 증여가 있을 수 있었고 현재도 세무행정의 한계로 인하여 그러한 경우가 있을 수는 있겠으나, 이제는 개인의 재산변화에 대하여 전산화가 촘촘해졌고 파악이 신속해졌으므로 국민도 이러한 변화에 빨리 적응하여야 한다. 그러한 점에서 정부도 납세자 홍보를 강화하여 생각하지도 못한 세금이 부과되어 조세 마찰이 일어나지 않도록 하여야 할 것이다.

정부의 투명한 조세정책 변화에 대응하기 위하여는 가족 간 예금의 자유로운 이동이 별문제가 없다는 그동안의 관습을 버리고, 배우자와 자녀에 대한 자금흐름에 대하여 명확한 인식을 지니고 있어야 한다.

배우자의 경우는 10년간 6억 원까지는 증여세를 부과하지 않으므로 보편적으로 과세문제가 야기되는 경우가 많지 않다고 봐야 한다. 그러나 자녀의 경우는 2014년부터 5천만 원으로 증여세 과세제외 기준이 상향 변경되었다고는 하지만 여전히 전세자금 등을 지원할 경우는 증여세를 내지 않을 수 없는 상황이다. 서울을 포함한 근교 도시의 전세자금이 최근 5억 원에 육박하는 것으로 보아 상당한 금액은 증여세를 부담해야 한다. 물론, 자녀가 취직하여 결혼하기 전까지 벌어들인 소득으로 일부 자금을 보충할 수는 있겠지만, 보편적으로 그 수준이 증여세부담을 면하기에는 매우 부족할 것이다.

서울에서 2019년 기준 남자의 평균 결혼비용은 약 1억 원, 여자의 평균 결혼비용이 약 5천만 원 정도로 조사되었는데, 이 금액은 남자의 경우 자녀가 매월 100만 원을 저축한다고 할 때 약 10년간 저축해야 하는 금액으로, 남자의 경우 국방의무를 마치고 취직하는 나이가 대략 27세인 것으로 보아 대부분 자녀가 결혼자금을 직접 마련하는 데는 현실적으로 불가능에 가깝다고 할 것이다. 그렇다면, 반드시 부모의 도움을 받을 수밖에 없을 것이고, 아니면 지극히 낮은 생활 수준, 즉 일부 전세에 일부 월세를 부담하거나, 금융기관을 통해 차입하여 이자를 부담할 수밖에 없다. 결국, 대부분 신혼 자녀는 부모의 도움을 받아서 결혼자금을 마련할 수밖에 없고, 증여 문제는 필연적으로 따를 수밖에 없다.

물론 증여세 부과를 하지 않는 증여세 기본공제 금액을 정하고, 나이별 자금출처 조사 대상 기준금액을 정하고 있기는 하지만, 이상의 현실을 반영한다면 청년들은 증여세를 면하기 어렵다. 즉, 대부분의 자녀는 증여세를 내면서 결혼을 해야 한다는 결론이다. 물론 자금출처 조사의 범위를 정하여 조사하지는 않는다고 규정을 정하고는 있지만, 막상 조사를 진행하게 되면 자녀 스스로 벌어들인 소득과 부모로부터 받은 금액 중 5천만 원을 제외하고 증가한 재산에 대하여는 법대로 증여세를 내야만 하는 것이다.

그러나 위와 같은 법 규정에도 불구하고 대부분의 많은 신혼부부가 증여세를 내는 것은 아니다. 그것은 일정 금액 범위 내에서는 자금출처 조사를 하지 않고 있기 때문이기도 하지만 지금까지는 대부분 주택을 사거나, 금융 이자가 발생하여 예치된 원금이 발견되었을 경우 등 특정 자산이 노출되었을 때 그 자산에 대하여 자금출처를 요청해왔고, 그것조차도 일정 금액 수준 이하면 조사를 하지 않았기 때문이다.

그러나 이미 언급했던 것처럼 이러한 조사환경은 변화되고 있다. 이제부터는 특정 자산의 취득으로 인한 자금출처 조사와 함께 특정한 기간의 재산 변동에 대하여 자금출처 조사를 병행하게 됨으로써, 국민도 과거의 생각을 버리고 자녀의 재산관리를 기간별로 촘촘하게 관리해 둘 필요가 있다.

* * 자금출처 조사 배제기준

구분		취득재산		채무상환	총액한도
		주택	기타재산		
세대주인 경우	30세 이상인 자	150,000,000	50,000,000	50,000,000	200,000,000
	40세 이상인 자	300,000,000	100,000,000		400,000,000
세대주가 아닌 경우	30세 이상인 자	70,000,000	50,000,000	50,000,000	120,000,000
	40세 이상인 자	150,000,000	100,000,000		250,000,000
30세 미만인 자		50,000,000	50,000,000	50,000,000	100,000,000

1. 2억 원 전세자금 지원의 경우 증여세 계산표

증여재산가액	200,000,000
증여재산공제	50,000,000
과세표준	150,000,000
세율	20%
산출세액	20,000,000

2. 5억 원 주택 구입 자금의 경우 증여세 계산표

증여재산가액	500,000,000
증여재산공제	50,000,000
과세표준	450,000,000
세율	20%

산출세액	80,000,000

3. 초과금액별 증여세액 계산표

증여재산가액	세율
5천만 원 초과	과세표준의 10%
1억 5천만 원 초과	과세표준의 20% − 1천만 원
4억 5천만 원 초과	과세표준의 30% − 6천만 원
9억 5천만 원 초과	과세표준의 40% − 1억 6천만 원
29억 5천만 원 초과	과세표준의 50% − 4억 6천만 원

즉, 부모가 자녀에게 얼마의 자금을 지원하였는지, 예금을 자녀 명의로 해 둔 것은 없는지, 전세자금을 얼마만큼 지원해 주었는지, 자녀의 차입금을 변제해 주지는 않았는지 등을 기록하여 10년간 지원금액 합계액이 5천만 원을 초과하였다면 언젠가는 증여세를 부담해야 할 경우도 있겠다는 생각을 해두어야 할 것이다. 물론 약간의 금액이 초과되었다 하여 일일이 증여세를 부과하는 일은 없을 것이므로 너무 예민하게 반응할 필요는 없다.

이상의 내용을 살펴보면 자녀에게 최대한 이른 시기에 증여를 해주는 것이 세금부담 측면에서 유리한 것이며, 특히 법인회사의 주식을 자녀에게 사전에 증여해 줄 경우는 회사의 역사가 길어지면 길어질수록 이익이 주식 가치에 반영되고, 필요한 경우 배당을 받을 수 있음으로써 자녀의 자금출처가 매끄럽게 해결될 수 있다는 것을 알 수 있다. 물론 자녀에게 주식을 증여할 경우 적법한 절차에 의하여 진행하여야 하는 것은 당연하다.

부모가 10년마다 5천만 원씩 자녀에게 증여하였다고 했을 경우 세법을 잘 이용하여 자녀의 재산을 형성하였다고 볼 것인데, 가끔 매스컴에 이런 방법에 대하여 법망을 교묘하게 피하여 자녀의 재산을 형성하였다고 하면서 마치 불법행위를 하였다거나, 도덕적으로 문제가 있는 것처럼 기사가 되는 경우가 있는데, 세법에 10년마다 5천만 원씩 자녀 16에게 증여해도 세금을 부과하지 않겠다고 정하여 둔 것이므로 이런 기사는 법리에 맞지 않는다.

326

4. 자금출처 조사는 이렇게 대처한다

세무서에서 자금출처 조사 소명서와 안내서를 받은 경우는 재산 취득자금의 출처에 대하여 소득자료와 금융자료 등 관련 서류를 충실하게 준비해야만 증여세 과세를 면할 수 있다.

주요한 소명 서류로는 소득세신고서, 원천징수영수증, 채무부담확인서, 전세계약서, 상속세 증여세신고서, 매매 계약서 및 금융자료 등이 있다. 자금출처를 소명할 때는 취득 자금의 80% 이상 또는 취득자금이 10억 이상인 경우, 2억을 제외한 나머지 금액에 대해 자금출처를 소명해야 하며, 소명하지 못한 금액에 대하여는 증여받은 것으로 보아 증여 세를 매긴다.

* * 증여세의 기본적 이해

재산의 증여는 부부, 자녀, 기타 특수관계자 여부를 불문하고 증여자의 증여의사표시와 수증자의 수락으로 성립하는 계약으로서, 특히 부동산의 경우는 증여계약서를 작성하여 증여 관계 사실을 문서로 남기고, 등기할 때도 일반 매매계약과 유사한 방법으로 증여계약서를 첨부하여 등기를 이행한다. 물론, 현금 증여에 있어서 별도의 계약서를 작성할 의무는 없으며, 세무서에 증여세신고를 하면서 증여대상이 현금이라고 명시하여 신고만 하여도 그 증여효력에는 문제가 없다.

1. 증여세 계산의 이해

증여세의 계산은 증여재산에서 부채를 차감한 금액에 대하여 증여재산 공제를 하고, 이 금액에 세율을 곱하여 계산한다. 여기서 부채란 부동산을 증여할 경우 차입금이 있거나 전세보증금이 있을 때 그 금액을 증여받는 자가 부담하는 것으로 할 경우, 그 부채[17]를 말한다.

2. 증여재산 및 부채

증여자산은 특수관계가 없는 사인 간에 일반적으로 매매할 수 있는 금액(시가)을 증여재산의 가액으로 함으로써, 통상적으로 생각하는 시가와는 차이가 있을 수 있다. 이 부분은 세무사에게 반드시 점검을 받고 시가의 정확성을 확인하는 절차가 필요하다. 왜냐하면, 기준시가가 있고, 최근 거래된 매매사례 가액이 있고, 감정기관에서 평가한 평가액이 있고, 금융기관에 담보로 제공하면서 채권최고액이 등기부에 표시되어 있어서, 도대체 어떤 금액이 증여세를 계산할 때에 시가인지 일반인이 구분하기 어렵기 때문이다.

증여가액에서 차감되는 부채는 증여자산에 담보된 차입금과 전세보증금 등이며, 이 경우 해당 부채 부분에 대하여 증여로 보지 않고 양도로 보는 것이므로 해당 증여재산이 양도소득세 과세대상이라면 양도소득세를 계산하여 증여세와는 별도로 내야 한다. 부담부증여가 있을 경우는 세액계산이 복잡하여 반드시 세무사의 도움을 받는 것이 좋다.

3. 증여재산 공제

증여가 친족 간에 이루어진 경우, 증여받은 재산의 가액에서 다음의 금액을 공제한다.

관계	공제금액
배우자	6억 원
직계존비속	5천만 원(수증자가 미성년자인 경우 2천만 원)
6촌 이내 혈족, 4촌 이내 인척	1천만 원

4. 증여세율 및 세액계산

증여세율은 증여재산의 크기에 따라서 차등적으로 적용되며 세율은 다음과 같다.

과세표준	세율
1억 원 이하	과세표준의 10%
1억 원 초과 5억 원 이하	과세표준의 20% − 1천만 원
1억 원 초과 10억 원 이하	과세표준의 30% − 6천만 원
1억 원 초과 30억 원 이하	과세표준의 40% − 1억 6천만 원
30억 원 초과	과세표준의 50% − 4억 6천만 원

5. 증여세 신고기한

증여를 받은 사람은 증여받은 날이 속하는 달의 말일로부터 3개월 이내에 증여받은 자의 주소지 관할 세무서에 증여세를 신고·납부하여야 한다.

이 기간 내에 증여세를 신고하지 않거나 미달신고 한 경우 10%~40%의 가산세 및 미납기간에 대하여 1일 0.025%의 납부 불성실 가산세를 부과받게 된다.

사례·3

아들(성년으로 가정)이 아버지로부터 3억 원의 증여재산을 증여받을 경우의 세액은 다음과 같다.

증여세액	공제 5천만 원
증여세 과세표준	2억 5천만 원 (3억 원 - 5천만 원)
증여세 산출세액	4천만 원
	- 1억 원까지 10%, 1천만 원
	- 1억 원 초과분인 1억 5천만 원 20%, 3천만 원

** 가업승계와 가업 상속

우리나라는 중소기업이 전체 기업의 99%를 차지하고 있다. 또한, 중소기업의 국내총생산(GDP) 비중은 절반에 이르며 국가 조세 수입 기여도는 60%에 이르고 있다. 즉, 중소기업은 우리나라 경제의 핵심이라고 할 수 있는데, 창업세대들의 고령화로 은퇴 시기가 가까워지면서 중소·중견기업의 가업승계에 관한 관심이 계속 높아지고 있다.

우리나라의 중소기업들은 1인 기업 또는 가족 기업인 경우가 대부분이기 때문에, 이들 중 누군가에게 예측하지 못한 문제가 발생하게 된다면 기업의 존속 자체가 어려워질 수도 있다. 그러므로 가업승계를 준비하지 않으면 수년간 쌓아온 기업의 소중한 가치는 사라질 것이고, 국가적으로도 손실이 매우 크다.

가업을 자녀가 승계하는 방법은 부모님이 살아 있을 때 회사를 물려받는 사전 가업승계 특례제도와 부모님이 세상을 떠나신 후 상속의 절차에 따라서 진행되는 가업 상속 제도가 있다.

1. 가업승계, 미리미리 준비해야 한다!

가업승계는 단순히 자녀에게 회사를 물려주는 것이 아니라, 경영자가 평생에 걸쳐 이룩해 놓은 결과물을 후계자에게 안정적으로 승계하는 위대한 과정으로 보아야 한다. 평생을 걸쳐 이룩해 놓은 기업이 어이없는 경우로 인하여 하루아침에 폐업하게 되거나 다른 기업으로 인수되는 등의 매우 안타까운 사례들이 빈번하게 발생하고 있다.

가업승계 및 가업 상속은 그 적용과 사후관리 요건이 상당히 까다롭고, 상속세와 증여세가 복합적으로 연계되는 부분이 많으므로 반드시 장기적인 계획을 세우고 진행되어야 하며, 기업의 경영자들은 평소 가업승계에 대하여 진지하고 적극적인 관심을 가져야 한다. 성공적인 승계를 위해서는 사전에 철저한 승계 계획을 세우고, 해가 지날 때마다 세법의 개정 등을 검토하여 이미 계획해 둔 가업승계 절차를 계속 검토하는 자세가 필요하다.

330

2. 가업을 준비하는 기업의 잘못된 판단 두 가지

1. 토지, 건물은 개인으로 보유하여 임대료를 받자!
2. 가능하면 회사 재산보다 개인 재산을 불려야 한다.

위와 같은 판단으로 회사 재산이 감소하고 개인의 재산이 증가하면 가업 상속 시 절세 금액이 줄어들고, 개인 재산은 상속재산으로 100% 적용받아야 하므로 무조건 금전적으로 손해가 발생한다.

	법인 재산	개인 재산
가업 상속 재산		
토지·건물	4,000,000,000	
기타	5,000,000,000	5,000,000,000
일반상속 재산		
토지·건물		4,000,000,000
기타	1,000,000,000	1,000,000,000
상속재산가액	10,000,000,000	10,000,000,000
상속공제		
일괄공제	500,000,000	500,000,000
가업 상속공제	9,000,000,000	5,000,000,000
상속세과세표준	500,000,000	4,500,000,000
상속세산출세액	90,000,000	1,790,000,000

3. 창업에서부터 가업승계를 생각한다

우리나라는 과거 1960년대부터 고도성장을 거치면서 기업의 가치가 점차 커지고, 기업공개가 증가하여 상장기업 수가 증가하면서 수많은 대기업이 가업을 어떻게 할 것인가 고심을 해왔다. 그러한 과정에 편법이 동원되어 대기업 총수가 법의 심판을 받는 고초를 당하기도 하고, 심하게는 법정 구속되기도 하였다. 물론, 기업이 정상적으로 승계되지 못하여 폐업하는 때도 다반사였을 것이다. 이러한 문제는 기업의 안정적인 성장뿐만 아니라 기업에 소속된 직원들의 일자리와 세수의 감소까지 이어지는 경제의 불안요소가 된다. 따라서, 정부에서도 가업 상속을 통하여 기업이 영속할 수 있도록 하고, 일자리가 계속 잘 유지됨과 동시에 안정적인 세수가 확보되어 정부재정도 튼튼할 수 있다는 정책 방향을 설정하고 가업 상속을 세제로써 적극적으로 지원하여야 한다.

우선 가업 상속의 대상이 되는 주식회사의 회사구성 형태를 보면, 주식회사는 마음에 맞는 여러 사람이 각각 합의된 금액을 출연하여 이를 기초자본으로 회사를 설립한 후 각각 출자한 금액에 비례하여 배당을 받을 것을 기본전제로 한다. 물론, 배당을 받지 않더라도 회사를 경영하면서 수년간 발생한 누적된 잉여금은 모두 주주의 몫이다. 즉, 언젠가는 배당으로 받을 수 있거나, 잉여금을 주식 가치에 반영하여 주식을 매각함으로써 투자금을 회수할 수도 있다.

상속세의 측면에서 보면 주식회사의 대주주인 CEO가 사망했을 경우 회사의 순수한 가치는 대주주가 소유한 주식의 가치에 모두 반영되어 있으므로 일단 주식 가치를 기준으로 상속세를 부과하게 된다. 가업 상속을 준비하지 않은 기업의 경우, 만일 주식 가치가 100억 원이라면 대략 40억 원의 상속세를 내야 한다. 상속이라는 것이 갑작스럽게 진행되는 일이기 때문에 실제로 수십억 원의 상속세를 부담하여야 하는 상속인들이 주변에서 쉽게 발생할 수 있다고 본다면, 준비되지 않은 중소기업은 대부분 자금난18에 직면하게 되는 것이다.

그렇다면, 대주주의 지분이 낮다면 어떨까? 51%만 대주주가 소유하고 있을 때, 51억 원이 상속재산이 될 것이고, 20억 원의 상속세만을 납부해도 된다면 세 부담은 그만큼 감소할 것이다.

	준비된 가업 상속	일반 가업 상속
상속세 과세가격	5,100,000,000	10,000,000,000
(-) 상속공제액	500,000,000	500,000,000
과세표준	4,600,000,000	9,500,000,000
산출세액	1,840,000,000	4,290,000,000

대주주가 경영권을 지킬 수 있는 수준의 지분을 갖기 위하여 우선 대주주 개인의 지분을 51%까지 보유하고, 나머지 주식을 배우자에게 증여하거나 자녀에게 증여하여 주주를 구성할 수도 있을 것이다. 물론, 회사의 가치가 수백억에 이를 때까지 대주주 1인이 주식을 계속 보유하였다면 생각할 여지가 너무 많겠지만, 설립 초기에는 배우자 또는 자녀에게 지분을 증여하는 것이 증여세의 부담 측면에서 별로 부담스러운 일은 아닐 것이다.

문제는 이러한 의사결정을 어떻게 실행에 옮기느냐에 있다. 사실 상속세와 증여세가 걱정된다면 회사를 설립할 창업 당시에서부터 가업 상속에 대하여 고민하고 그러한 전략을 창업에 반영하여야 할 것이다. 현재 자녀에게 증여세를 부과하지 않는 금액의 범위가 성년인 자녀의 경우 5천만 원이고 미성년인 자녀의 경우 2천만 원이므로, 이러한 문제는 경영자의 지혜로운 판단이 있다면 별로 어려운 일은 아니다. 중소기업의 CEO는 이러한 시각에 대하여 사전에 인식하고 있어야 하며, 회사를 설립하려는 창업단계 때 CEO가 충분한 시간을 갖고서 미래설계를 한 후 회사를 설립하여야 한다는 것이다. 물론, 설립 직후라도 이와 같은 생각만 있다면 충분히 가업승계를 위한 준비를 해나갈 수 있고, 장기적으로 기업의 안정에도 도움이 될 수 있다.

4. 가업승계의 최대 혜택은 세금, 철저한 사전준비 필요

중소기업의 가업승계는 사회적으로 매우 중요한 화두로 떠올라 있음에도 불구하고, 현재 중소기업의 가업승계에 대하여 그 관심도와 비교해 계획이나 진행 등이 상당히 미비한 상황이다. 최근 중소기업 CEO들을 대상으로 한 조사에서 가업승계를 꺼리는 가장 큰 이유 중의 하나가 바로 가업승계 시 부과되는 과중한 세금부담(상속세, 증여세)인 것으로 나타났으며, 실제로도 이 세금을 내기 위한 현금이나 납부에 필요한 기타자산이 부족한 경우가 많은 것으로 나타났다(출처 : 중소기업연구원). 따라서, 경영자는 세법에서 정하고 있는 가업승계 또는 가업 상속 제도를 충분히 검토하고 대비하는 자세가 필요하며, 무엇보다 지속적인 관심과 사전준비가 필수적이라는 생각이다.

5. 가업승계 과세특례제도

가업승계(혹은 사업승계) 과세특례제도는 부모가 경영자의 지위를 넘길 수 있는 능력과 지혜가 있을 때 조기에 가업을 승계함으로써 갑작스러운 사망으로 인한 가업승계의 문제를 사전에 해결할 수 있다는 점과 자녀의 경영능력을 부모가 직접 검증해 볼 수 있다는 점에서 매우 유용한 제도다. 다만, 사전에 가업승계를 함으로써 증여세를 어느 정도 납부한 후에 추후 상속세를 부담한다는 점에서 승계 시점에서 증여세의 부담이 있을 수 있다.

가업승계 특례제도는 계속 성장하는 기업의 경우에 있어서 사전에 증여함으로써 증여 시점 이후에 기업 성장의 가치가 자녀 소유가 된다는 점이 유익한 것이므로, 지속성장을 알 수 없는 기업의 경우에는 선택하기 어려운 제도다.

가업승계 과세특례제도의 기본 요건과 혜택은 다음과 같다.

- 60세 이상의 부모가 10년 이상 영위한 중소기업의 주식을 18세 이상의 자녀(1인)가 수증
- 증여재산(한도 30억 원)에서 5억 원 공제 후, 10%의 세율을 적용하여 증여세 계산
- 산출세액 : 30억 원 - 5억 원 = 25억 원, 여기에 10%의 세율을 적용하면 2억 5천만 원

6. 가업 상속 공제제도

가업 상속이라 것은 피상속인(경영자)의 사망 시, 피상속인이 영위하여 온 가업 일체를 자녀 중 1인이 전부 상속하는 것을 말한다. 정부에서는 중소기업의 원활한 가업승계를 위하여 거주자인 피상속인이 영위하여 온 가업을 상속세법에서 정하는 방법으로 상속인에게 적법하게 상속한 경우, 가업 영속 기간별로 최대 5백억 원을 한도로 하여 상속공제를 받을 수 있도록 하고 있다. 이러한 제도는 상속세 부담을 완화하여, 상속된 기업이 계속 기업으로 견실하게 성장할 수 있도록 하기 위한 것이므로, 인력감축 제한 등 각종 사후관리 사항을 정하고 있다.

- 피상속인이 10년 이상 계속 경영한 중소기업을 18세 이상인 상속인(1인)이 적법하게 상속
- 가업 상속재산의 100%를 과세 가액에서 공제
- 공제 한도 : 가업 10년 이상 영위 시 200억 원, 20년 이상 300억 원, 30년 이상 500억 원

사례 · 4 **세액계산표 – 가업 상속인 경우와 아닌 경우 납부세액 비교**

〈가정〉

① 피상속인이 10년 이상 경영한 중소기업으로 가업 상속재산은 200억 원

② 상속인은 자녀 1인이라 가정하고, 가업 상속공제 이외에 일괄공제만 있는 경우

	준비된 가업 상속	일반 상속
상속재산가액	25,000,000,000	25,000,000,000
(-) 가업 상속공제액	20,000,000,000	
(-) 일괄공제	500,000,000	500,000,000
과세표준	4,500,000,000	24,500,000,000
산출세액	1,790,000,000	11,790,000,000

※ 2019년 말 세법 기준으로 가업 상속 공제 적용 유무에 따라 약 100억 원의 상속세 차이가 발생

---

7. 창업자금에 대한 증여세 과세특례

창업자금 증여세 특례제도는 부모의 회사를 물려받는 것과는 별개로 자녀가 회사를 만들어 경영자가 되는 때에 창업자금을 부모로부터 지원받을 경우, 일정 범위의 금액에 대하여 증여세를 부과하지 않는 제도로서, 부모의 회사를 물려받는 것보다 오히려 자녀의 독립성을 키워준다는 점에서 유익한 제도라 할 수 있다. 증여세를 부과하지 않는 금액이 5억 원으로 상당한 금액이므로 그 조건도 매우 까다롭다.

> 18세 이상의 자녀가 ➜ 60세 이상의 부모로부터 ➜ 창업자금을 증여받고 ➜ 중소기업을 창업하는 경우
> : 증여재산(한도 30억 원)에서 5억 원 공제 후, 초과하는 금액에 대하여 10%의 세율 적용

* * 사후관리는 철저히

가업승계, 가업 상속, 창업자금 지원제도 등은 그 적용 요건만 까다로운 것이 아니라 사후요건이 있으므로, 추후 불이익을 당하지 않도록 엄격하게 관리하여야 한다.

– 가업 상속의 경우 : 상속받은 자산의 20% 이상을 처분하거나, 상속인이 가업에 종사하지 아니하는 경우, 상속인의 지분이 감소하는 경우 등에는 공제받은 세액을 추징당하게 된다.

– 가업승계의 경우 : 증여일로부터 5년 이내에 정당한 사유 없이 가업승계를 이행하지 아니하거나, 수증자가 증여세 신고기한까지 가업에 종사하지 아니하는 등 사후의무를 위반한 경우에는 해당 주식 가액에 대하여 세액 및 이자 상당액을 추징당하게 된다.

– 창업자금 증여세 특례의 경우 : 회사를 창업하지 않은 경우, 창업 후 일정 기간 유지되지 않고 폐업하는 경우 등에는 불이익을 당하게 된다.

〈가업 상속공제 및 증여세 감면 특례〉 (참고)

구분	가업 상속 공제	가업승계 증여세 과세특례
세율	상속세 및 증여세 세율 • 과세표준 1억 원 이하 : 10% • 과세표준 1억 원 초과 5억 원 이하 : 1천만 원 + 1억 원 초과금액의 20% • 과세표준 5억 원 초과 10억 원 이하 : 9천만 원 + 5억 원 초과금액의 30% • 과세표준 10억 원 초과 30억 원 이하 : 2억 4천만 원 + 10억 원 초과금액의 40% • 과세표준 30억 원 초과 : 10억 4천만 원 + 30억 원 초과금액의 50%	
적용 대상	① 개인 및 법인사업자 ② 조특법상 중소기업(음식업 포함)	① 법인만 가능함 ② 조특법상 중소기업(음식업 포함)
증여자 (피상속인) 요건	① 피상속인이 10년 이상 계속하여 경영한 가업 ② 가업영위 기간 중 50% 이상 또는 상속 직전 10년 중 5년 이상 대표이사로 재직	① 가업영위 기간이 10년 이상 ② 60세 이상의 부모 ☞ 100억 원 초과금액은 일반세율 적용 ☞ 상속 시 상속세 과세가액에 합산하여 정산
공제한도	다음 ①, ② 중 적은 금액 ① 가업 상속재산의 100% ② 가업 기간별 공제한도 • 10년 이상 200억 원 • 20년 이상 300억 원 • 30년 이상 500억 원	30억 원 • 5억 원 공제 • 25억 원 10% 저율과세
최대주주 지분율	50% 이상 보유 (상장주식은 30% 이상)	
상속인 (수증자) 요건	① 18세 이상 (상속개시일 현재) ② 상속개시일 전 2년 이상 가업 종사 ③ 상속인 1인이 가업 전부 상속 ④ 신고기한 (6개월) 이내 임원 취임 ⑤ 신고기한부터 2년 이내 대표이사 (공동대표 가능) 취임	① 18세 이상 자녀 1인 ② 신고기한 (3개월) 내 가업 종사 ③ 증여일 이후 5년 내 대표이사 취임, 7년까지 대표이사 유지하여야 함
가업 상속재산 대상자산 등	① 가업에 직접 사용된 토지, 건축물, 기계장치 등 사업용 자산 ② 가업에 해당하는 법인의 주식 등 (단, 총자산 중 사업 무관 자산 비율에 해당하는 금액은 제외)	가업에 해당하는 법인의 주식 등

사후관리 요건	① 가업용 자산 80% 이상 유지할 것 ② 상속인 가업에 종사 유지해야 함 ③ 상속지분 유지할 것 ④ 정규직 근로자 수 1.0배 유지 (중소 기업에 해당하지 않는 매출액 2,000억 이하 기업은 1.2배 유지)	① 수증자 가업 및 종사 유지할 것 ② 증여지분 유지할 것 ☞ 지분 및 가업 유지 시 가업 상속 공 제 적용
사후관리 제제	상속세 및 이자 상당액 추징	증여세 및 이자 상당액 추징

* * 상속세

　부모의 사망으로 상속이 이루어지는 때, 일반적으로 과세하는 재산의 범위가 넓고 그로 인한 납부세액도 상당하므로 상속세 신고와 관련된 세무업무 진행은 신중하게 진행하여야 한다. 특히, 상속은 수년간 누적된 재산이동에 대하여 사후에 검증이 이루어지는 만큼, 현재 보이는 상속재산의 파악만으로는 정확한 세액산출을 보장받을 수 없으므로 이미 종결된 재산이동에 대하여도 충분한 검토가 이루어져야 한다. 통상적으로 사망일로부터 10년 전까지 이루어진 금융이동 등 재산의 변동에 대하여는 과세의 대상이 될 수 있으므로, 부모의 재산을 일방적으로 자녀재산으로 이동한 경우는 언젠가 증여세 또는 상속세로 과세 될 수 있다고 보아야 한다.

　상속세에 관한 준비가 부족하여 추후 가산세를 부담하거나 상속세가 추가되었을 때에 상속인들이 연대하여 상속세를 부담하여야 하지만, 상속인 중 받은 재산을 탕진하였거나 일부러 납부하지 않을 경우는 재산이 있는 상속인이 우선 납부하고 다른 가족에게 구상권을 행사하여야 하는 상황이 발생하여 가족 간 다툼으로 번지는 경우가 있다.

　상속 절차가 개시되는 경우, 상속세에 대한 절세 플랜뿐만 아니라 상속재산에 대한 적절한 분배 문제와 상속재산의 관리 등에 관한 플랜도 필요하다. 상속재산의 분배는 피상속인이 유언장을 통하여 사전에 자녀들 간에 분쟁이 없도록 분배에 관한 서류를 준비해 두는 일이 아주 중요하다. 그러나 현실적으로는 이러한 준비가 이루어지지 않고 갑작스러운 피상속인[19]의 사망으로 자녀들이 상속재산 분쟁에 휘말리는 경우가 다수 있다. 드라마에서 상속재산에 대한 소송이 등장하는 때를 종종 볼 수 있는데, 상속재산이 많지 않아도 현실에서는 소송으로 진행이 되는 경우가 있으므로 부모 자식이 사전에 재산분배에 대하여 준비하는 것도 좋은 방법이라 생각한다.

* * 상속세 계산의 이해

1. 상속재산

상속재산이란 피상속인에게 귀속되는 재산 중 금전으로 값으로 환산할 수 있는 경제적 가치가 있는 물건과 재산적 가치가 있는 법률상·사실상의 모든 권리를 말하는 것으로서, 피상속인의 토지, 건물, 주택, 금융자산, 차량, 보험 등을 포함한다. 또한, 자금출처 조사를 통한 추정재산과 사전에 증여된 자산도 포함되어 있어서 상속재산 가액을 확정하는 것은 상당히 복잡한 절차라고 할 수 있다.

따라서, 세무사의 조력을 받아 신고과정을 진행하는 것이 현명하다고 할 것이며, 비록 상속재산이 적어서 상속세액이 산출되지 않더라도 상속세를 신고하는 것이 향후 상속재산을 양도할 경우 발생할 양도소득세 등 세금 문제에 있어서 절세전략으로 활용될 수 있음에 유의하여야 한다.

2. 상속재산의 분배와 과세 가액

상속이 개시되었을 경우 배우자와 자녀 간의 재산지분은 민법의 적용을 받는다. 피상속인이 유언을 통하여 상속재산을 분배하지 않았다면 법정상속분을 적용받으며, 그 비율은 다음 사례와 같다.

피상속인이 2020년 1월 15일 사망하였고(상속개시일) 상속인은 배우자와 자녀 2인을 포함하여 3인이다. 피상속인의 상속재산에는 서울시 금천구 독산동에 소재하는 아파트 1채(10억 원)와 양천구에 소재하는 상가(4억 원)가 있고 경기도 광주 및 이천에 임야(4억 5천만 원)를 소유하고 있으며, 예금자산 2억 원이 있다. 피상속인 명의의 차량(5천만 원)을 소유하고 있으며 부채는 상가보증금 1억 원과 금융채무 4천만 원이다. 장례와 관련해서는 1천만 원이 사용되었다.

1) 상속재산 등의 내역

자산 내역	금액	부채 및 장례비용	금액
아파트	10억 원	상가 보증금	1억 원
상가	4억 원	금융채무	4천만 원
임야	4억 5천만 원	장례비용	1천만 원
예금	2억 원		
차량	5천만 원		
자산 합계	21억 원	부채 합계	1억 5천만 원

※ 이후 세액계산에 있어서 재산의 평가는 이미 시가가 반영된 것으로 간주한다.

2) 상속재산의 분배

해당 사례의 경우 배우자와 자녀들의 상속재산 법정 분배비율은 배우자 = 1.5, 자녀A = 1, 자녀B = 1이다. 따라서, 상속재산 가액 21억을 분배비율로 나눈다면 각자의 상속재산 분배가액은 배우자 9억, 자녀A 6억, 자녀B 6억이다.

구분	법정상속 비율	분배가액
어머니	1.5	21억 원 × 1.5 / 3.5 = 9억 원

| 자녀A | 1.0 | 21억 원 × 1.0 / 3.5 = 6억 원 |
| 자녀B | 1.0 | 21억 원 × 1.0 / 3.5 = 6억 원 |

3) 상속세 과세 가액

피상속인의 상속세 과세 가액은 상속재산 합계액 21억 원에서 보증금과 채무액 1억 5천만 원을 제외한 19억 5천만 원이다.

총상속재산 가액	2,100,000,000
(−) 과세가액 공제액 (채무, 장례비, 공과금)	−150,000,000
상속세 과세가액	1,950,000,000

3. 상속공제액

상속재산에서 공제하는 금액은 배우자공제액(최소 5억 원~최대 30억 원)이 가장 크며, 기본공제 2억 원과 인적공제(기본공제와 인적공제액이 5억 원에 미달하는 경우 일괄공제 5억 원 적용) 및 금융재산이 있을 때, 금융재산에 20% 공제해주는 금융재산공제 등 다양한 공제가 있다.

상속공제는 상속세 절세를 위하여 매우 중요하며 적용 요건을 판단할 때 세무사의 세심한 검토가 필요하다.

위 〈사례 · 5〉의 경우도 배우자공제 8억 4천만 원과 일괄공제 5억 원을 적용하고, 금융재산 2억 원의 20%인 4천만 원을 공제하여 총 13억 8천만 원을 공제받을 수 있다.

즉, 배우자가 생존하였다고 가정할 경우, 배우자공제 5억 원과 일괄공제 5억 원을 공제받기 때문에 상속재산이 10억 원 이하일 경우에는 상속세가 과세 되지 않는다.

총상속재산 가액	1,950,000,000
(−) 배우자공제	−840,000,000

(−) 일괄공제	−500,000,000
(−) 금융재산공제	−40,000,000
상속세 과세가액	570,000,000

4. 상속세율 및 세액계산

상속세율은 상속재산의 크기에 따라서 차등적으로 적용되며 세율은 다음 표와 같다.

과세표준	세율
1억 원 이하	과세표준의 10%
1억 원 초과 5억 원 이하	과세표준의 20% − 1천만 원
5억 원 초과 10억 원 이하	과세표준의 30% − 6천만 원
10억 원 초과 30억 원 이하	과세표준의 40% − 1억 6천만 원
30억 원 초과	과세표준의 50% − 4억 6천만 원

위 〈사례 · 5〉의 경우 상속세 과세 가액인 19억 5천만 원에서 상속공제인 13억 8천만 원을 공제하고 세율을 적용하면 납부할 세액은 1억 1천1백만 원이다. 또한, 신고기한 내에 신고납부하는 경우 납부할 세액에 3%를 공제하여 총부담할 세액은 1억 7백6십7만 원이다.

상속세 과세표준	570,000,000
(×) 세율	10% ~ 50%
상속세 산출세액	111,000,000
(−) 신고세액공제	3,330,000
차감 납부세액	107,670,000

위 〈사례 · 5〉에서 배우자공제액의 크기에 관심을 둘 필요가 있다. 즉, 배우자가 상속재산을 받지 않았다면 배우자공제는 5억 원에 제한되어 상속세액은 많이 증가할 것이다. 따라서, 상속 절차를 진행할 때 세액의 계산뿐만 아니라 상속 절차를 어떻게 진행해야 하는 것이 유익할 것인가에 대하여도 충분한 검토가 필요하다.

5. 상속세 신고납부의무

상속세는 상속인이 연대하여 상속개시일(사망일)이 속하는 달의 말일로부터 6개월 이내에 상속인이 자진하여 신고납부하여야 한다. 신고기한을 넘겨 신고하거나, 신고하지 않을 때는 무신고 가산세와 납부 불성실 가산세가 추가 과세 된다.

위 〈사례 · 5〉의 경우, 상속개시일(사망일)이 2020년 1월 15일이므로 상속세 신고납부 기한은 2020년 7월 31일이다.

종종 상속재산이 얼마 되지 않아서 상속세를 신고할 필요가 없다고 생각되는 경우가 있는데, 만일 상속재산에 부동산이 포함되어 있을 경우는 비록 상속세가 없다고 하더라도 신고를 하는 것이 유리하다.

예를 들면, 논밭을 상속받을 경우, 정부에서 정하고 있는 공시지가는 실제 거래 가액보다는 낮은 수준이므로 상속세를 신고하지 않는다면 낮은 상속취득 가액이 되어 상속받은 후 상속인이 그 논밭을 매각할 경우 양도차익이 많아져서 양도소득세를 납부해야 한다. 하지만, 감정평가를 받아 시세를 반영하여 상속세를 사전에 신고한다면 추후 그 논밭을 양도할 경우 상속취득 가액이 시세에 근접하게 되어서 양도차액이 낮아져 양도소득세를 절세할 수 있다. 물론, 양도계획이 상당 기간 없거나, 또는 상속재산이 상당히 많아서 이미 상속세부담이 양도소득세 부담보다 많을 경우는 비교하여 판단해야 한다.

＊＊ 철저한 검증절차가 필요한 양도소득세

양도소득세를 계산하기 위해서는 양도 시기의 확정, 취득 가액의 확정, 비과세 여부 판정과 각종 감면 요건의 검토 등 복잡한 절차를 거쳐야 한다. 또한, 재산 가액이 크고 과세 내용이 복잡할수록 더욱더 철저한 검증절차를 거쳐야만 양도 이후에 추가적인 과세문제가 발생하지 않을 수 있다. 특히, 무엇보다 중요한 것은 양도하기 전에 반드시 세무사와 상담을 하는 것이 좋다는 것이다. 종종 알고 있던 상식으로 스스로 세액 또는 비과세 판단을 하는 경우가 있는데, 이 경우 감당하기 어려운 세금이 부과될 수도 있다. 최근 세무사들조차도 양도소득세 업무가 너무 복잡하여 업무를 포기하는 "양포세무사"[20]가 있다고 하니 양도소득세 업무는 매우 주의 깊게 처리해야 한다.

* * 양도소득세는 어떻게 계산되는가?

재산의 종류 및 보유상태에 따라 양도소득세는 다르게 계산된다. 다음 사례는 가장 일반적인 재산형태를 기준으로 양도소득세 신고과정에 대하여 설명한 자료이므로, 상식으로 알아두면 유익하다.

사례 · 6`

사당동에 거주하고 있는 홍길동 씨는 사당동에 시가 12억 원 상당의 아파트 1채와 반포동에 구(舊)주공아파트 1채를 보유하고 있다. 반포의 아파트의 경우 2002년에 매매를 통하여 6억 원에 취득하였으며 취득세와 등록세로 3천만 원을 납부하였다. (취득 시 등기와 관련하여 법무사수수료 및 채권구매와 관련하여 50만 원을 지출)

홍길동 씨는 사당동 아파트를 12억 원에 양도하기로 하고 계약을 체결하였다. 사당동 아파트는 2주택으로서 양도소득세를 납부하여야 하고, 중과세를 적용하여야 한다.

1. 양도소득 과세표준

양도소득세는 양도가액에서 취득과 관련하여 지출된 비용 및 소득공제 등을 차감하여 양도소득과표를 계산한 뒤 양도소득세율을 적용하여 계산한다.

	2주택 중과세	일반 과세
양도가액	1,200,000,000	1,200,000,000
(-) 취득가액 및 필요경비	-630,500,000	-630,500,000
양도차익	569,500,000	569,500,000
(-) 장기보유 특별공제		170,850,000
양도소득금액	569,500,000	398,650,000
(-) 기본공제	-2,500,000	-2,500,000
양도소득 과세표준	567,000,000	396,150,000
(×) 세율	52%	40%
산출세액	259,440,000	133,060,000

2. 양도소득세율

과세표준	세율
1,200만 원 이하	과세표준의 6%
1,200만 원 초과 4,600만 원 이하	과세표준의 15% - 108만 원
4,600만 원 초과 8,800만 원 이하	과세표준의 24% - 522만 원
8,800만 원 초과 1.5억 원 이하	과세표준의 35% - 1,490만 원
1.5억 원 초과 3억 원 이하	과세표준의 38% - 1,940만 원
3억 원 초과 5억 원 이하	과세표준의 40% - 2,540만 원
5억 원 초과	과세표준의 42% - 3,540만 원

위 〈사례 · 6〉의 경우 조정지역 2주택 중과세 대상이므로 장기보유공제가 적용되지 않

고, 기본양도소득세율에 10%를 할증하여 중과세한다.

따라서, 위 〈사례 · 6〉의 경우 산출세액은 과세표준 396,150,000원에 세율을 적용하여 계산하면 285,384,000원이 계산됨을 알 수 있다. (주민세 25,944,000원 포함된 금액)

2주택자가 일반과세를 적용받을 일은 없지만, 중과세 이전의 기준으로 계산한다면 중과세로 인한 세금의 증가 폭을 알 수 있다.

3. 신고기한

양도소득세 과세대상 자산을 양도한 거주자는 다음의 기간에 양도소득세 과세표준 예정신고를 하여야 한다.

① 토지 건물 부동산에 관한 권리 기타자산 : 양도일이 속하는 달의 말일부터 2개월
② 주식 또는 출자지분 등의 양도소득 : 양도일이 속하는 반기의 말일부터 2개월

4. 납세자 준비 서류

① 주택의 경우 세대원과 가족의 주택 수
② 당해 자산의 매도 매입에 관한 계약서 사본
③ 자본적 지출액 양도비 증빙자료, 감가상각비 명세 등
④ 중개수수료, 신고서작성비용, 법무사수수료 지급영수증 등
⑤ 토지건물 등기부 등본, 토지대장 및 건축물대장 등본

1. 학술적 교재가 아니므로 쉽게 표현하기 위하여 전문용어와 다른 표현이 있을 수 있음.
2. 판매를 목적으로 회사가 가지고 있는 물품. 통상적으로 상품 또는 제품이라 함.
3. 회사에서 일상적으로 판매하는 물건을 팔고 받지 못한 돈을 외상매출금이라 하고, 이에 반하여 물건이 아닌 것들 예를 들면 건설회사가 공사하든지 또는 일상적으로 판매하는 상품 외에 사용하던 기계장치 등을 매각한다든지 하고 받지 못한 돈을 미수금이라 함.
4. 일상적으로 판매하는 상품 또는 재료를 사면서 지급하지 않은 돈을 외상매입금이라 하고, 이에 반하여 물품이 아닌 것들 예를 들면 물건을 만들기 위한 기계장치 또는 비품 등을 사고 지급하지 않은 돈을 미지급금이라 함.
5. 아직 지급하지 않은 직원의 퇴직금을 회사의 빚(부채)으로 표시하기 위한 용어
6. 회사가 특정 시점에서 보유하고 있는 자산, 갚아야 할 빚인 부채, 투입한 순자본(빚을 갚고 회사를 정리하면 남을 수 있는 돈)을 쉽게 알아볼 수 있도록 작성한 표
7. 회계적 용어로 좌측을 차변, 우측을 대변이라 함.
8. 기업의 재무상태표나 손익계산서 등 기업의 경제적 상태를 표시하는 보고서들을 재무제표라 함.
9. 과세대상 물건 또는 용역을 세법에 정하고 10%의 부가가치세를 부담하게 하는 제도로서, 사업자는 구매하면서 부담한 부가가치세(매출 부가세)를 판매하면서 받은 부가가치세(매입 부가세)에서 차감하는 방식으로 부가가치세를 납부하게 됨. 토지 및 필수 의료용역 또는 국민주택규모 이하의 주택 공급 등에 대하여는 부가가치세 면세대상으로 함.
10. 우리나라 부가가치세 제도는 매출세액(판매하면서 물건값에 포함하여 받은 부가가치세)에서 매입세액(구매하면서 물건값에 포함하여 지급한 부가가치세)을 차감하여 그 차액을 납부하거나, 결과가 (−)일 경우 사업자에게 되돌려 줌. 즉, 매입세액이 매출세액보다 많으면 환급이 발생함.
11. 사업장 인테리어, 기계장치, 자동차, 집기 비품 등 자산을 구입하는 데 지출한 금액은 회사가 벌어들인 수익에서 지출한 비용으로, 즉시 차감하여 이익을 계산하지 않고 세법에 정하여진 방법에 따라 일정 기간(사용 수익하는 기간을 세법에 자산별로 정함) 동안 연도별로 나누어서 비용으로 인정하는 방법
12. 부가가치세를 과세할 때 과세대상은 재화 또는 용역의 공급이므로 누군가 해당 재화 또는 용역을 공급받은 자가 있을 것인데, 해당 재화 또는 용역을 맨 마지막에서 소비하는 사람을 부가가치세법에서 최종소비자라 함. 음식점에서 식사하는 사람, 잡화점에서 가정에서 사용할 용품을 구입하는 사람, 골프장에서 골프를 치는 사람들은 최종소비자에 해당하며, 이 경우 최종소비자는 해당 물품 또는 용역을 공급받으면서 부가가치세 10%를 최종적으로 부담하게 됨.
13. 회사의 이익이 연간 2억 원이 넘고 그 사업자의 특정 근로자 1인의 급여가 연간 3천만 원이라고 할 때, 이를 손익에 반영하지 못하면 회사는 그만큼 이익이 늘어날 것이고 그에 대하여 소득세 또는 법인세를 부담하여야 하는데, 개인은 약 1,300만 원을 법인은 약 660만 원을 추가로 부담하게 됨.
14. 법인기업의 과세표준 중 연간 2억 원을 초과하는 금액에 대하여는 20%의 법인세와 2%의 주민세를 부담하고, 2억 원까지는 법인세 10%와 주민세 1%를 부담함.
15. 법인의 가치는 자본금을 구성하는 1주당 가치를 모두 더하여 계산할 수 있는데, 사업 초기에는 이익

이 낮아서 1주당 가치가 낮지만 경영이 지속 되면서 이익이 누적될 경우는 1주당 가치가 액면(자본금을 총주식 수로 나눈 금액)의 수십 배가 될 수 있음.

16. 미성년의 자녀에게 증여할 경우, 10년간 2,000만 원에 대하여는 증여세를 과세하지 않지만 그렇다고 하더라도 미성년의 자녀에게 5,000만 원을 증여해 줄 경우는 2,000만 원을 초과하는 3,000만 원에 대하여 10%인 300만 원의 증여세를 납부하면 됨.

17. 증여할 때 증여재산에 딸린 차입금 또는 전세보증금 등을 수증자가 부담하기로 하고 증여하는 경우이를 "부담부증여"라고 하며, 이런 경우 부담부증여 부분은 증여를 받은 것이 아니고 수증자가 대가를 주고 매수한 것으로 간주하는 것이며, 이 경우 증여재산이 부동산이라면 부담부증여 부분에 대하여 양도소득세를 부담할 수도 있음.

18. 대주주의 사망으로 상속이 개시될 경우 주식의 가치가 상속재산이 되는데, 그 가치가 현금성 자산이 아니고 대체로 부동산, 재고자산, 외상채권 등으로 구성되어 있어서 상속세를 즉시 납부할 수 없음.

19. 피상속인이란 사망 또는 실종선고를 받은 사람을 말하며, 상속인이란 피상속인의 재산을 상속받을 권리가 있는 사람을 말한다. 상속세는 피상속인이 사망한 날로부터 6개월 내 상속세를 신고하여야 하는데, 사망한 날을 세법에서는 "상속개시일"이라 함.

20. 주택의 양도에 대한 세금을 계산할 때 세법이 수시로 개정되어 적용 시기가 해당 주택마다 또 지역마다 다른 기준을 적용하게 됨으로써, 세무에 관한 전문가인 세무사조차도 너무 판단이 복잡하여 기존에 받던 수수료로서는 도저히 감당할 수 없는 노력이 필요해, 아예 양도세 신고 업무를 포기하는 세무사가 늘고 있음.

임순천(yimkcta@naver.com)

현) 세무법인 세림택스 대표 세무사

전북대 회계학과, 경희대 경영대학원 세무관리학과 석사를 마쳤다. 상업고등학교 학생으로 3년, 군대에서 회계 파트 실무자로 3년, 대학교 회계학과 4년 중 학업과 세무사시험 준비와 합격, 세무사로 개업하여 현재까지 35년 동안 줄곧 세무회계의 세계에서 살아왔다.

이렇듯 숫자와 세무회계와 관련하여 관심 있는 세월을 45년간 지내왔으니, 세무와 회계에 대하여는 자칭 전문가임이 틀림없고 바둑의 급수로 말하자면 9단은 넘은 것 같다고 말하는 현장 세무회계의 달인이다.

| 주요 경력 |

전) 한국세무사회 부회장

전) 금천지역세무사회 회장, 한국세무사회 이사, 세무사신문 편집인

2.

백년가게 운영의
궁극적 지향점

- 중소상공인이 알아야 할 가업승계

가업승계 시 조세특례와 사후관리

송인혁·상속전문 변호사(법무법인오킴스)

** 들어가며

'가업승계'란 중소기업이 동일성을 유지하면서 상속 혹은 증여를 통하여 기업의 소유권(경영권)을 자녀에게 이전하는 것을 말합니다. 많은 분이 절세의 측면에서 가업승계 제도에 접근하고 있습니다. 하지만 가업승계는 사업체의 관계자들(내부 중요 임직원, 외부 주요 거래처)을 합리적으로 안심시켜 영속성 있는 사업운영을 가능하게 합니다. 나아가 후계자의 선정을 통하여 상속 분쟁을 방지할 수 있습니다.

여기에서는 가업승계 준비를 하지 않았을 경우 발생할 수 있는 리스크에는 어떤 것이 있는지 확인한 후, 가업승계 제도의 적용요건과 사후관리 내용을 소개하도록 하겠습니다.

** 준비되지 않은 가업승계의 리스크

1. 회사 가치평가 리스크

증여를 통한 가업승계는 가업 상속과 달리 100%의 세액 공제를 받을 수는 없습니다. 따라서, 증여세 과세표준이 되는 '회사의 주식 가치'를 관리할 필요성이 더욱 큽니다. 사내근로복지기금의 출연이나 가지급금의 정리 및 미처분이익잉여금의 처분 등 재무 회계 전략을 통해 회사의 가치를 절감할 수 있습니다. 이러한 전략을 통해 주식의 가치가 하락하였을 때 증여를 진행해야 합니다. 예를 들어, 회사 가치가 매출 증가 등으로 이전 연도와 비교해 매우 커졌다면 회사 가치의 절감 관리를 계속해야 하는 거지, 가업승계를 할 타이밍은 아닙니다.

가업승계를 염두에 둔 개인사업자는 반드시 법인 전환을 생각하여야 합니다. 개인사업체의 영업권을 평가한 후 법인으로의 영업양수도 등을 진행하고, 이에 따라 법인의 차입금을 지정하면 사업체(법인)의 주식 가치가 절감되고 가업승계 시의 절세 효과도 크게 누릴 수 있습니다. 그리고 가업승계 증여세 특례의 적용 한도는 100억 원이므로, 이를 초과하는 때에는 사전에 기업을 분할 할 필요성이 큽니다. 이를 위해 지주회사의 설립이나 회사의 분할·합병을 진행해야 합니다.

2. 회사 대내외적 리스크

대표이사가 기업 내에서 가지는 역할과 기능은 다른 사람에게 쉽게 이전할 수 없으며, 대표이사만의 경영철학과 노하우 또한 절대로 짧은 기간 안에 전수할 수 있는 성질의 것이 아닙니다. 설령, 대표이사가 그 자녀에게 직위를 물려준다 하더라도 이는 마찬가지입니다.

대표이사가 후계자를 선정하여 가업을 승계할 때, 절세제도의 적용은 오히려 부수적인 것에 지나지 않습니다. 더욱 중요한 점은 회사를 둘러싼 관계자들, 즉 친족, 회사 임직원, 거래처와의 충분한 의사소통에 있습니다. 수십 년간 함께 회사를 일구어 온 핵심 임직원들은 대표이사의 리더십을 중심으로 오랫동안 상호 신뢰와 협력 관계를 유지하고 있으며, 바로 이것이 기업을 영속하게 하는 본질적인 힘입니다. 회사의 거래처 또한, 정기적 혹은 비정기적인 거래를 통해 구축된 신뢰를 기반으로 관계를 유지하고 있습니다.

만약, 대표이사의 갑작스러운 유고에 따른 승계가 이루어지거나, 충분한 사전 준비 없이 일방적으로 승계가 이루어진다면, 설령 절세의 혜택은 일부 누릴 수 있을지 몰라도 친족이나 기업 임직원, 외부 거래처와의 관계에서 신뢰를 잃을 수 있습니다. 대표이사의 경영철학과 능력에 기대고 있던 임직원들이 새로운 후계자에게 등을 돌릴 수도 있고, 거래처의 신뢰상실로 인하여 매출채권의 회수가 어려워질 수도 있으며, 금융기관 또한 신용

연대보증의 단절이나 경영악화를 우려하여 대출연장을 거절하거나 금리 인상을 요구할 수 있습니다. 이렇게 되면 가업승계의 사후관리 요건들을 준수하지 못하게 되어 절세혜택을 사후적으로 상실할 수도 있고, 심할 경우 기업의 존속조차 위태로워질 수 있습니다.

그러므로 가업승계 제도를 생각할 때에는 단순히 절세혜택의 내용에만 초점을 둘 것이 아니라, 진정한 후계자를 엄선하여 선정하고 그에게 대표이사 자신의 유·무형적 경영 방식과 노하우를 적극적으로 전수하여 진정한 후계자로 거듭나게 하려는 의지와 노력이 중요합니다. 대표이사인 부모와 그 자녀는 전공도 다르고 경험한 업종도 다를 수 있습니다. 부모가 자신의 경영지식을 전달하고 자녀가 후계자로서 이를 습득하고 이해하는 데는 충분한 시간이 필요합니다. 이러한 점을 잘 고려하여 더 늦기 전에 가업승계를 위한 작업을 차근차근 진행해야 합니다.

3. 가족 간의 상속 분쟁 리스크

조세제한특례법과 상속세법상 가업승계 규정의 골자는 세제 혜택에 있지만, 그에 앞서 매우 강력한 강제적 효력을 가지는 일반법이 있습니다. 바로 '상속법'입니다. 많은 사업자가 가업승계 제도를 절세목적에 치중하여 접근하지만, 조세제도는 어디까지나 국가에 대한 납세의무의 절감을 규정할 뿐입니다. 그러나 상속법은 사업자의 자녀들 상호 간의 상속권을 규정하며, 후계자든 아니든 완전히 같은 비율의 상속권을 보장하고 있습니다. 대표이사 개인이 아무리 후계자를 선정하여 가업승계를 준비한다고 하여도 상속법은 이와 무관하게 후계자 아닌 자녀의 상속권 또한 보장하고 있는 것입니다. 바로 여기에 상속 분쟁의 위험성이 도사리고 있습니다.

더 큰 문제는, 후계자로 선정된 자녀는 대표이사인 부모가 평소에도 총애하던 자녀로서 다른 재산 또한 다른 자녀에 비해 더 많이 증여받은 경우가 많다는 점입니다. 그런데 우리 상속법은 1/n이라는 '법정상속분' 이외에도 '증여재산을 고려한 구체적 상속분'이라는 개념을 적용하고 있어서, 사전증여를 받은 자녀의 경우 상속분을 감소시키고 있습니다.

이러한 상속법을 미처 고려하지 않고 세금 측면에서만 가업승계를 구상할 경우, 사망

후 상속재산분할심판, 기여분, 유류분과 같은, 생각지도 못한 다양한 상속 분쟁이 터져 나올 수 있습니다. 나아가 가업승계에는 개인사업체의 법인 전환, 법인 양수도, 합병이나 분할, 유상감자나 지분 소각을 통한 주식의 정리 등 수많은 법률문제 해결을 병행하여야 하는 경우가 많습니다.

따라서, 가업승계는 법무와 세무를 양축으로 하여 반드시 그 두 가지 리스크를 종합적으로 고려해야 합니다. 세무적 측면에서의 절세에만 몰두하여 그로 인해 발생할 수 있는 법률적 리스크가 방치돼서는 절대로 안 되며, 때에 따라서는 법률적 리스크 보완을 위해 단기이익이나 세금을 포기하는 부분도 있을 수 있습니다. 이를 위해서는 승계받을 자녀뿐만 아니라 다른 자녀들도 미리 회사의 임원으로 등재하고, 주주명부에 올림으로써 주식의 사전증여와 배당을 적절히 활용할 필요가 있습니다.

또한, 최근 법원은 유언대용신탁 재산의 경우 수탁자인 은행이 수증자가 되므로 그 수익자로 지정된 자녀에게 유류분반환을 청구할 수 없다는 판결을 한 바 있습니다. 비록 아직 대법원 판결이 선고된 것은 아니기에 확정할 수는 없지만, 현재로서는 유언대용신탁을 통한 가업승계나 상속·증여를 할 때 사후의 유류분반환 청구소송 등 상속 분쟁을 예방할 수 있습니다.

** 가업승계 증여세 과세특례제도

보통 가업승계 제도를 설명할 때, '가업 상속 승계제도'를 먼저 소개한 후 '가업승계 증여세 특례'를 소개하는 게 일반적입니다. 그러나 현재 우리나라의 주된 가업승계 방식을 보면, '일부 사전증여 후 상속'이 약 52%를 차지하여 가장 비중이 높고, '사전증여', '상속' 차례로 그 뒤를 잇고 있습니다. 그리고 시간적 순서상으로도 증여한 후 상속이 개시되는 것이므로, 여기서는 증여세 과세특례를 먼저 설명한 후 상속을 소개하는 순서를 따릅니다.

일반적인 증여의 경우에는 10%에서 50%에 이르는 증여세율이 적용되지만, 중소기업이 그 사업체를 승계하기 위하여 주식을 이전하는 경우에는 "100억 원"을 한도로 5억 원은 공제하고 30억 원까지는 10%의, 이를 초과하는 금액(즉, 65억 원)에 대하여는 20%의 증여세만을 과세하는 것이 본 제도의 골자입니다.

1. 적용대상

증여자는 증여하려는 날을 기준으로 소급하여 현재의 가업을 '10년' 이상 경영해 온 60세 이상의 부모일 것을 요구합니다. 또한, 증여자는 (특수관계자가 있을 때 특수관계지의 주식까지 합하여) 해당 중소기업 발행주식 총수의 50% 이상의 주식을 소유하고 있어야 합니다. 상장 혹은 코스닥 법인의 경우 발행주식 총수의 30% 이상의 주식을 소유하고 있어야 합니다. 증여자가 '대표이사일 필요가 없다'라는 점에서 뒤에서 다룰 가업 상속공제 제도보다 적용의 폭이 넓습니다.

증여의 대상이 되는 기업으로는 매출액 3,000억 원 미만의 중소·중견 기업이 이에 해당합니다. 상호출자 제한 기업집단 내 기업이 아닌 경우로서 규모의 확대 등을 통해 중소기업이 아니게 되었더라도 증여일이 속하는 사업연도의 직전 사업연도 매출액이 3,000억 원 미만인 기업인 경우에도 과세특례를 적용받을 수 있습니다.

증여받는 자녀는 증여일을 기준으로 만 18세 이상 거주자이어야 합니다. 나아가 증여일이 속하는 달의 말일부터 기산 하여, 3월(즉, 증여세 신고기한)까지 가업에 종사하여야 하고, 증여일로부터 5년 이내에는 해당 중소기업의 대표이사에 취임하여야 합니다. 수증자의 배우자(즉, 며느리나 사위)가 위 기한까지 가업에 실제 종사하고 증여일로부터 5년 이내에 대표이사에 취임할 때에도 마찬가지로 가업승계의 특례 적용을 받을 수 있습니다.

조세특례제한법 [법률 제17344호, 2020.6.9., 타법개정]

제30조의6(가업의 승계에 대한 증여세 과세특례)

① 18세 이상인 거주자가 60세 이상의 부모(증여 당시 아버지나 어머니가 사

망한 경우에는 그 사망한 아버지나 어머니의 부모를 포함한다. 이하 이 조에서 같다)로부터 「상속세 및 증여세법」 제18조 제2항 제1호에 따른 가업(이 경우 "피상속인"은 "부모"로, "상속인"은 "거주자"로 본다. 이하 이 조에서 같다)의 승계를 목적으로 해당 가업의 주식 또는 출자지분(이하 이 조에서 "주식 등"이라 한다)을 증여받고 대통령령으로 정하는 바에 따라 가업을 승계한 경우에는 「상속세 및 증여세법」 제53조 및 제56조에도 불구하고 그 주식 등의 가액 중 대통령령으로 정하는 가업 자산 상당액에 대한 증여세 과세 가액(100억 원을 한도로 한다)에서 5억 원을 공제하고 세율을 100분의 10(과세표준이 30억 원을 초과하는 경우 그 초과금액에 대해서는 100분의 20)으로 하여 증여세를 부과한다. 다만, 가업의 승계 후 가업의 승계 당시 「상속세 및 증여세법」 제22조 제2항에 따른 최대주주 또는 최대출자자에 해당하는 자(가업의 승계 당시 해당 주식 등의 증여자 및 해당 주식 등을 증여받은 자는 제외한다)로부터 증여받는 경우에는 그러하지 아니하다.〈개정 2010.12.27., 2011.12.31., 2014.1.1., 2014.12.23., 2019.12.31.〉

조세특례제한법 시행령 [대통령령 제31220호, 2020.12.8., 타법개정]

제27조의6(가업의 승계에 대한 증여세 과세특례)

① 법 제30조의6 제1항에서 "대통령령으로 정하는 바에 따라 가업을 승계한 경우"란 해당 가업의 주식 또는 출자지분(이하 이 조에서 "주식 등"이라 한다)을 증여받은 자(이하 이 조, 제28조 및 제29조에서 "수증자"라 한다) 또는 그 배우자가 「상속세 및 증여세법」 제68조에 따른 증여세 과세표준 신고기한까지 가업에 종사하고 증여일부터 5년 이내에 대표이사에 취임하는 경우를 말한다. 〈개정 2015.2.3.〉

2. 적용내용 및 사후관리

증여재산 가액에서 5억 원을 공제하고, 30억 원까지는 10%, 이를 초과하는 금액에 대하여는 20%의 증여세를 부과합니다. 지원 한도는 100억 원입니다. 증여 후 상속이 개시되고 가업 상속 요건을 충족할 경우 상속세 부담 또한 완화됩니다.

사후관리로는, ① 7년 내(종전 규정은 10년)에 가업에 종사하지 않거나 휴업 또는 폐업하는 경우, ② 7년 내(종전 규정은 10년)에 증여받은 주식 등의 지분이 감소하는 경우, ③ 수증자가 5년 내 대표이사에 취임하지 않거나 7년까지 대표이사직을 유지하지 않는 경우, 증여세 및 가산세를 부과하게 됩니다.

2020년 개정된 조특세법에 따라 관리요건이 완화되었습니다. 사후관리 기간이 종전 10년에서 7년으로 줄어들었고, 업종유지 요건 또한 완화되어 '중분류' 내 업종 변경이 허용되었으며, 특히 2인 이상이 가업을 승계한 경우 그것이 동시증여이든 순차증여이든 1인이 승계한 경우와 같은 공제기준을 적용하게 되었으며, 증여에 따라 부모가 최대주주가 아니게 된 후 사망하여 가업 상속을 이어서 하는 때에도 가업 상속 공제를 적용하게 하였습니다.

조세특례제한법 [법률 제17344호, 2020.6.9., 타법개정]

제30조의6(가업의 승계에 대한 증여세 과세특례)

② 제1항을 적용할 때 주식 등을 증여받고 가업을 승계한 거주자가 2인 이상인 경우에는 각 거주자가 증여받은 주식 등을 1인이 모두 증여받은 것으로 보아 증여세를 부과한다. 이 경우 각 거주자가 납부하여야 하는 증여세액은 대통령령으로 정하는 방법에 따라 계산한 금액으로 한다. 〈신설 2019.12.31.〉

③ 제1항에 따라 주식 등을 증여받은 자가 대통령령으로 정하는 바에 따라 가업을 승계하지 아니하거나 가업을 승계한 후 주식 등을 증여받은 날부터 7년 이내에 대통령령으로 정하는 정당한 사유 없이 다음 각호의 어느 하나에 해당하게 된 경우에는 그 주식 등의 가액에 대하여 「상속세 및 증여세법」에 따라 증여세를 부과한다. 이 경우 대통령령으로 정하는 바에 따라 계산한 이자 상당액을 증여세에 가산하여 부과한다. 〈개정 2014.12.23., 2019.12.31.〉

1. 가업에 종사하지 아니하거나 가업을 휴업하거나 폐업하는 경우

2. 증여받은 주식 등의 지분이 줄어드는 경우

⑤ 제1항에 따른 주식 등의 증여 후 「상속세 및 증여세법」 제41조의3 및 제41조의5가 적용되는 경우의 증여세 과세특례 적용방법, 해당 주식 등의 증여 후 상속이 개시되는 경우의 가업 상속 공제 적용방법, 증여자 및 수증자의 범위 등에 관하여 필요한 사항은 대통령령으로 정한다. 〈개정 2015.12.15., 2019.12.31.〉

조세특례제한법 시행령 [대통령령 제31220호, 2020.12.8., 타법개정]

제27조의6(가업의 승계에 대한 증여세 과세특례)

② 법 제30조의6 제2항 후단에서 "대통령령으로 정하는 방법에 따라 계산한 금액"이란 다음 각호의 구분에 따라 계산한 금액을 말한다. 〈신설 2020.2.11.〉

1. 2인 이상의 거주자가 같은 날에 주식 등을 증여받은 경우 : 1인이 모두 증여받은 것으로 보아 법 제30조의6에 따라 부과되는 증여세액을 각 거주자가 증여받은 주식 등의 가액에 비례하여 안분한 금액

2. 해당 주식 등의 증여일 전에 다른 거주자가 해당 가업의 주식 등을 증여받고 법 제30조의6에 따라 증여세를 부과받은 경우 : 그 다른 거주자를 해당 주식 등의 수증자로 보아 법 제30조의6에 따라 부과되는 증여세액

⑥ 법 제30조의6 제3항 제1호의 경우는 다음 각호의 어느 하나에 해당하는 경우를 포함한다. 〈개정 2014.2.21., 2015.2.3., 2016.2.5., 2020.2.11.〉

1. 수증자(제1항에 따른 수증자의 배우자를 포함한다)가 주식 등의 증여일부터 5년 이내에 대표이사로 취임하지 아니하거나 7년까지 대표이사직을 유지하지 아니하는 경우

2. 법 제30조의6 제1항에 따른 가업(이하 이 조에서 "가업"이라 한다)의 주된 업종을 변경하는 경우. 다만, 다음 각 목의 어느 하나에 해당하는 경우는 제외한다.

가. 한국표준산업분류에 따른 중분류 내에서 업종을 변경하는 경우

나. 가목 외의 경우로서 「상속세 및 증여세법 시행령」 제49조의2에 따른 평가심의위원회의 심의를 거쳐 업종의 변경을 승인하는 경우

3. 가업을 1년 이상 휴업(실적이 없는 경우를 포함한다)하거나 폐업하는 경우

⑧ 법 제30조의6 제1항에 따른 증여세 과세특례 적용대상 주식 등을 증여받은 후 해당 주식 등의 증여에 대한 「상속세 및 증여세법」 제41조의3 또는 제41조의5에 따른 증여이익(이하 이 항에서 "증여이익"이라 한다)은 증여세 과세특례 대상 주식 등의 과세 가액과 증여이익을 합하여 100억 원까지 납세자의 선택에 따라 법 제30조의6 제1항에 따른 증여세 과세특례를 적용받을 수 있다. 이 경우 증여세 과세특례 적용을 받은 증여이익은 「상속세 및 증여세법」 제13조 제3항에 불구하고 법 제30조의5 제7항 및 제8항, 법 제30조의6 제4항에 따라 상속세 과세 가액에 가산한다. 〈개정 2016.2.5., 2020.2.11.〉

⑨ 법 제30조의6 제1항에 따른 증여세 특례대상인 주식 등을 증여받은 후 상속이 개시되는 경우 상속개시일 현재 다음 각호의 요건을 모두 갖춘 경우에는 「상속세 및 증여세법」 제18조 제2항 제1호에 따른 가업 상속으로 보아 관련 규정을 적용한다. 〈개정 2016.2.5., 2020.2.11.〉

1. 「상속세 및 증여세법 시행령」 제15조 제3항에 따른 가업에 해당할 것(법 제30조의6에 따라 피상속인이 보유한 가업의 주식 등의 전부를 증여하여 「상속세 및 증여세법 시행령」 제15조 제3항 제1호 가목의 요건을 충족하지 못하는 경우에는 상속인이 증여받은 주식 등을 상속개시일 현재까지 피상속인이 보유한 것으로 보아 같은 목의 요건을 적용한다). 다만, 「상속세 및 증여세법 시행령」 제15조 제3항 제1호 나목은 적용하지 아니한다.

2. 삭제 〈2011.6.3.〉

3. 수증자가 증여받은 주식 등을 처분하거나 지분율이 낮아지지 아니한 경우로서 가업에 종사하거나 대표이사로 재직하고 있을 것

뒤에 설명하는 '가업 상속 공제제도'는 대표이사가 사망한 때에만 적용 가능하여 사후관리 요건 또한 까다로운 편이지만, 가업승계 증여세 과세특례 제도는 보다 요건이 유연하므로 상대적으로 활용도가 높습니다.

구분	지원한도	지원대상	연부연납기간
가업승계 증여세 과세특례	최대 100억 원	법인사업자	5년
가업 상속 공제	최대 500억 원	법인 및 개인사업자	최대 20년

** 가업 상속 공제제도

창업주가 가업승계를 생전에 준비하여 앞에서 언급한 증여세과세특례제도를 통해 가업을 계승하는 것이 좋은 방법이지만, 재정상의 이유 혹은 갑작스러운 사망 등으로 미리 준비하기 어려울 때도 있습니다. 일반적인 상속에는 높은 상속세율이 적용되지만, 중소기업 지분 50% 이상을 소유한 대표이사가 사망하여 자녀가 그 사업체를 승계하기 위하여 주식을 상속하는 경우에는 상속세의 특례가 적용되어 100% 공제를 받을 수 있습니다.

1. 가업 상속 재산

공제대상이 되는 가업 상속 재산은 '영업 관련 자산'이므로, 회사가 소유하고 있다고 하더라도 그것이 사업 무관 자산이라면 증여세가 공제되지 않습니다. 사업 무관 자산(영

360

업 무관 자산)으로는 대표적으로 대여금, 임대하고 있는 부동산 등을 들 수 있으며, 비사업용토지, 과다 보유 현금(직전 5개년도 말 평균 150% 초과분)도 공제대상에 포함되지 않습니다.

가업 상속 재산
= 상속세 및 증여세법상 비상장주식 가치평가액 × {1 − (사업 무관 자산 가액
 / 총자산 가액)}

사업 무관 자산은 개인사업체인 경우와 법인일 때 기준이 다릅니다. 일반적으로 개인사업체보다는 법인에서 영업 관련성을 인정받기가 수월하므로, 개인사업체로서 가업증여를 생각하는 대표이사의 경우 법인 전환을 서두르는 것이 좋습니다. 법인 전환 방법에는 개인사업체 폐쇄 후 신설법인으로의 영업양도, 개인사업체를 유지하면서 일부 주요영업만의 법인 양도 등 사업체 실정에 따라 다양한 방식이 고려될 수 있습니다.

상속세 및 증여세법 시행령 [대통령령 제31101호, 2020.10.8., 타법개정]

제15조(가업 상속)

⑨ 법 제18조 제6항 제1호 가목에서 "가업용 자산"이란 다음 각호의 자산을 말한다. 〈개정 2012.2.2., 2014.2.21., 2016. 2. 5., 2018. 2. 13.〉

1. 「소득세법」을 적용받는 가업 : 가업에 직접 사용되는 토지, 건축물, 기계장치 등 사업용 자산

2. 「법인세법」을 적용받는 가업 : 가업에 해당하는 법인의 사업에 직접 사용

되는 사업용 고정자산(사업 무관 자산은 제외한다.)

⑩ 가업용 자산의 처분비율은 제1호의 가액에서 제2호의 가액이 차지하는 비율(이하 이 조에서 "자산처분 비율"이라 한다)로 계산한다. 〈개정 2018.2.13., 2019.2.12.〉

1. 상속개시일 현재 가업용 자산의 가액

2. 가업용 자산 중 처분(사업에 사용하지 아니하고 임대하는 경우를 포함한다)한 자산의 상속개시일 현재의 가액

2. 적용대상

상속의 대상이 되는 기업은 중소기업 또는 중견 기업으로서 직전 3년 평균 매출이 3,000억 원 이하이어야 하고, 상속개시일을 기준으로 소급하여 '10년' 이상 계속하여 경영한 기업이어야 합니다. 피상속인은 (특수관계자가 있을 때, 특수관계자의 주식까지 합하여) 해당 기업 발행주식 총수의 50% 이상의 주식을 소유하고 있어야 합니다. 상장 혹은 코스닥 법인의 경우 30%로 주식 보유조건이 완화되는 것은 앞서 살펴본 '증여세 특례'와 같습니다. 다만, 가업 상속 공제제도는 개인사업자일 때에도 적용될 수 있습니다.

가업승계 증여세 과세특례와의 큰 차이점은 부모의 '대표이사' 요건입니다. 즉, 지배주주로서 이사, 감사 등의 임원일 경우 증여세 특례를 받을 수는 있지만, 가업 상속 공제를 받을 수는 없습니다. 피상속인은 ① 전체 가업 영위 기간 중 50% 이상을 대표이사로 재직하였거나, ② 상속개시일로부터 소급하여 10년 중 5년 이상을 대표이사로 재직하였거나, ③ 10년 이상 대표이사로 재직한 후 상속인이 이를 승계하여 상속개시일까지 재직하였을 것을 요건으로 합니다.

가업승계를 받는 상속인은 상속개시일 현재 18세 이상이어야 하고, 상속개시일 전 2년 이상 가업에 종사하였어야 하며(피상속인이 65세 이전에 사망한 경우에는 예외), 상속세 신고기한(6개월)까지 임원에 취임하고 신고기한으로부터 2년 이내에 대표이사에 취임하여야 합니다.

상속세 및 증여세법 [법률 제16568호, 2019.8.27., 타법개정]

제18조(기초공제)

② 거주자의 사망으로 상속이 개시되는 경우로서 다음 각호의 어느 하나에 해당하는 경우에는 다음 각호의 구분에 따른 금액을 상속세 과세 가액에서 공제한다. 다만, 동일한 상속재산에 대해서는 제1호와 제2호에 따른 공제를 동시에 적용하지 아니한다. 〈개정 2010.12.27., 2011.12.31., 2013.1.1., 2014.1.1., 2015.12.15., 2016.12.20., 2017.12.19.〉

1. 가업[대통령령으로 정하는 중소기업 또는 대통령령으로 정하는 중견기업(상속이 개시되는 소득세 과세기간 또는 법인세 사업연도의 직전 3개 소득세 과세기간 또는 법인세 사업연도의 매출액의 평균금액이 3천억 원 이상인 기업은 제외한다. 이하 이 조에서 같다)으로서 피상속인이 10년 이상 계속하여 경영한 기업을 말한다. 이하 같다]의 상속(이하 "가업 상속"이라 한다) : 다음 각 목의 구분에 따른 금액을 한도로 하는 가업 상속 재산 가액에 상당하는 금액

가. 피상속인이 10년 이상 20년 미만 계속하여 경영한 경우 : 200억 원

나. 피상속인이 20년 이상 30년 미만 계속하여 경영한 경우 : 300억 원

다. 피상속인이 30년 이상 계속하여 경영한 경우 : 500억 원

③ 제2항 제1호에도 불구하고 가업이 중견기업에 해당하는 경우로서 가업을 상속받거나 받을 상속인의 가업 상속 재산 외에 받거나 받을 상속재산의 가액이 해당 상속인이 상속세로 납부할 금액에 대통령령으로 정하는 비율을 곱한 금액을 초과하면 해당 상속인이 받거나 받을 가업 상속 재산에 대해서는 같은 항 제1호에 따른 공제를 적용하지 아니한다. 〈신설 2017.12.19.〉

⑤ 제2항 및 제3항을 적용할 때 피상속인 및 상속인의 요건, 주식 등을 상속하는 경우의 적용방법 등 가업 상속 및 영농상속의 범위, 가업 상속 재산 및 가업 상속 재산 외의 상속재산의 범위 및 가업을 상속받거나 받을 상속인이 상속세로 납부할 금액의 계산방법과 그 밖에 필요한 사항은 대통령령으로 정한다. 〈개정 2017.12.19.〉

상속세 및 증여세법 시행령 [대통령령 제31101호, 2020.10.8., 타법개정]

제15조(가업 상속)

① 법 제18조 제2항 제1호 각 목 외의 부분에서 "대통령령으로 정하는 중소기업"이란 상속개시일이 속하는 소득세 과세기간 또는 법인세 사업연도의 직전 소득세 과세기간 또는 법인세 사업연도 말 현재 다음 각호의 요건을 모두 갖춘 기업(이하 이 조에서 "중소기업"이라 한다)을 말한다. 〈개정 2017.2.7., 2018.2.13.〉

1. 별표에 따른 업종을 주된 사업으로 영위할 것

2. 「조세특례제한법 시행령」 제2조 제1항 제1호 및 제3호의 요건을 충족할 것

3. 자산총액이 5천억 원 미만일 것

② 법 제18조 제2항 제1호 각 목 외의 부분에서 "대통령령으로 정하는 중견기업"이란 상속개시일이 속하는 소득세 과세기간 또는 법인세 사업연도의 직전 소득세 과세기간 또는 법인세 사업연도 말 현재 다음 각호의 요건을 모두 갖춘 기업(이하 이 조에서 "중견기업"이라 한다)을 말한다. 〈개정 2017.2.7., 2018.2.13., 2020.2.11.〉

1. 별표에 따른 업종을 주된 사업으로 영위할 것

2. 「조세특례제한법 시행령」 제9조 제3항 제1호 및 제3호의 요건을 충족할 것

3. 상속개시일의 직전 3개 소득세 과세기간 또는 법인세 사업연도의 매출액(매출액은 기획재정부령으로 정하는 바에 따라 계산하며, 소득세 과세기간 또는 법인세 사업연도가 1년 미만인 소득세 과세기간 또는 법인세 사업연도의 매출액은 1년으로 환산한 매출액을 말한다)의 평균금액이 3천억 원 미만인 기업일 것

③ 법 제18조 제2항 제1호에 따른 가업 상속(이하 "가업 상속"이라 한다)은 피상속인 및 상속인이 다음 각호의 요건을 모두 갖춘 경우에만 적용한다. 이

경우 가업 상속이 이루어진 후에 가업 상속 당시 최대주주 또는 최대출자자(제19조 제2항에 따른 최대주주 또는 최대출자자를 말한다. 이하 "최대주주 등"이라 한다)에 해당하는 자(가업 상속을 받은 상속인은 제외한다)의 사망으로 상속이 개시되는 경우는 적용하지 아니한다. 〈개정 2009.2.4., 2010.2.18., 2013.2.15., 2014.2.21., 2016.2.5., 2017.2.7., 2018.2.13., 2019.2.12.〉

1. 피상속인이 다음 각 목의 요건을 모두 갖춘 경우

가. 중소기업 또는 중견기업의 최대주주 등인 경우로서 피상속인과 그의 특수관계인의 주식 등을 합하여 해당 기업의 발행주식 총수 등의 100분의 50[「자본시장과 금융투자업에 관한 법률」 제8조의2 제2항에 따른 거래소(이하 "거래소"라 한다)에 상장되어 있는 법인이면 100분의 30] 이상을 10년 이상 계속하여 보유할 것

나. 법 제18조 제2항 제1호에 따른 가업(이하 "가업"이라 한다)의 영위 기간 중 다음의 어느 하나에 해당하는 기간을 대표이사(개인사업자인 경우 대표자를 말한다. 이하 이 조, 제16조 및 제68조에서 "대표이사 등"이라 한다)로 재직할 것

1) 100분의 50 이상의 기간

2) 10년 이상의 기간(상속인이 피상속인의 대표이사 등의 직을 승계하여 승계한 날부터 상속개시일까지 계속 재직한 경우로 한정한다)

3) 상속개시일부터 소급하여 10년 중 5년 이상의 기간

2. 상속인이 다음 각 목의 요건을 모두 갖춘 경우. 이 경우 상속인의 배우자가 다음 각 목의 요건을 모두 갖춘 경우에는 상속인이 그 요건을 갖춘 것으로 본다.

가. 상속개시일 현재 18세 이상일 것

나. 상속개시일 전에 2년 이상 직접 가업에 종사(상속개시일 2년 전부터 가업에 종사한 경우로서 상속개시일부터 소급하여 2년에 해당하는 날부터 상속개시일까지의 기간 중 제8항 제2호 다목에 따른 사유로 가업에 종사하지 못한 기간이 있는 경우에는 그 기간은 가업에 종사한 기간으로 본다)하였을 것. 다만, 피상속인이 65세 이전에 사망하거나 천재지변 및 인재 등 부득이한 사유로 사망한 경우에는 그러하지 아니하다.

다. 삭제 〈2016. 2. 5.〉

라. 상속세 과세표준 신고기한까지 임원으로 취임하고, 상속세 신고기한부터 2년 이내에 대표이사 등으로 취임할 것

3. 적용내용 및 사후관리

피상속인의 가업 영위 기간에 따라 ① 10년 이상 20년 미만은 200억 원, ② 20년 이상 30년 미만은 300억 원, ③ 30년 이상은 500억 원이 공제 한도가 됩니다.

가업 상속 공제제도에서 가장 중요한 것은 사후관리입니다. 상속개시일로부터 7년 이

내에 ① 가업 상속 재산을 처분하거나, ② 가업에 종사하지 않거나, ③ 상속인의 주식지분이 감소하거나, ④ 고용유지 의무 혹은 급여유지 의무 기준에 미달하는 경우, 공제가 사후적으로 배제되어 추징을 당하게 됩니다.

2020년 개정법에 따라 가업 상속 공제의 사후관리 요건이 크게 완화되었습니다. 먼저 ① '고용유지 의무' 기준이 변경되었습니다. 구법은 고용인원을 유지할 것을 요구하였으나 개정법은 "근로자의 임금 합계액"을 유지하여도 고용유지 의무를 다한 것으로 봅니다. 구체적으로는, 정규직 근로자 수를 기준 고용인원(상속개시 전 2년 평균 고용인원) 80% 이상 유지를 하거나, 또는 관리 기간 7년간 평균 급여합계액 100% 이상을 유지하면 관리요건을 충족합니다. ② '자산 및 업종유지 의무'에 있어서도, '중분류' 내에서의 업종 변경을 인정하고, 이러한 업종 변경 등 사업여건 변화에 따라 기존 자산의 처분이 가능한 경우 또한 규정하였습니다. ③ 사후관리 위반 시 '추징비율'도 조정되어, 위반 사유가 5년 미만 내에 발생한 경우에는 100/100, 5년 이상 7년 미만 내에 발생한 경우에는 80/100으로 완화되었습니다.

상속세 및 증여세법 [법률 제16568호, 2019.8.27., 타법개정]

제18조(기초공제)

② 거주자의 사망으로 상속이 개시되는 경우로서 다음 각호의 어느 하나에 해당하는 경우에는 다음 각호의 구분에 따른 금액을 상속세 과세 가액에서 공제한다. 다만, 동일한 상속재산에 대해서는 제1호와 제2호에 따른 공제를 동시에 적용하지 아니한다. 〈개정 2010.12.27., 2011.12.31., 2013.1.1., 2014.1.1., 2015.12.15., 2016.12.20., 2017.12.19.〉

1. 가업[대통령령으로 정하는 중소기업 또는 대통령령으로 정하는 중견기업(상속이 개시되는 소득세 과세기간 또는 법인세 사업연도의 직전 3개 소득

세 과세기간 또는 법인세 사업연도의 매출액의 평균금액이 3천억 원 이상인 기업은 제외한다. 이하 이 조에서 같다)으로서 피상속인이 10년 이상 계속하여 경영한 기업을 말한다. 이하 같다]의 상속(이하 "가업 상속"이라 한다) : 다음 각 목의 구분에 따른 금액을 한도로 하는 가업 상속 재산 가액에 상당하는 금액

가. 피상속인이 10년 이상 20년 미만 계속하여 경영한 경우 : 200억 원

나. 피상속인이 20년 이상 30년 미만 계속하여 경영한 경우 : 300억 원

다. 피상속인이 30년 이상 계속하여 경영한 경우 : 500억 원

⑥ 제2항 각호의 구분에 따른 공제를 받은 상속인이 상속개시일(제1호 라목의 경우에는 상속이 개시된 소득세 과세기간 또는 법인세 사업연도의 말일)부터 7년(제2호의 경우에는 5년) 이내에 대통령령으로 정하는 정당한 사유 없이 다음 각호의 어느 하나에 해당하게 되면 제2항에 따라 공제받은 금액에 해당 가업용 자산의 처분 비율(제1호 가목만 해당한다)과 해당일까지의 기간을 고려하여 대통령령으로 정하는 율을 곱하여 계산한 금액을 상속개시 당시의 상속세 과세 가액에 산입하여 상속세를 부과한다. 이 경우 대통령령으로 정하는 바에 따라 계산한 이자 상당액을 그 부과하는 상속세에 가산한다. 〈개정 2010.12.27., 2011.12.31., 2014.1.1., 2016.12.20., 2017.12.19., 2018.12.31., 2019.12.31.〉

1. 제2항 제1호의 가업 상속 공제를 받은 후 다음 각 목의 어느 하나에 해당하게 된 경우

가. 해당 가업용 자산의 100분의 20(상속개시일부터 5년 이내에는 100분의 10) 이상을 처분한 경우

나. 해당 상속인이 가업에 종사하지 아니하게 된 경우

다. 주식 등을 상속받은 상속인의 지분이 감소한 경우. 다만, 상속인이 상속받은 주식 등을 제73조에 따라 물납(物納)하여 지분이 감소한 경우는 제외하되, 이 경우에도 상속인은 제22조 제2항에 따른 최대주주나 최대출자자에 해당하여야 한다.

라. 다음 1) 및 2)에 모두 해당하는 경우

1) 각 소득세 과세기간 또는 법인세 사업연도의 대통령령으로 정하는 정규직 근로자(이하 이 조에서 "정규직 근로자"라 한다) 수의 평균이 상속이 개시된 소득세 과세기간 또는 법인세 사업연도의 직전 2개 소득세 과세기간 또는 법인세 사업연도의 정규직 근로자 수의 평균(이하 이 조에서 "기준고용인원"이라 한다)의 100분의 80에 미달하는 경우

2) 각 소득세 과세기간 또는 법인세 사업연도의 대통령령으로 정하는 총급여액(이하 이 조에서 "총급여액"이라 한다)이 상속이 개시된 소득세 과세기간 또는 법인세 사업연도의 직전 2개 소득세 과세기간 또는 법인세 사업연도의 총급여액의 평균(이하 이 조에서 "기준총급여액"이라 한다)의 100분의 80에 미달하는 경우

마. 다음 1) 및 2)에 모두 해당하는 경우

1) 상속이 개시된 소득세 과세기간 말 또는 법인세 사업연도 말부터 7년간 정규직 근로자 수의 전체 평균이 기준고용인원에 미달하는 경우

2) 상속이 개시된 소득세 과세기간 말 또는 법인세 사업연도 말부터 7년간 총급여액의 전체 평균이 기준총급여액에 미달하는 경우

상속세 및 증여세법 시행령 [대통령령 제31101호, 2020.10.8., 타법개정]

제15조(가업 상속)

⑪ 법 제18조 제6항 제1호 나목에서 "해당 상속인이 가업에 종사하지 아니하게 된 경우"란 다음 각호의 어느 하나에 해당하는 경우를 포함한다. 〈개정 2014.2.21., 2015.2.3., 2016.2.5., 2018.2.13., 2020.2.11.〉

1. 상속인(제3항 제2호 후단에 해당하는 경우에는 상속인의 배우자)이 대표이사 등으로 종사하지 아니하는 경우

2. 가업의 주된 업종을 변경하는 경우. 다만, 다음 각 목의 어느 하나에 해당하는 경우는 제외한다.

가. 「통계법」 제22조에 따라 통계청장이 작성 고시하는 표준분류(이하 "한국표준산업분류"라 한다)에 따른 중분류 내에서 업종을 변경하는 경우

나. 가목 외의 경우로서 제49조의2에 따른 평가심의위원회의 심의를 거쳐 업종의 변경을 승인하는 경우

3. 해당 가업을 1년 이상 휴업(실적이 없는 경우를 포함한다)하거나 폐업하는 경우

⑫ 법 제18조 제6항 제1호 다목 본문에서 "상속인의 지분이 감소한 경우"란 다음 각호의 어느 하나에 해당하는 경우를 포함한다. 〈개정 2010.2.18., 2012.2.2., 2018.2.13.〉

1. 상속인이 상속받은 주식 등을 처분하는 경우

2. 해당 법인이 유상증자할 때 상속인의 실권 등으로 지분율이 감소한 경우

3. 상속인의 특수관계인이 주식 등을 처분하거나 유상증자할 때 실권 등으로 상속인이 최대주주 등에 해당되지 아니하게 되는 경우

⑬ 법 제18조 제6항 제1호 라목 1)에서 "대통령령으로 정하는 정규직 근로자"란 「근로기준법」에 따라 계약을 체결한 근로자를 말한다. 다만, 다음 각호의 어느 하나에 해당하는 사람은 제외한다. 〈신설 2020.2.11.〉

1. 근로계약 기간이 1년 미만인 근로자(근로계약의 연속된 갱신으로 인하여 그 근로계약의 총 기간이 1년 이상인 근로자는 제외한다)

2. 「근로기준법」 제2조 제1항 제9호에 따른 단시간근로자로서 1개월간의 소

정근로시간이 60시간 미만인 근로자

3. 「소득세법 시행령」 제196조에 따른 근로소득원천징수부에 따라 근로소득
   세를 원천징수한 사실이 확인되지 않고, 다음 각 목의 어느 하나에 해당하
   는 금액의 납부 사실도 확인되지 않는 자

가. 「국민연금법」 제3조 제1항 제11호 및 제12호에 따른 부담금 및 기여금

나. 「국민건강보험법」 제69조에 따른 직장 가입자의 보험료

⑭ 법 제18조 제6항 제1호 라목 2)에서 "대통령령으로 정하는 총급여액"이란
   제13항에 따른 근로자(「조세특례제한법 시행령」 제26조의4 제2항 제3호
   에 해당하는 사람을 제외하되, 기준고용인원 산정 기간에 같은 호에 해당
   되는 사람만 있을 경우에는 포함한다)에게 지급한 「소득세법」 제20조 제1
   항 제1호 및 제2호에 따른 소득의 합계액을 말한다. 〈신설 2020.2.11.〉

⑮ 법 제18조 제6항 각호 외의 부분 전단에서 "대통령령으로 정하는 율"이란
   제1호에 따른 기간을 기준으로 제2호의 기간별추징율 표에 따라 정한 율
   (이하 이 조에서 "기간별추징율"이라 한다)을 말한다. 다만, 법 제18조 제6
   항 제1호 가목에 해당하는 경우에는 자산처분비율(같은 목에 해당하여 상
   속세를 부과한 후 재차 같은 목에 해당하여 상속세를 부과하는 경우 종전
   에 처분한 자산의 가액은 제외하고 산정한다)에 기간별추징율을 곱한 율로
   한다. 〈신설 2014.2.21., 2017.2.7., 2018.2.13., 2019.2.12., 2020.2.11.〉

1. 다음 각 목의 구분에 따른 기간

가. 법 제18조 제6항 제1호 가목 나목 또는 다목에 해당하는 경우 : 상속개시 일부터 해당일까지의 기간

나. 법 제18조 제6항 제1호 라목에 해당하는 경우 : 상속이 개시된 소득세 과 세기간 또는 법인세 사업연도의 말일부터 해당일까지의 기간

다. 법 제18조 제6항 제1호 마목에 해당하는 경우 : 상속이 개시된 소득세 과 세기간 또는 법인세 사업연도의 말일부터 각 소득세 과세기간 또는 법인세 사업연도의 말일까지 각각 누적하여 계산한 정규직 근로자 수의 전체 평 균 또는 같은 방식으로 계산한 총급여액의 전체 평균이 법 제18조 제6항 제 1호 라목에 따른 기준고용인원 또는 기준총급여액 이상을 충족한 기간 중 가장 긴 기간

2. 기간별추징율 표

5년 미만	5년 이상 7년 미만
100분의 100	100분의 80

⑰ 법 제18조 제6항 제1호 라목에 따른 정규직 근로자 수의 평균은 각 소득세 과세기간 또는 법인세 사업연도의 매월 말일 현재의 정규직 근로자 수를 합하여 해당 소득세 과세기간 또는 법인세 사업연도의 월수로 나누어 계산 한다. 〈신설 2014.2.21., 2017.2.7., 2018.2.13., 2020.2.11.〉

⑱ 법 제18조 제6항 제1호 라목 및 마목을 적용할 때 가업에 해당하는 법인이 분할하거나 다른 법인을 합병하는 경우 정규직 근로자 수 및 총급여액은 다음 각호에 따라 계산한다. 〈신설 2019.2.12., 2020.2.11.〉

1. 분할에 따라 가업에 해당하는 법인의 정규직 근로자의 일부가 다른 법인으로 승계되어 근무하는 경우 그 정규직 근로자는 분할 후에도 가업에 해당하는 법인의 정규직 근로자로 본다.

2. 합병에 따라 다른 법인의 정규직 근로자가 가업에 해당하는 법인에 승계되어 근무하는 경우 그 정규직 근로자는 분할 후에도 가업에 해당하는 법인의 정규직 근로자로 본다.

＊＊ 마치며

성공한 가업승계의 대표적 사례로 회자되는 '쿠쿠전자'의 경우 시가총액 약 2조 2,000억 원의 회사를 승계하는 데 있어서 상속세가 전혀 나오지 않았습니다. 반대로 실패한 사례로 진단되는 '(주)대한전선'의 경우 약 3,300억 원의 상속 재산에 관하여 1,300억 원이 넘는 상속세를 납부한 바 있습니다. 삼성의 창업주인 이병철 회장의 상속인들이 납부한 상속세가 약 170억 원이었던 것과 비교하면, 가업승계의 사전 준비가 얼마나 중요한 것인지 쉽게 체감할 수 있을 것입니다. 흔히 가업승계를 "제2의 창업"이라고 합니다. 가업의 계승은 개인적 측면에서는 물질적·정신적 유산의 연속을 의미하고, 사회적 측면에서는 가치 있는 사업체의 영속성을 의미합니다. 성공적인 가업승계를 위해서는 경영자의 조세 부담 능력과 후계자 후보의 상황을 파악해야 함은 물론, 회사 내외의 관련자들과의 의사소통 및 상속 분쟁의 예방이 무엇보다 중요합니다.

송인혁 (lawyersih@naver.com)

현) 법무법인 오킴스 상속전문 변호사

고려대학교 법과대학을 졸업하고 고려대학교 법학전문대학원에서 석사과정을 마친 후 변호사시험에 합격하였다. 2015년부터 상속 법률문제들의 해결에 매진하기 시작하였고, 2018년 대한변호사협회 상속 전문 변호사로 등재되었다. M 주식회사 상속자산 매각, B 조합 공장 상속 지분 권리행사, K 지방자치단체 수용보상예정 상속 토지 대상분할, Y 전자주식회사 상속주식에 대한 가액청구소송 등 굵직한 상속사건들을 해결하였다.

| 주요 경력 |

현) 대한도시정비관리협회 자문위원
현) HBM협동조합경영연구소 고문변호사
현) 통일감정평가법인 자문변호사
현) 법무법인 오킴스 상속자산관리센터장

| 주요 저서 |

「사례로 보는 상속유류분」(지혜와지식, 2018, 공저)

| 주요 강연 |

– 2019. 2. 아임닥터 세미나, "증여를 통한 개원자금 형성과 세무관계"
– 2019. 6. 나누리의료재단 블록체인 솔루션 설명회, "암호화폐와 상속"

3。

백년가게 운영의
새로운 쟁점

- 중소상공인이 알아야 할 기본 노무 상식

노무 문제 해결, 사업 성공의 필수요건

박성민·피엠지 노무법인 대표 노무사

** 들어가며 – 노무 문제 해결, 사업 성공의 필수요건

다년간 기업자문, 인사 컨설팅, 소상공인 컨설팅, 노무 상담 등의 활동을 하면서 사업체를 운영하는 대표님이라고 하더라도 기초적인 노동법에 대하여 잘 모르는 경우를 무수히 접했다. 특히, 중소상공인의 경우 생존과 직결되는 마케팅, 제조 등에 주로 관심을 가지고 업무를 추진하다 보니 노무관리에 관심을 가질 여유가 없어 우선순위에서 항상 뒷전으로 밀려왔던 것이 사실이다.

과거에는 직원들이 노동법을 접할 기회가 많이 없어, 이의 제기를 하지 않은 경우가 많았으나, 요즘은 노동법에 관하여 확인할 수 있는 경로가 다양해져 기존에 하던 대로 노무관리를 하다가 노무 문제에 봉착하는 때도 드물지 않게 발생하고 있다. 이에 중소상공인들이 반드시 알고 있어야 할 기본적인 노무 상식을 안내하고자 한다.

** 4인 이하 사업장 근로기준법 적용 제외 사항

상시 4인 이하의 근로자를 사용하는 사업장에 대하여는 영세성과 행정감독 능력의 한계 등을 고려하여 법 내용 전체를 적용하는 것이 아니라 일부 규정의 적용을 제외하고 있다.

▶ 적용되는 주요 법 규정

근로조건 명시, 위약예정 전차금상계 강제저축 금지, 해고(업무상 부상, 산전후), 해고예고, 휴게, 주휴일, 18세 미만자 근로시간, 임산부와 연소자 야간근로와 휴일근로 제한, 산후 1년 미만 여성 시간 외 근로, 산전후휴가

▶ 적용되지 않는 주요 내용

법령 요지 게시, 정당한 이유 없거나 경영상 이유로 인한 해고제한, 휴업수당, 근로시간, 연장근로의 제한, 연장 야간 휴일근로(가산수당), 연차휴가, 여성의 야간 및 휴일근로 제한, 생리휴가, 취업규칙 등

* * 근로자성 판단 기준

근로자에 해당하는지를 판단하는 것을 '근로자성 판단'이라고 한다. 근로자란 직업의 종류와 관계없이 임금을 목적으로 사업이나 사업장에 근로를 제공하는 자라고 정의할 수 있으므로, 사용자의 지시에 따라 근로를 제공하고 근로의 대상인 임금을 목적으로 하는 자인 경우 근로기준법상 근로자에 해당한다.

근로기준법은 직원이 근로계약, 용역계약, 프리랜서계약 등 어떠한 형식의 계약을 체결하였는가보다는 실질적으로 어떻게 근무를 하였는지를 따져서 근로자인지를 판단하고 있다.

〈근로자 여부 판단 기준〉

기본원칙 : 계약의 형식보다는 그 실질에 있어 종속 관계 여부를 판단	
종속 노동성	사용자의 업무 내용 정함 여부
	취업규칙 적용 여부
	업무수행 과정에서 사용자의 상당한 지휘 감독 여부
	사용자의 근무시간 장소 지정 및 근로자의 이에 구속 여부
독립사업자성	비품·원자재나 작업 도구 등 소유 여부
	제3자의 고용에 의한 업무 대행 여부
	이윤 창출과 손실 초래 등 위험 부담 여부
보수의 근로 대가성	보수의 성격이 근로 자체의 대상적 성격인지 여부
계약관계의 계속성과 전속성	근로 제공 관계의 계속성 및 사용자에 전속성 유무와 그 정도
신중 판단 요소	기본(고정)급 정함 여부
	근로소득세 원천징수 여부
	사회보장 제도상 근로자로 인정되는지 여부

* * 근로계약서 작성 시 근로조건 명시의무

근로계약 체결 시에는 임금, 소정근로시간, 주휴일, 연차유급휴가, 취업의 장소와 종사하여야 할 업무, 취업규칙에서 정한 사항, 기숙사 규칙 등을 명시하여야 하며, 그중에서 임금의 구성항목·계산방법·지급방법, 소정근로시간, 주휴일, 연차유급휴가는 서면으로 근로자에게 교부하여야 한다.

또한, 근로계약서를 체결하였으나 근무 도중 단체협약 또는 취업규칙 등의 변경으로 근로계약서의 서면 명시사항이 변경되는 경우에는 근로자의 요구가 있으면 해당 근로자에게 교부하여야 한다.

〈근로계약 체결·변경 시 근로조건 명시·교부 의무〉

구분	명시	서면 명시·교부	적용	벌칙
일반근로자	1. 임금 2. 수정 근로시간 3. 주휴일 4. 연차휴가 5. 취업 장소, 종사업무 6. 취업규칙 필수적 기재사항 7. 기숙사 규칙	〈서면 명시 및 교부〉 1. 임금 2. 수정 근로시간 3. 주휴일 4. 연차휴가 〈요구 시 교부〉 취업규칙 등의 변경 시	1명 이상 사업장 (근로시간, 연차휴가는 5명 이상)	500만 원 이하 벌금
기간제/ 단시간근로자	1. 근로계약 기간 2. 근로·휴게 시간 3. 임금 4. 휴일, 휴가 5. 취업 장소, 종사업무 6. 근로일 및 근로일별 근로시간(단시간)	전부 서면 명시 의무 (단시간근로자의 경우, 반드시 근로계약서로 작성·교부)	5명 이상 사업장 (계약 기간, 휴게, 임금, 휴일, 취업 장소·종사업무는 4명 이하에도 적용)	500만 원 이하 과태료

** 아르바이트 채용 시 유의사항

우리가 흔히 아르바이트라고 말하고 있는 근무형태는 법적 용어로는 '단시간근로자'라고 표현한다. 단시간근로자의 근로조건은 근로시간에 비례해 보호하는 것을 원칙으로 한다.

1. 근로계약의 체결

단시간근로자를 고용할 때에 임금, 근로시간, 그 밖의 근로조건을 명확히 적은 근로계약서를 작성하여 근로자에게 교부 하여야 한다.

2. 임금계산

단시간근로자의 임금 산정단위는 시간급을 원칙으로 하며, 시간급 임금을 일급 통상임금으로 산정할 경우 1일 소정근로시간 수에 시간급 임금을 곱하여 산정하고, 단시간근로자의 1일 소정근로시간 수는 4주 동안의 소정근로시간을 그 기간의 통상 근로자의 총 소정 근로일 수로 나눈 시간 수로 한다.

또한, 단시간근로자에게 초과근로를 시키고자 할 경우는 근로자의 동의를 얻되 1주에 12시간을 초과하여 근로하게 할 수 없으며, 주간 근로시간이 40시간 이내인 범위에서의 초과근로라 하더라도 통상임금의 50%를 가산하여 지급하여야 한다.

3. 휴일·휴가의 적용

단시간근로자에게도 주휴일, 연차유급휴가를 주어야 하는데, 근로시간에 비례하여 부여하면 된다.

4. 기타 근무조건

이외의 근무조건은 통상 근로자를 기준으로 적용하면 될 것이나, 단시간근로자 중에서 4주를 평균하여 1주 동안의 소정근로시간이 15시간 미만일 때에는, 주휴일, 연차휴가, 퇴직급여제도가 적용되지 않는다.

** 계약직의 근로계약 기간

계약직이란 기간의 정함이 있는 근로계약을 체결한 근로 형태를 말하는 것으로, 총 사용 기간을 2년으로 제한하고 2년을 초과하여 사용할 때에는 기간의 정함이 없는 근로계약(무기계약)을 체결한 것으로 간주한다.

다만, 모든 계약직이 2년을 초과하여 근무하였다고 하더라도 무기 계약직으로 전환되지는 않으며 전문직 종사자, 55세 이상 근로자 등 일정한 경우 2년을 초과하여 사용할 수 있도록 하는 예외가 있다.

1. 사업의 완료 또는 특정한 업무의 완성에 필요한 기간을 정한 경우
2. 휴직 파견 등으로 대체근무가 필요한 경우
3. 근로자가 학업, 직업훈련 등 이수에 필요한 기간을 정한 경우
4. 고령자(55세 이상)와 근로계약을 체결하는 경우
5. 전문적 지식 기술의 활용이 필요한 경우와 정부의 복지정책 실업 대책 등에 따라 일자리를 제공하는 경우로서 대통령령이 정하는 경우
6. 그 밖에 이와 준하는 합리적인 사유가 있는 경우로서 대통령령이 정하는 경우

** 취업규칙

'취업규칙'은 사업장에서 근로자에게 적용되는 근로조건 또는 당사자가 준수하여야 할 사항에 대해 사용자가 정한 통일적이고 획일적인 규칙이다.

취업규칙은 상시 10인 이상의 근로자를 사용하는 사용자는 의무적으로 작성하고 고용노동부에 신고하여야 한다. 만약, 취업규칙을 작성 및 신고하지 않을 경우 500만 원 이하의 벌금처분을 받을 수 있다.

취업규칙을 작성 및 변경할 때에는 원칙적으로 근로자의 과반수로 조직된 노동조합 (노동조합이 없을 때, 근로자의 과반수)의 의견을 청취하여야 하되, 취업규칙을 근로자에게 불이익하게 변경하는 경우에는 근로자의 동의를 얻어야 한다.

* * 통상임금의 판단 기준

통상임금은 근로계약에서 정한 근로를 제공하면 확정적으로 지급되는 임금이다. 통상임금을 활용하는 용도로는 주로 연장·야간·휴일 근로에 대한 가산임금, 해고예고수당 및 연차휴가수당 등을 산정하는 기준임금으로 사용된다.

통상임금은 근로자가 근로계약에 따른 정상적인 근로시간에 통상적으로 제공하는 근로의 가치를 금전적으로 평가한 것이어야 한다. 따라서 근로의 대가로서의 임금이 정기성, 일률성, 고정성을 모두 갖추고 있어야 통상임금에 해당한다.

〈임금유형별 통상임금 해당 여부〉

임금 명목	임금의 특징	통상임금 해당 여부
가족수당	부양가족 수에 따라 달라지는 가족수당	× (근로와 무관)
	부양가족 수와 관계없이 모든 근로자에게 지급되는 가족수당	○
성과급	근무실적을 평가하여 지급 여부나 지급액이 결정되는 임금	× (조건에 좌우됨)
	최소한도가 보장되는 성과급	○ (최소한도만큼)

상여금	정기적인 지급이 확정된 상여금	○
	기업실적에 따라 일시적, 부정기적, 사용자 재량에 따른 상여금 (경영성과 분배금, 격려금, 인센티브)	× (사전 미확정)
특정 시점 재직 시에만 지급되는 금품	특정 시점에 재직 중인 근로자만 지급받는 금품 (ex. 명절 귀향비, 휴가비)	× (근로의 대가 ×, 고정성×)
	특정 시점이 되기 전 퇴직 시에는 근무일 수에 비례하여 지급되는 금품	○

** 평균임금 산정방법

평균임금은 산정하여야 할 사유가 발생한 날 이전 3월간에 지급된 임금총액을 해당 기간의 총일수로 나눈 금액이며, 퇴직금 등의 계산 시 활용된다. 다만, 이러한 방법으로 산출된 평균 임금액이 해당 근로자의 통상임금보다 저액일 경우에는 통상임금액을 평균임금으로 하도록 정하고 있다.

평균임금 계산방법

$$평균임금 = \frac{사유가\ 발생한\ 날\ 이전\ 3월간의\ 임금총액}{사유가\ 발생한\ 날\ 이전\ 3월간의\ 총일수}$$

※ 3월간의 임금총액 : 근로자에게 실제 지급된 임금뿐만 아니라 당연히 지급되어야 할 임금 중 지급되지 않은 임금 포함

※ 3월간의 총일수 : 휴일·휴무를 포함한 달력상의 총일수

** 주휴수당

　사용자는 1주 동안의 소정 근로일을 개근한 근로자에게 1주일에 평균 1회 이상의 유급휴일을 주어야 한다. 주휴일은 1주간 소정 근로일 수를 개근한 자에게 부여하므로, 이러한 요건을 갖추지 못하면 주휴수당을 지급하지 않아도 된다. 주휴일의 부여방법과 관련하여 대부분 주휴일은 일요일로 정하고 있으나 반드시 일요일일 필요는 없다.

　주휴수당은 정상 근로일의 소정근로시간을 기준으로 1일분을 지급해야 한다. 월급제의 경우 일반적으로 월급 금액에 주휴수당이 포함되어 있으나, 시급제나 일급제의 경우에는 특별히 주휴수당을 분리하여 명시하지 않는 한, 시급·일급금액에 주휴수당이 포함되어 있다고 볼 수 없다.

** 최저임금

　최저임금이란 국가가 임금의 결정에 직접 개입하여 정한 임금의 최저수준으로, 적용기간은 매년 1월 1일부터 12월 31일까지다. 다만, '수습 사용 중에 있는 자로서 수습 사용한 날부터 3월 이내인 자'에게는 최저임금액의 90%를 적용할 수 있다.

　현재 지급하고 있는 임금이 최저임금에 위반되는지를 판단하려면, ① 지급하는 임금에서 최저임금에 포함되는 임금만을 가려서, ② 이를 시간급으로 환산하여, ③ 고시된 최저임금과 비교하면 된다.

　최저임금 적용을 위한 임금에 산입하는 임금의 범위는, 공통요건으로 ① 단체협약 취업규칙 또는 근로계약에 임금항목으로서 지급근거가 명시되어 있거나 관례에 따라 지급하는 임금 또는 수당, ② 미리 정하여진 지급조건과 지급률에 따라 소정 근로에 대하여 매월 1회 이상 정기적·일률적으로 지급하는 임금 또는 수당이다.

　다만, 매월 1회 이상 정기적으로 지급하는 상여금과 현금으로 지급하는 복리후생비의 경우, 2019년부터 2024년까지 미산입 비율이 단계적으로 축소되도록 정하고 있다.

〈정기상여금, 현금성 복리후생비의 최저임금 미산입 비율〉

연도	2019	2020	2021	2022	2023	2024
정기상여금	25%	20%	15%	10%	5%	0%
현금성 복리후생비	7%	5%	3%	2%	1%	0%

☞ 정기상여금, 현금성 복리후생비 중 해당 연도 시간급 최저임금액을 월 단위로 환산한 금액의 비율

＊＊ 포괄임금 제도

감시 단속적 근로 등과 같이 ① 근로시간, 근로 형태와 업무의 성질을 고려할 때 근로시간의 산정이 어려운 것으로 인정되는 경우에는 근로자의 승낙을 얻어 '포괄임금제에 의한 임금 지급계약'을 체결하더라도 ② 단체협약이나 취업규칙에 비추어 그것이 달리 근로자에게 불이익이 없고 여러 사정에 비추어 정당하다고 인정될 때의 포괄임금 제도는 유효하다.

반면에 근로시간 산정의 어려움 등의 특별한 사정이 없음에도 포괄임금 방식으로 약정된 경우 포괄임금에 포함된 정액의 법정수당이 근로기준법이 정한 기준에 따라 산정된 법정수당에 미달하는 때에는 포괄임금제에 의한 임금 지급 부분은 근로자에게 불이익하여 무효가 된다.

포괄임금제에 관한 약정이 성립하였는지는 근로시간, 근로 형태와 업무의 성질, 임금 산정의 단위, 단체협약과 취업규칙의 내용, 동종 사업장의 실태 등 여러 사정을 전체적·종합적으로 고려하여 구체적으로 판단한다.

포괄임금 제도를 시행하기 위한 절차는 ① 근로자의 승낙과 ② 단체협약·취업규칙 등 상위규범에 부합할 것으로 요구하고 있다. 참고로, 포괄임금 제도를 적용하여 근로계약을 했다고 하더라도 포함된 범위를 초과하는 부분에 대해서는 별도로 지급할 의무가 있다.

＊＊ 퇴직금

퇴직금은 근로자를 채용하고 있는 사업장에서 근로자의 퇴직 시 근로 연수 1년에 대하여 30일분 이상의 평균임금을 사업주가 근로자에게 지급하는 제도를 말한다. 이때 평균임금의 계산은 산정사유 발생일 직전 3개월의 임금총액을 해당일수로 나누어 구한다. 퇴직금의 지급대상자는 근로자 중 1년 이상 근무하고 퇴직한 자다. 따라서 1년 미만 근무한 직원에 대해서는 퇴직금 지급의무가 없다.

퇴직금의 산정은 30일분의 평균임금에 계속근로 연수를 곱해서 계산한다. 여기서 계속근로 연수는 계속근로 기간을 365로 나눈 것을 말한다.

무주택자의 주택 구입 등 퇴직급여보장법에 의한 퇴직금 중간정산 사유에 해당하여 근로자가 퇴직금 중간정산을 요구한 경우에는 근로자가 퇴직하기 전에 해당 근로자의 계속근로 기간에 대한 퇴직금을 미리 정산하여 지급할 수 있다.

퇴직금의 중간정산 신청이 있다고 하여 사업장에서 반드시 중간정산을 해 주어야 할 의무는 없으며, 사업장의 여건 등을 고려하여 중간정산해 줄 수 있다. 중간정산을 통해 퇴직금을 미리 정산하여 지급한 후의 퇴직금 산정을 위한 계속근로기간은 정산한 시점부터 새로 계산한다.

＊＊ 실업급여

실업급여의 수급요건을 보면, ① 이직일 이전 18개월(주 15시간 미만의 초단시간 근로자의 경우 24개월)간 피보험 단위 기간이 통산하여 180일 이상일 것(180일의 계산은 사업장이 주 5일 근무제로 토요일이 무급휴무 형태로 운영할 경우 토요일을 제외함), ② 근로의 의사와 능력이 있음에도 불구하고 취업하지 못할 것, ③ 수급자격 제한 사유에 해당하지 아니할 것, ④ 구직노력을 적극적으로 할 것 등이다. 따라서 최소 6개월 이상 고용보험에 가입하고 있어야 하고 구직활동을 적극적으로 하였음에도 불구하고 취업이 안 되어야 한다.

388

또한, ① 자기의 중대한 귀책사유로 해고된 경우와 ② 정당한 사유 없는 자기 사정으로 이직한 것으로 보는 경우와 같이 실업급여 수급자격의 제한 사유에 해당하지 않아야 한다.

여기서 "자기의 중대한 귀책사유로 해고된 경우"는 형법 또는 직무와 관련된 법률을 위반하여 금고 이상의 형을 선고받음으로써 해고된 경우, 사업에 막대한 지장을 초래하거나 재산상 손해를 끼침으로써 해고된 경우, 정당한 사유 없이 장기간 무단결근하여 해고된 경우이다.

다음으로 "정당한 사유 없는 자기 사정으로 이직한 경우"는 전직을 하거나 자영업을 하기 위하여 사직하는 경우와 중대한 귀책사유가 있는 자가 해고되지 아니하고 사업주의 권고로 사직하는 경우다.

✻✻ 연장, 휴일 및 야간근로

연장근로는 '당사자 간에 합의하면' 1주간에 12시간을 한도로 근로시간을 연장할 수 있다. 연장근로 시간은 1일 또는 1주의 법정 기준 근로시간을 초과한 시간이므로, 1일 8시간을 초과하여 근로할 경우와 1주에 40시간을 초과하여 근로할 경우를 합한 근로시간에 대해서는 근로의 대가인 통상임금의 100%를 지급하는 것과 동시에 연장근로 가산수당으로 통상임금의 50%를 가산하여 지급하여야 한다.

근로자가 휴일에 근로한 경우 가산수당을 지급하여야 한다. '휴일'이란 ① 주휴일, ② 법정 휴일, ③ 회사에서 정하는 약정 휴일을 말한다. 휴일 근무 시 근로한 시간에 대한 임금 100%와 8시간 이내의 휴일근로에 대해서는 휴일근로 가산수당 50%(8시간 초과 휴일근로에 대해서는 100%)를 합하여 임금을 지급하여야 한다.

22:00부터 다음날 06:00 사이에 근로할 경우 야간근로가 되며, 이에 대하여 통상임금의 50%에 해당하는 가산수당을 지급하도록 하고 있다. 야간근로는 해당 시간대 전체뿐만 아니라 일부라도 포함되어 근무하게 된다면 해당 시간 분에 대하여 야간근로가 되는 것이다.

＊＊ 연차휴가

연차휴가는 기본휴가 일수와 가산휴가 일수를 합해서 산정한다. 사용자는 연차휴가의 기본휴가 일수로 1년간 80% 이상 출근한 근로자에게 15일의 유급휴가를 주어야 한다. 근로자가 1년간 80% 이상 출근하였는지는 1년간의 총 역일(曆日)에서 법령·취업규칙 등에 의하여 근로의무가 없는 것으로 정해진 날을 뺀 일수 중 근로자가 현실적으로 근로를 제공한 출근 일수의 비율을 기준으로 판단한다. 다만, 1년간 80% 미만 출근한 근로자에게는 15일의 유급휴가가 부여되는 것이 아니라 예외적으로 1개월 개근 시 1일의 유급휴가가 부여된다.

사용자는 3년 이상 계속하여 근로한 근로자에게 기본휴가 일수에 최초 1년을 초과하는 계속근로 연수 매 2년에 대하여 1일을 가산한 연차휴가를 주어야 하며, 가산휴가를 포함한 총 휴가 일수는 25일을 한도로 한다.

계속하여 근로한 기간이 1년 미만인 근로자에게는 1개월간 개근 시 1일의 유급휴가를 주어야 하므로, 입사한 지 1년 미만자에게도 예외적으로 연차휴가를 사용할 수 있도록 하고 있다.

＊＊ 휴업수당

사용자의 귀책사유로 휴업하는 경우에 사용자는 휴업 기간 내 근로자에게 평균임금의 70% 이상의 수당을 지급하여야 한다. 다만, 평균임금의 70%에 해당하는 금액이 통상임금을 초과하는 때에는 통상임금을 휴업수당으로 지급할 수 있다. 이때 부득이한 사유로 사업을 계속하는 것이 불가능하여 노동위원회의 승인을 받은 때에는 이 기준에 못 미치는 휴업수당을 지급할 수 있다.

'휴업'은 근로계약을 존속시키면서 사업의 전부 또는 일부를 사용자의 결정으로 일정 기간 정지하는 것이다. 근로기준법에 의한 휴업은 사용자에게 귀책사유가 있을 때 적용할 수 있는데, '사용자의 귀책사유'란 사용자의 세력범위 안에서 생긴 경영 장애로서 자금난, 원자재 부족, 주문량 감소, 시장불황과 생산량 감축, 모회사의 경영난에 따른 협력업체의 자재 및 자금난에 의한 조업단축 등으로 인한 휴업이다.

* * 징계의 정당성 판단

징계란 근로자의 복무규율이나 기업 질서 위반행위에 대하여 해고 등의 불이익조치를 취하는 사용자의 행위다. 징계하려면 '정당한 이유'가 있어야 하는데, 정당한 이유는 ① 사유의 정당성, ② 양정의 적정성, ③ 절차의 정당성을 갖추어야 한다.

1. 징계 사유의 정당성

정당한 이유는 개별 사안에 따라 구체적으로 판단되어야 하는데, 징계해고와 관련하여 판례에서는 '근로자의 기업 질서 위반행위가 사회통념상 더는 근로관계를 유지할 수 없을 정도로 근로자에게 책임 있는 사유가 있는 경우'에 한하여 정당성을 인정한다.

2. 징계양정의 적정성

취업규칙 등에서 규정된 징계사유 중 어떤 징계처분을 선택할 것인지는 징계권자의 재량에 속하지만, 이러한 재량은 징계권자의 자의적이고 편의적인 재량이 아니며 징계사유와 징계처분 사이에 사회통념상 상당하다고 인정되는 균형이 요구된다. 따라서 경미한 징계사유에 대하여 가혹한 제재를 하는 것은 징계권 남용으로서 무효가 될 수 있다.

3. 징계절차의 정당성

사용자의 징계처분이 정당성을 인정받으려면 절차적 정당성도 갖추어야 한다. 취업규칙이나 단체협약 등에서 별도의 징계절차를 정하지 않은 때에는 징계절차를 거치지 않

고 징계를 하더라도 징계는 유효하지만, 징계절차를 정한 경우에는 절차를 준수하여야
한다.

* * 해고예고

　근로자를 해고할 경우에는 해고예고를 하여야 한다. 해고예고의 방법으로는 해고일로
부터 30일 전에 해고예고를 하거나, 적어도 30일분 이상의 통상임금을 해고예고수당으
로 지급하는 것이다.

　다만, 일정한 경우 해고예고를 하지 않아도 되는데, ① 근로자가 계속 근로한 기간이 3
개월 미만인 경우, ② 천재·사변, 그 밖의 부득이한 사유로 사업 계속이 불가능한 경우,
③ 근로자가 고의로 사업에 막대한 지장을 초래하거나 재산상의 손해를 끼친 경우가 이
에 해당한다.

백년가게 운영의 새로운 쟁점, 「중소상공인이 알아야 할 기본 노무 상식」은 〈백
년가게국민운동본부〉 블로그(https://blog.naver.com/cysong2020)에서 연
재중입니다. 블로그에는 이 책에 게재된 내용보다 훨씬 풍부한 내용들이 수록
되어 있습니다. 참조하시기 바랍니다.

박성민(smpark0313@naver.com)

현) 피엠지 노무법인 대표 노무사

연세대학교 행정학과를 졸업하고 서울시립대학교 경영대학원에서 인사조직을 전공하여 석사과정을 마쳤으며, 2001년부터 공인노무사로 활발하게 활동하고 있다.

다양한 기업의 인사 노무 관련 자문, 임금체계 및 평가시스템 등 HR 컨설팅, 해고·임금 체불·산재 등 노동사건, 소상공인 컨설팅에서 성공적인 결과를 도출해 오고 있다.

| 주요 경력 |

현) 과기정통부, 롯데제과 등 자문위원

현) 소상공인 컨설팅 컨설턴트

현) NCS 기업 활용 컨설팅 컨설턴트

| 주요 저서 |

『최근 판례를 통해 본 인사·노무관리 핵심포인트』(2014, 경제법륜사)

『인사노무 담당자를 위한 노동법 핵심포인트』(2020, e퍼플)

| 주요 강연 |

– 한국생산성본부 전임강사, "노사관계", "비정규직 운용", "사회보험운용실무" 등

– 상공회의소 전문강사, "최근 판례를 통해 본 인사·노무관리 핵심포인트"

– 한국공인노무사회 강사, "퇴직연금제도", "임금직무교육", "근로시간 단축" 등

– 보험연수원 전문강사, "퇴직연금"

"백년가게"에서 생각해보는 문화적 인식의 차이

코로나19로 인한 피해가 깊어지면서 그렇지 않아도 어렵게 사업을 유지하던 회사 근처 소상공인들의 고통이 배가하고 있음을 눈으로 확인하게 된다. 어느 한날, 여느 때처럼 점심을 하려고 회사 건너 골목길의 두붓집을 찾았다. 그전 주까지도 장사했던 집이 '임대'라는 메모를 식당 겉창 곳곳에 붙여 놓았다. 장사를 그만두며 눈짓이라도 한번 줬으면 서운하지는 않았겠다, 는 생각을 하면서도 "오죽하면…" 하는 생각에 이르게 되면 괜한 투정이라는 생각이 든다. 최근에만 이렇게 문을 닫은 집이 세 곳이나 된다. 집집이 말 못 할 사연이 다 있겠지만, 다니던 곳이 없어져 무척 섭섭한 건 인지상정이다.

이처럼 우리가 즐겨 찾던 어느 가게나 장소가 없어지면 그곳에 얽힌 기억과 사연 등 모든 것이 순식간에 사라지게 된다. 설령 없어졌던 그곳이 다른 곳에 다시 생겨나더라도 그간의 시간 동안 쌓여 간직한 추억은 다시 되돌릴 수 없다. 이를 돌려 말하면 우리가 주변의 단골 가게,

백년가게를 즐겨 찾는 까닭이 되기도 한다. 그곳에 가면 반가운 얼굴들이, 맛있는 얘기가, 그리운 사연 등이 가슴 벅차고 설레게 하는 거다. 이처럼 백년가게는 우리 각각의 인생살이에 큰 영향을 끼치게 되는데, 이게 바로 많은 이들이 궁금해하는 백년가게의 지속 가능한 존재의 비결이기도 한 것이다.

· · ·

아버지께서 회사를 시작한 동네가 청계천 공구 거리다. 청계천 공구 거리는 거리의 형성기에서부터 지금의 모습에 이르기까지 우리나라의 산업 역사와 궤를 같이하며 부침을 거듭해온 곳이다. 역사적으로 보면 근현대의 일제강점기에서 미(美) 군정, 한국전쟁, 개발 시대의 산업화 과정 등에서 빠지지 않고 등장하는 곳이라는 뜻이다. 그만큼 역사성을 간직한 곳으로, 서울 도성 안에서 박물관의 유물처럼 박제화되지 않고 이곳처럼 살아온 근현대 역사의 진면목이 드러나는 곳도 드물다고 하겠다.

지난날 소개(疏開) 공간의 역할로 남북으로 길게 뻗은 세운상가, 청계상가, 삼풍상가, 진양상가 등을 제외하면 이 공구 거리 일대는 저층으로 이루어진 개량 한옥과 적산가옥으로 불리던 일식 가옥이 대다수고, 그 가옥들이 엮어내는 골목길들이 이리저리 이어져 있다. 물론 애초에 자연스럽게 생성되어 도시 발전에 따라 생태계를 이룬 지역이다 보니, 현재의 시각으로 보면 협소하고 지저분해 보이는 건 당연지사다.

하지만 그 속에는 지속 가능한 산업화의 바탕이 되는 사업장들과 사람들이 옹기종기 모여 살아가고 있었다.

하지만 이제는 원래의 그 모습을 점차 잃어가고 있고, 조만간 그곳은 다른 모습으로 바뀔 예정이다(물론, 현재진행형이다.). 높지 않아 다분히 평면적으로 생겼던 동네가 공간의 극대화를 지향하는 높은 빌딩의 숲으로 바뀌게 되는 것이다. 아마도 그나마 보존을 위해 여러 노력을 기울인 세운상가만 남기고 나머지 주변 저층 건물들은 철거되었고, 될 예정이다. 건축물과 가옥들이 없어진다는 것은 앞에서 언급한 것처럼 그곳에 간직된 수많은 경험과 기억과 사연 들이 모조리 없어진다는 것을 의미한다. 한 공간은 그곳에서 삶을 영위하는 사람들은 물론 그곳을 드나드는 내외(內外)의 수많은 사람과도 밀접한 관계를 지니므로, 그 관계성의 단절은 생각보다 훨씬 더 광범위하다고 볼 수 있다. 공구를 비롯하여 기계, 금속, 전기, 조명, 타일 등 복잡하게 얽힌 그곳의 산업생태계는 세계적으로도 보기 드문 도심 집적 산업군으로, 규모와 산업적 역할 면만 보더라도 충분히 그 존재 가치가 있다는 생각이다. 개발하는 측에서는 표면상으로는 단지 그 위치가 지극히 도심이라 용도상 부적격하고 미관상 보기 좋지 않다고 주장하지만, 주장하는 바의 이면을 보면 "돈이 되는 개발사업"이라고 읽히는 것은 숨길 수 없는 사실이다.

● ● ●

이런 상황들을 맞닥뜨리며 생각해본다. 왜, 우리는 지난 오랜 시간을

396

머금은 동네와 거리를, 그리고 그 안에 자리한 수많은 가게를 이처럼 쉽게 미련 없이 포기하는 걸까? 한번 허물어진 시간의 존재는 영원히 되돌릴 수 없는데, 무엇이 이를 쉽사리 가능하게 하는 걸까? 외국 여행에서 보는 현지의 잘 보존된 거리와 환경에는 그토록 감탄하고 부러워하면서 기실 옆에 있는 우리의 그것에는 왜 이토록 무관심할까? 또 한편으로, 박제화한 지난 왕조의 궁궐 같은 문화유산에는 수많은 관심과 문화적 우월성을 강조하면서 막상 과거로부터 지금까지 우리와 우리 이웃이 직접 살아 호흡하며 피와 땀으로 만들어가는 공간과 생활환경 등에는 왜 관심과 자부심을 지니지 못할까?

나는 해외 각국 여러 도시의 공간과 생활환경에 관한 보존의 사례와 그렇지 못한 우리 사례의 차이를 '문화(文化)'의 인식에서 찾을 수 있지 않을까, 하고 생각해본다. 물론, 여기서 원용한 문화라는 개념은 어떻게 해석하느냐에 따라 많은 이견이 있을 수 있고 그에 따라 얼마든지 견해차가 있을 수 있다고 생각한다. 반면에 여기서 내가 말하는 문화는 살아가는 삶의 방식 내지는 의식(意識)을 말하는 것으로, 오랜 시간에 걸쳐 우리에게 내재한 가치나 신념, 기준 되는 시각 등을 말한다. 나는 이 책의 앞에서 회사를 경영하며 가장 중요하게 생각하는 것이 "무엇을 하느냐보다 어떻게 하느냐"라고 강조한 바가 있는데, 내가 말하는 문화 인식의 차이라는 것도 곧 내가 앞서 주장한 바와 일맥상통한다고 생각했다. 곧, 상황과 사물에 대해 어떻게 생각하느냐의 인식 차의 문화가 서로 다른 결과를 초래하게 된다는 생각이다.

그러면 내가 비교하며 거론한 해외 여러 나라와 우리의 사례를 비교해봤을 때 어느 쪽이 더 경제적 이득을 더 가져가고 있을까? 보존과 유지를 바탕으로 과거와의 발전적 대화의 모습을 보여주는 곳과 새로운 모습으로 순식간에 탈바꿈하여 지극히 현대적인 모습을 자랑하는 곳과 말이다. 과거가 없는 현재가 있을 수 없고, 현재 없는 미래도 존재하지 않는다. 시간의 연속선상에 살아가는 우리는 어디를 가든 그곳의 장소성(場所性)에 대해 궁금해하고 유래와 스토리텔링을 알고자 한다. 그러면서 이제 그 공간과 장소에 자신의 스토리까지 가미하면 개인적 취향이 되고, 이는 곧 또 다른 집단의 취향으로 발전할 가능성이 농후하므로, 향후 지속적인 관심과 방문으로 이어질 확률이 훨씬 높아지게 된다. 곧, 경제적 가치가 훨씬 높아지는 것이다. 이런 비근한 예만 보더라도 공간과 거리, 문화유산 등을 대하는 문화적 시각의 차이는 그 기준이 되는, 곧 무엇을 하느냐보다는 어떻게 하느냐, 라는 인식의 차이가 좌우한다는 생각이다. 물론 좀 더 쾌적한 삶을 위한 재개발이 불가피한 측면이 있다는 것을 모르는 바가 아니다. 그렇다 하더라도 개발을 대하는 사람들의 깊은 사고와 새로운 안목에 따라 누구나 공감할 수 있는 지혜로운 방법도 찾을 수 있지 않을까, 하고 생각해본다.

● ● ●

그러면서 이를 극복하기 위해서는 문화 인식의 개선이 우선 필요하다는 생각이다. 이런 문화적 인식 개선을 위한 공감대를 찾고, 그를 뒷받침할 충분한 시민교육을 위해서는 많은 시간과 노력이 필요하다. 그와 아울러 인식 개선을 위한 교육의 필요성을 각성시킬 트리거(trigggger)가 될 만한 계기가 필요하고, 그 전환점을 찾기 위해서는 누군가가 자임을 하고 나서야 한다. 정부와 학계, 그리고 우리처럼 시민운동을 하는 모든 이들의 노력이 밑바탕이 되어야 한다. 이를 위해 나는 운영하는 시민단체인 〈백년가게국민운동본부〉에 기존의 '인성교육'과 '경영 실무교육'에 더하여 인문학을 바탕으로 하는 관련 교육과정을 개설, 회원들은 물론 일반 시민에게도 교육 혜택이 이루어지도록 할 생각이다.

이 글을 준비하고 쓰는 동안 우연히 읽게 된 박준 시인의 글이 한 편 (「새벽에 걸려온 전화 - 이문재 시인」) 있다. 독자들과 같이 읽으면 좋을 거 같아 소개한다.

"슬퍼서 전화했다. 가장 슬픈 일은 장소가 없어지는 일이다. 그러면 어디에 가도 그곳을 찾을 수가 없다. 너는 어디 가지 말아라. 어디 가지 말고 종로 청진옥으로 와라. 지금 와라."

- 「운다고 달라지는 일은 아무것도 없겠지만」, 난다, 2017

"백년가게"의 지속 가능한 본업, "백년가업"

이제 그간 힘겹게 진행해온 '백년가업, 내가 생각하는 백년가게' 이야기를 마무리하려고 한다. 솔직히 글을 쓰면서 무척 힘들었다. 재주가 없으면 부지런하기라도 해야 하는데 그러지 못했다. 노력이 부족함을 깨닫지 못하고 힘들었다고 푸념하고 있으니 송구할 따름이다. 무슨 일이든 마음먹었을 때 집중해서 마무리해야 하는데, 핑계라면 중간중간에 끼어드는 다른 일로 인해 글 진행이 더뎌져 예상했던 출간 시기도 놓쳤고, 집중력 부족으로 인해 글 전개가 머릿속 구상과는 달리 매끄럽지 못한 점도 미리 고백해야 해서 그렇다.

또 한 가지. 책을 준비하게 된 계기와 기획과정, 그리고 집필 과정 동안 항상 누가 읽어주면 좋을지를 이야기할 때면 책에서 밝힌 것처럼 창업을 준비 중이거나 지금 가게를 운영하는 청년들과 소상공인들을 우선 염두에 두었다고 말했는데, 고군분투하는 그들을 생각하며 더욱 충실한 준비로 알차게 책을 꾸며야겠다는 생각을 항상 했다. 그렇지만 마무리된 책의 구성이 자칫 너무 산만해 보이는 것은 아닌지 모르겠다. 그런 점이 보이면 그건 순전히 그들에게 도움이 되고자 하는 필자의 과한 고집(?)이 부른 결과이니 널리 이해해 주시길 부탁드린다. 다만, 책의 어느 부분을 선택해도 부담 없이 읽을 수 있도록 꾸몄다.

● ● ●

　나는 (주)프로툴이라는 공구유통 회사를 2세대 위치에서 경영하고 있고, 다른 한편으로는 〈백년가게국민운동본부〉라는 시민단체의 위원장직도 맡고 있다. 개인의 역량보다는 과한 사회활동을 하는 셈이지만, 최선을 다하려 노력하고 있다. 그러면서 회사 일도 그렇고 시민단체 일도 그렇고 결국 무엇을 하느냐보다 "어떻게 하느냐"가 중요하다는 사실을 순간순간 여실히 느낀다. 이 점은 내가 책에서 말하고자 했던 주제이기도 하다. 다만, 이 주장에서 오해가 없어야 하는데, '무엇'이 중요하지 않다는 게 아니라 고민 끝에 숙명처럼 받아들인 '무엇'이라면 그것을 결국 '어떻게' 풀어나가느냐에 따라 그 사업의 운명이 좌우된다는 걸 강조했다는 의미이기 때문이다.

　앞서 말한 주제를 실천하기 위해서는 우선 자신의 사업에 대한 기본 철학과 본질을 명확하게 파악하고 있어야 한다고 생각한다. 곧, 여기서 사업의 기본 철학을 구현하는 것이 바로 본업(本業)이라면, 그에 따르는 수많은 번뇌와 고민은 당연히 거쳐야 하는 과정이다. 이런 수많은 생각 끝에 찾아낸 일이 결국 자신의 천직(天職)이 되는 것이다. 이렇게 정립되고 찾아진 본업이 시간을 이겨내고 구현된 구체적 모습이 바로 "백년가게"이고, 이것이 지속 가능한 경영으로 계승되어 대대로 이어지는 본업이 "백년가업"이 되는 것이다.

그러므로 사업을 제대로 하려면 우선 자기 자신을 잘 알아야겠다는 생각이다. 이는 말하기는 쉬우나 기실 가장 어려운데, 다들 아는바 자신을 객관화하기가 쉽지 않기 때문이다. 그렇더라도 자기 자신을 제대로 파악하고 사업을 하는 게 중요하다. 과연 어떤 업종이, 분야가 자신에게 적합한지 냉정하게 따져보자. 그리고 무엇을 잘할 수 있는지도 생각해보자. 흔히 언급되는 말처럼, "자신이 좋아하고 잘하는 일을 하루빨리 발견하는 것"이 무엇보다 중요한 일이다. 가업을 계승하는 일이라면 모르겠지만, 그렇지 않다면 신중하게 고민하는 게 좋겠다(꼭 그렇지는 않으나, 가업을 계승하는 경우는 지나온 시간 동안 알게 모르게 그 사업에 어느 정도 적응력을 가지게 된다는 게 나의 생각이다.). 자신에게서 그칠 것이 아니라, 가업으로 이어갈 수 있는 일이라고 생각하면 수많은 고민과 번뇌는 꼭 필요한 것이다.

그리고 다른 또 한 가지가 있다. 시류(時流)에 영합하는, 한편으로 보면 무작정 트렌드만 쫓는 사업은 지양하자. 마치 증권 거래에서 수시로 치고 빠지는 단타 매매하듯 사업을 할 수는 없는 일 아닌가. 하긴 요즘처럼 변화가 많은 세상에 뭔 시대에 뒤떨어지는 말이냐고 할 수도 있겠으나, 책에서 보듯 백년가업을 이어가는 장수기업들은 대체로 전통산업에 종사하는 경우가 많고, 뚝심 있는 경영으로 사업을 일구어가고 있다. 다시 말하지만, 백년가업이 되도록 길게 보고 사업을 하도록 하자.

시간이 담보되지 않은 위대한 사업, 곧 "전설"은 있을 수 없다는 점을 항상 염두에 두고 있어야 한다.

우리 시대 혁신의 아이콘, 스티브 잡스(Steve Jobs)가 스탠포드 대학교 졸업식에서 행했던 연설 중 일부다. "'노동(일)'은 인생의 대부분을 차지합니다. 그런 거대한 시간 속에서 진정한 기쁨을 누리는 방법은 스스로가 위대한 일을 한다고 자부하는 것입니다. 자기 일을 위대하다고 자부할 수 있을 때도, 사랑하는 일을 하는 그 순간뿐입니다." 이처럼 누구에게나 자부할 수 있는 자신의 위대한 일을 위해 어떤 마음을 가져야 할지는 이제 두말할 필요가 없겠다.

● ● ●

이처럼 수많은 개인의 번뇌와 고민 끝에 탄생하고 유지되어 온 백년가게는 이제 저절로 오래도록 성공하는 것일까? 그렇지 않다. 가게든 기업이든 성장이 받쳐주지 않으면 망하고 만다. 내가 회사를 경영하면서 항상 강조하는 이야기다. "회사는 성장하지 않으면 죽는다. 그냥 유지한다는 것은 죽어가는 걸 달리 표현한 것일 뿐이다."라고 말이다. 그러니 회사의 영속성을 위해서는 성장 동력을 끊임없이 찾아내야 한다. 여기까지는 사업하는 이들의 몫이다. 그럼 이제 모든 게 해결된 것일까? 물론, 그렇지 않다.

나의 회사가 첫발을 내디딘 곳은 지금의 청계천·을지로 공구 클러스터 지역이다. 이곳은 한국전쟁을 전후로 생겨나 그간 70여 년 동안 대한민국의 산업발전과 그 맥을 같이 해왔다. 그러면서 자생적으로 생긴 골목골목과 그 골목들이 이어져 만든 거리, 그리고 올망졸망하게 자리하고 있는 예비 백년가게, 장수기업들이 즐비한 곳이고, 곳이었다. 앞 문장 마무리를 과거형으로도 쓴 것은 이미 상당 부분이 개발 계획으로 인해 허물어져 그 흔적을 이제 찾아볼 수 없게 되었기 때문이다.

한때는 '을지유람' 코스의 대표적 명소로 꼽혔던 '신아주물'. 60여 년 동안 3대에 걸쳐 이어져 온 주물공장으로, 창업주인 할아버지가 한국전쟁 이후 일본인에게 배운 기술을 바탕으로 창업했다. 이후 손자까지 이어졌지만, 운영이 어려워 지난 2003년 지금의 김학률 대표에게 인수를 제안했고, 그 뒤로 지금까지 김 대표가 운영했지만, 청계천 개발로 밀려나 지금은 구로구 신도림동으로 이전한 상태다. '신아주물' 외에도 일명 "힙지로"의 명소로 손꼽히는 '을지OB베어', '을지다방', '을지면옥', '양미옥' 등이 철거될 날도 시간문제일 뿐이다. 지난해(2020년) '방탄소년단'이 시즌 인사 촬영지로 찾아온 '을지다방'은 그들의 팬클럽인 '아미'를 비롯하여 수많은 고객이 다방의 존치를 위해 여론을 환기하고 있지만, 대세를 엎기는 힘에 부치는 게 사실이다. 여기서 우리가 쉽게 간과할 수 있는 것은 이런 개발 정책으로 단지 유명 가게 몇 곳이 없어지는 게 아니라, 우리가 수많은 시간을 들여 쌓아온 문화재와 같은 공간, 그리고 그곳에서 이루어지는 사회적·문화적 자본, 앞으로의 미래 문화도 같이 사라진다는 점이다. 곧 도시가 바뀌는 것이니, 사실 예삿일이 아니다.

이런 우울한 이야기를 꺼내는 것은 누구의 도움도 없이 자생적으로 커, 앞으로 100년 이상을 지향하는 이런 가게들을 보호하고 육성해주지는 못할망정 허물고 없애버리는 지금의 정책과 사고방식으로는 우리가 아무리 애를 써도 대한민국 가게, 기업들의 '백년가게화(化)', '백년기업화'는 요원한 일이라는 걸 강조하고 싶어서다. 우리가 백년가게, 곧 백년기업을 이야기하며 일본, 유럽 각국, 미국 등 소위 선진국의 사례들을 나열하는 것은, 그들이 단지 선진국이라서가 아니라 우리보다 앞서 발전한 산업화에 따라 앞의 개발 사례 같은 선례를 겪었기 때문이다. 백년기업이 아주 일반화된 이들 나라는 정부 차원에서 세금, 수출 등 다양한 혜택으로 장수기업 지원 정책을 펴고 있다. 이를 비교분석은 하지 못할망정 개발독재 시대의 사고로 도심 클러스터의 명소를 허물고 있으니 몹시 안타까울 뿐이다.

● ● ●

이런 생각과 함께 항시 품고 있던 이야기도 풀어놓으며 마무리하려 한다. 이제 대한민국의 산업 역사는 무르익어 세계 경제를 선도하는 선진국 대열에 진입했고, 이에 맞춰 수많은 예비 백년가게, 장수기업들이 성장하고 있다. 그들이 제대로 성장하여 우리 곁에서 같이 숨 쉬는 오래된 가게들이 많이 생겨나면 좋겠다. 국가적으로도 오래된 가게, 백년가게 들을 육성하는 게 역사·문화적으로 유무형의 가치가 있다는 걸 깨우치면 좋겠다. 백년가게는 물론이거니와 예비 백년가게도 자신들의 백년기업과 함께 지역사회와 국가의 발전까지 염두에 두고 지속경영에 힘쓰면 좋겠다. 이들의 발전하는 모습이 우리의 '미래의 오늘'이니까 말이다.

그리고 또 한 가지. 내가 종사하는 업계의 주변을 비롯해 연륜 있는 중소기업들이 공통으로 가진 고민 중 하나가 가업승계 내지는 기업승계 문제다. 이 문제와 관련하여 제도적 미비점 등에 관해서는 책 내용에서도 언급했고 또 여러 전문가가 합리적 해결책을 나름으로 제시하고 있는바, 여기서는 그런 제도적 해결책보다는 당사자들이 간과해서는 안 될 마음가짐에 대해 말하고 싶다. 다소 추상적이긴 하지만, 기업의 지속경영을 위한 가업승계는 세상 변화의 흐름을 잘 읽고 순리에 맞춰가는 게 가장 좋다는 생각이다. 가족 생계를 짊어지고서는 가게나 기업을 운영하며 사업이 생존 그 자체였던 1세대들에 비해 가업을 물려받을 현재의 2, 3세대들은 워라밸 등으로 대변되는 트렌드에서도 알수 있듯 일과 삶의 균형을 무척 중요시한다. 이렇듯 사업과 가업에 대한 가치관과 삶을 바라보는 관점이 서로 다를 수밖에 없음을 솔직히 인정하는 게 좋겠다. 그래서 원활한 가업승계를 위해서는 그런 간극을 메울 수 있는 서로 간의 이해와 관용이 전제되어야 한다는 생각이다. 이해와 관용이 앞서려면 일방적인 강요나 의무를 말하기 전 서로를 알아가는 시간을 반드시 가져야 할 것이고, 이를 위해서는 생각보다는 훨씬 큰 노력이 필요할 것이다. 그런 후 이루어지는 가업승계가 훨씬 뜻깊고 오래도록 보전되리라는 생각을 항상 했다.

앞으로 기회가 닿는다면 백년가게, 장수기업의 지속적 발전에 이바지할 수 있는 사회적 문화 토대 형성과 그를 뒷받침하는 교육 사업에 적극 관심을 둘 예정이다. 장수기업을 많이 보유한 선진 각국의 앞선 문화와 제도를 공부하는 데도 소홀함이 없어야겠다. 그런 후 선진 각국에서 한 번도 생각하지 못했던, "우리만의 백년가업"을 이루는 방법을 찾아보는 데 여력을 다할 생각이다.

· · ·

이 책을 준비하고 마무리하는 동안에도 코로나19는 그 위세가 여전해 잦아들 기미를 보이지 않는다. 그러다 보니 우리 사회와 구성원 모두에게 전에는 익히 겪지 못한 많은 변화가 생겼다. 나도 이 여파에서 비껴갈 수 없으니 나름 하루 생활에 변화가 생겼다. 대표적인 게 점심 패턴이 바뀌었다. 그동안은 외부에서 해결하는 일이 잦았고, 별일 없으면 줄곧 회사 뒤편 한 식당에서 직원들과 함께 점심을 먹었다. 하지만, 코로나19의 기세가 꺾이지 않는 지금은 회사에서 도시락으로 해결하는 경우가 대다수다. 어쩌다 특별한 날에 먹는 도시락을 이렇게 물리도록 먹으리라고는 한 번도 생각지 못했는데, 그 생각지 못했던 일이 현실이 되고 일상사가 되었다. 한편으로, 그간 이 책에도 등장하는 세계적 최장수기업인 '호시료칸'이 경영난을 이기지 못하고 인수가 되었다는 소식이 들려왔다. 코로나19라는 지구적 팬데믹을 견뎌내지 못한 것이다. 이렇게 오랫동안 그 명맥을 이어온 장수기업도 눈앞에서 쓰러지는, 정말 영화 같은 현실이다.

이처럼 한 번도 생각지 못한 거대한 변화는 개인도 가게도 기업도 그

변화에 적응하며 살아내기가 얼마나 어려운지를 여실히 보여주는데, 이 책에서 다루는 백년가게, 장수기업도 시작은 물론이거니와 지나온 세월을 지켜내기가 얼마나 힘들었는지를 충분히 깨닫게 해준다.

* * * 참고문헌

| 단행본 |

• 권순우 최규완, 『자영업이 살아야 한국경제가 산다』, 아이비라인, 2020
• 권혜림, 『스페인의 맛』, 버튼북스, 2019
• 김선화, 『가업승계, 명문장수기업의 성공전략』, 쌤앤파커스, 2017
• 김시덕, 『갈등도시』, 열린책들, 2019
• 김연주·임준찬, 『스마트한 사장은 상속을 준비한다』, 삼일인포마인, 2019
• 김용범·이기창, 『한국 최고의 가게』, 흐름출판, 2005
• 김종영·윤재한, 『장수기업으로 가는 길』, 북넷, 2018
• 김종현, 『새로운 업(業)의 발견』, 삼성경제연구소, 2006
• 김혜성, 『이 세상에서 가장 오래된 기업은 무엇이 다른가』, 국일미디어, 2018
• 노엘 티시, 『리더십 엔진』, 21세기북스, 2000
• 대니 밀러·이사벨 르 브르통 밀러, 『가족기업이 장수기업을 만든다』, 황금가지, 2009
• 마쓰시타 고노스케, 『사원의 마음가짐』, 청림출판, 2007
• 마쓰시타 고노스케, 『사업은 사람이 전부다』, 중앙경제평론사, 2015
• 문승렬·장제훈, 『백년기업 성장의 비결』, 모아북스, 2019
• 박찬일, 『노포의 장사법』, 인플루엔셜, 2018
• 손동원, 『기업 생로병사의 비밀』, 삼성경제연구소, 2007
• 송치영, 『끈 − 鐵 든 인생, 세대를 이어 미래로』, (주)프로툴, 2019
• 아리 드 호이스, 『살아있는 기업 100년의 기업』, 김앤김북스, 2012
• 오카무라 요시아키, 『장사의 기본』, 부키, 2019
• 오태헌, 『일본 중소기업의 본업사수경영』, 삼성경제연구소, 2019
• 윌리엄 오하라, 『세계 장수기업, 세기를 뛰어넘은 성공』, 예지, 2007
• 이기훈, 『장사는 과학이다』, 살매나무, 2015
• 이랑주, 『오래가는 것들의 비밀』, 지와인, 2019
• 이랑주, 『좋아 보이는 것들의 비밀』, 지와인, 2021
• 이인우, 『서울 백년가게』, 꼼지락, 2019
• 전우용, 『우리 역사는 깊다[1]』, 푸른역사, 2015
• 정석, 『도시의 발견』, 메디치, 2016
• 케빈 케네디·메리 무어, 『100년 기업의 조건』, 한스미디어, 2004
• 하라마쓰 요이치, 『일본 최고의 가게는 다르다』, 랜덤하우스중앙, 2005
• 한다 준이치, 『백년기업』, 새로운 제안, 2005

- 한무룡, 『인성훈련365』, 페이지스, 2018
- 헤르만 지몬, 『히든 챔피언』, 흐름출판, 2008

| 논문, 보고서 |

- 「명문 장수기업의 비결과 조건」, 이은결, 대한상의브리프 제96호, 2019
- 「사회적 자본이 장수기업 승계프로세스 만족에 미치는 영향 : 후계자 어머니의 역할」(박사학위 논문), 추문갑, 2018
- 「일본 기업의 장수요인 및 시사점」, 정후식, 한국은행조사국, 2008
- 「장수 중소기업의 특성과 장수요인 분석」(연구보고서), 조덕희, 산업연구원, 2019
- 「한국 기업 성장 50년의 재조명」,(CEO INFORMATION), 삼성경제연구소, 2005
- 「한국 장수기업 현황과 정책적 시사점」, 신상철, 중소기업포커스 제18-20호, 2018
- 「한·일 장수기업 비교 연구」, 오태헌, 한일산업기술협력재단, 2017
- 「해외 장수기업 현황 및 시사점 연구」, 산업자원통상부, 2012

| 언론 기사(인터넷판) |

- "가업 잇는 소상공인 '백년가게'로 키운다,
  https://news.mt.co.kr/mtview.php?no=2018041211284352250
- "국내 최장수 빵집 '이성당' 백년가게 현판 걸려"
  http://www.domin.co.kr/news/articleView.html?idxno=1313469
- "국내 최장수 빵집 '이성당'에 백년가게 현판 걸려"
  http://sjbnews.com/news/news.php?number=696028
- "국민들이 처음 뽑은 '백년가게' 19곳… 어디일까"
  https://www.donga.com/news/article/all/20200611/101475609/1
- "글로벌 장수기업도 '100세 시대'… 그 비밀은"
  https://m.post.naver.com/viewer/postView.nhn?volumeNo=15702330&memberNo=11292208&vType=VERTICAL
- "글로벌 장수기업의 성공 DNA"
  http://jmagazine.joins.com/forbes/view/327696
- "기업 수명 평균 15년 이하 시대… 장수기업 되려면 OOOO 필요"
  https://www.hankyung.com/economy/article/2019020756411
- "김해 대동할매국수 백년가게 현판식"

http://www.gimhaenews.co.kr/news/articleView.html?idxno=30221
- "대구 최원프리모, 백년가게 꿈꾸며 맞춤가발 시장의 새로운 지평을 열다"
  https://www.hankyung.com/economy/article/202010133214a
- "대전 명물 성심당, 서울 서북면옥 등 백년가게 선정"
  https://www.fnnews.com/news/202010070817049336
- [로컬 크리에이터 혁명] (2) 오래된 서점에서 만나는 '속초 스타일'… 문우당서림"
  https://www.news2day.co.kr/148674
- "문 닫을뻔한 가업 살린 손자…100배 넘게 키운 비결"
  https://news.sbs.co.kr/news/endPage.do?news_id=N1005619582&plink=ORI&cooper=
  NAVER
- "미국·유럽·일본의 21개 장수기업을 가다 - 장수기업으로 가는 길 코치(COACH)해 드립니다"
  https://jmagazine.joins.com/economist/view/304192
- "[미국] 장수기업이 위기에 강하다"
  https://www.chosun.com/site/data/html_dir/2002/08/19/2002081970266.html
- "[박상현의 끼니] 내겐 넘버원 대동할매국수"
  http://www.kookje.co.kr/news2011/asp/newsbody.asp?code=1700&k
  ey=20200109.22029002951
- "반세기 넘도록 서민 속 달래주던 해장국, 넌 감동이야"
  http://www.kihoilbo.co.kr/news/articleView.html?idxno=708011
- "'백년가게' 시행 1년, 전국 210개소 선정"
  http://www.foodnews.co.kr/news/articleView.html?idxno=71219
- "'백년가게' 14개 업체 추가 선정"
  http://www.dt.co.kr/contents.html?article_no=2018091202109931731003&ref=naver
- "[백년 맛집] ⑦삼거리먼지막순대국… 서울서 가장 오래된 순댓국집"
  https://www.ajunews.com/view/20190316095855109
- "100년의 신화를 이룬 세계의 기업들"
  https://www.etoday.co.kr/news/view/87011
- "100년의 역사, 세계 최고의 해외 주요 장수기업 어디?"
  https://1boon.kakao.com/weekly/170927_1
- "100년, 200년 '장수기업이 숨쉬는 나라' 만들려면…"
  http://www.joseilbo.com/news/htmls/2019/03/20190328373284.html
- "100년 장수기업의 꿈"
  https://www.mk.co.kr/news/economy/view/2019/07/487519/
- "100·200년 장수기업으로 살아남기 위한 전략은"
  https://news.joins.com/article/21738737

- "부산 '동래할매파전' · 청주 '공원당' … 중기부, 백년가게 18곳 추가"
  https://newsis.com/view/?id=NISX20181120_0000478197&cID=13001&pID=13000
- "부산의 백년가게를 찾아서〈1〉 동래할매파전"
  http://www.kookje.co.kr/news2011/asp/newsbody.asp?code=1600&key=20190228.22021008261
- "부산 1호 백년가게 '협신전자' 창업 후 2대째 가게 운영"
  https://www.fnnews.com/news/201811061745528437
- "富者는 삼대를 못 간다? 집안 일으키는 삼대도 있다"
  https://www.chosun.com/national/weekend/2020/10/02/LR3OEPRCZNARJHDZ5SKXRH2RAU/?utm_source=naver&utm_medium=original&utm_campaign=news
- "BNK경남은행, 경남 · 울산지역 백년가게 컨설턴트와 서포터즈로 나서"
  http://www.kndaily.co.kr/news/articleView.html?idxno=92947
- "비앤테일러 박정열 대표 3부자, 해외까지 소문난 맞춤정장… 고객 절반이 외국인"
  http://news.kmib.co.kr/article/view.asp?arcid=0923292169&code=23111111&cp=nv
- "300년 넘게 꾸준히 성공한 기업의 비밀"
  https://1boon.kakao.com/cidermics/1933?view=katalk
- "'30년 된 선풍기도 수리'… 백년가게 현판 단 전주 '남문소리사'"
  https://www.yna.co.kr/view/AKR20190716156900055?input=1195m
- "상속세 3번 내면 경영권 사라진다… 국내 100년 기업 9개뿐"
  https://news.mt.co.kr/mtview.php?no=2020111507101233717&MTS_P
- "세계 가족기업 200년 장수비결 – 규제와 환경변화 뛰어넘고 혁신적 아이디어 채택 장기 리더십으로 미래 비전 수립… 의사결정 빨라"
  http://economychosun.com/client/news/view.php?boardName=C24&t_num=10975
- "세계에서 가장 오래된 기업, 한국인이 창업했다"
  https://news.naver.com/main/read.nhn?mode=LSD&mid=sec&sid1=101&oid=008&aid=0000486926
- "세계의 장수기업 – 레스토랑 보틴"
  http://news.imaeil.com/NewestAll/2007083110555842700
- "세계 最古 레스토랑 스페인 '보틴' 가 보니… 헤밍웨이 앉았던 테이블 그대로"
  https://www.hankyung.com/news/article/2012012642531
- "영동 동양고무상회 · 가선식당 '백년가게' 선정"
  https://www.news1.kr/articles/?3994466
- "55代째 오너 가문이 경영하는 日 사케 제조사, 회사 매각 위기 맞자 미련 없이 경영 손 뗀 레고"
  http://weeklybiz.chosun.com/site/data/html_dir/2016/10/14/2016101401567.html
- "울산서 국내 첫 미용업계 '백년가게' 탄생"

http://www.ksilbo.co.kr/news/articleView.html?idxno=777075
- "이것이 한국 명문 장수기업"

  https://www.korea.kr/news/policyNewsView.do?newsId=148830089
- "日 장수기업의 장수비결은?"

  https://news.kotra.or.kr/user/globalBbs/kotranews/7/globalBbsDataView.
  do?setIdx=245&dataIdx=140699
- 일본 장수기업 성공 사례 분석 – 한 우물·무차입·장기 계획·점진적 성장 승계 준비만 30년…경
  쟁사와 신사협정

  https://www.mk.co.kr/news/economy/view/2019/07/487367/
- "장수기업으로 가는 길 '코치(COACH)' – 도전 정신(Challenge spirit) – 사업 초창기 '도전 DNA'
  늘 간직해야"

  https://jmagazine.joins.com/economist/view/304193
- "장수기업을 가장 많이 보유한 국가순위 TOP 10"

  https://ozrank.co.kr/142
- "전북천년명가 '전주 남문소리사' 부자(父子) 최철식·최정완 사장 '젊은 소상공인들에게 노하우
  전수하고 파'"

  http://www.jjan.kr/news/articleView.html?idxno=2049590&sc_section_code=S1N6
- "전주의 맛과 멋, '전주한정식'으로 느껴보세요"

  https://www.hankyung.com/news/article/201411277722a
- "전통이란 혁신의 연속입니다 – [이인자 교수의 진짜 일본 이야기] 일본의 오래된 가게 '시니세'
  들이 살아남는 법"

  https://blog.naver.com/hjh044/221307197053
- "정부, 소상공인 롤모델 '백년가게' 16개 우수업체 1차 선정"

  http://www.kidd.co.kr/news/204211
- "'정직하게 최선을 다해' 정읍 혜화당한약방"

  http://www.domin.co.kr/news/articleView.html?idxno=1234473
- [정책브리핑] "30년 넘게 장사한 소상공인, '백년가게'로 육성"

  https://www.korea.kr/news/pressReleaseView.do?newsId=156275337
- "주요국 창업 200년 이상 장수기업 현황"

  https://www.edaily.co.kr/news/read?newsId=01764646606286704&mediaCode
  No=257
- "중기부, 백년가게 3차 선정에 전북 3곳 선정"

  http://www.jjan.kr/news/articleView.html?idxno=2061066&sc_section_code=S1N2&sc_
  sub_section_code=S2N10
- "중기부, 백년가게 1호점 현판식 개최 … 서울 대림동 '삼거리 먼지막 순대국'"

http://www.ftoday.co.kr/news/articleView.html?idxno=102981
- "[창간특집] 경남의 백년가게(1) 하동집"
  http://www.gnnews.co.kr/news/articleView.html?idxno=424629
- "통영 호동식당·거구장갈비, 경남중기청 '백년가게' 현판"
  http://www.knnews.co.kr/news/articleView.php?idxno=1306934
- "[포브스 창간 100주년 기념] 독일 장수기업 DNA"
  https://news.joins.com/article/22127546
- "한국기업 평균수명 33세… '기업 잔혹사' 네 가지 이유 있었네"
  http://pub.chosun.com/client/news/viw.asp?cate=C03&nNewsNumb=20150517414&nidx=17401
- "[한국의 백년가게] 상호 '同信'처럼… 신뢰로 3대째 가업"
  http://www.asiae.co.kr/news/view.htm?idxno=2018120611241371716
- "[한국의 백년가게] 車 부품 도소매 30년… 손주까지 100년 이어갈 것"
  http://view.asiae.co.kr/news/view.htm?idxno=2018111511564354923
- "한국 최장수 기업은 어디일까… 1896년 창업한 OO !"
  https://www.cidermics.com/contents/detail/1100

| 홈페이지·블로그·포스트·카페 |

- "경방그룹 이야기① 양반 기업문화 101년"
  https://post.naver.com/viewer/postView.nhn?volumeNo=30161412&memberNo=34823310&vType=VERTICAL
- 녹강천연물농법 https://cafe.naver.com/happyparm/216588
- 디지털군산문화대전 http://gunsan.grandculture.net/gunsan
- 백년가게국민운동본부 http://blog.naver.com/cysong2020
- 보틴(Botin) www.botin.es
- "100년 이상 기업은 어떻게 가능한가?"
  https://visiontoday.tistory.com/12
- 빅토리녹스(Victorinox) www.victorinox.com
- "세계의 장수기업 3, 마리넬리"
  https://supremacy.tistory.com/1283
- "세계 200년 역사 넘는 기업"
  https://blog.naver.com/kwon3348/220213643149
- 소상공인시장진흥공단 www.semas.or.kr

- "수백 년을 이어온 일본의 노포 - 그 생존의 비결"
  https://www.doopedia.co.kr/travel/viewContent.do?idx=161023000021816
- 중소벤처기업부, 백년가게, 정책 www.mss.go.kr
- 충북지방중소벤처기업 https://blog.naver.com/cbmss1357/222037051862
- 클라인 툴스(Klein Tools) www.kleintools.com
- 파버카스텔(Faber-Castell) www.faber-castell.co.kr/
- 프로툴(PROTOOL) www.protool.co.kr
- 피비스위스 툴(PB Swiss Tools) www.pbswisstools.com
- 호시료칸(法師旅館, Hoshi Ryokan) www.ho-shi.co.jp

| 유튜브 |

- Restaurante Botin en 3-D
  https://www.youtube.com/watch?v=olvD4EJZFoE&t=3s
- [100년의 기업] 세계 최장수 레스토랑. 286년 전통 '보틴 Botin'
  https://www.youtube.com/watch?v=myRQxvxAw7w
- 헤밍웨이가 반했다는 통구이 요리, 세계에서 가장 오래된 마드리드 레스토랑
  https://www.youtube.com/watch?v=pF0K2HHqGHQ

백년가업